美好生活建设丛书

主编 吴必虎 高炽海

全域旅游规划与示范区创建指导

——区域发展与公共目的地建设

赵永忠 周爽 编著

中国建筑工业出版社

图书在版编目（CIP）数据

全域旅游规划与示范区创建指导——区域发展与公共目的地建设/赵永忠，周爽编著.—北京：中国建筑工业出版社，2018.12
（美好生活建设丛书）
ISBN 978-7-112-23143-0

Ⅰ.①全… Ⅱ.①赵…②周… Ⅲ.①旅游规划－研究－中国 Ⅳ.① F592.1

中国版本图书馆CIP数据核字（2018）第291809号

责任编辑：王晓迪　郑淮兵
书籍设计：锋尚设计
责任校对：王　瑞

美好生活建设丛书
主编：吴必虎　高炽海
全域旅游规划与示范区创建指导——区域发展与公共目的地建设
赵永忠　周　爽　编著

*

中国建筑工业出版社出版、发行（北京海淀三里河路9号）
各地新华书店、建筑书店经销
北京锋尚制版有限公司制版
天津图文方嘉印刷有限公司印刷

*

开本：889×1194毫米　1/24　印张：14　字数：353千字
2019年1月第一版　2019年1月第一次印刷
定价：98.00元
ISBN 978-7-112-23143-0
（33186）

版权所有　翻印必究
如有印装质量问题，可寄本社退换
（邮政编码100037）

编委会

策 划

大地风景文旅研究院

主 编

吴必虎　高炽海

编 委（按姓氏首字母排序）

邓　冰	黄　滔	黄晓辉	季辉英
鞠　丹	李　霞	黎筱筱	李作双
刘玉恒	刘原原	马晓龙	邵云辉
王　冬	王立生	王茂霖	王小莉
王亚博	王　珏	文　艺	吴朝阳
杨朝睿	姚　瑛	冶　青	张孟华
张　时	赵永忠		

编著人员

赵永忠	周　爽	段晓晨	张俊凤
祁长红	李小荣	王苗苗	白瑞奋
周　晴	郭晓茜	赵欣然	

美好生活建设丛书序

2018年,是改革开放40周年。

40年前,中国还用着各类票证——粮票、油票、肉票、布票、糖票、鸡蛋票、火柴票。自行车、手表、收音机、缝纫机是奢侈品,更是要凭票。人们穿着简单粗陋的衣服,色彩灰暗,住在拥挤的单位宿舍中,没有多少人听说过电视,马路上除了公交车,很少看见其他汽车。

在一个国民经济处于崩溃边缘的时代,谈文化,谈旅游,是奢谈。人们还在八个样板戏的帷幕之下,绝大多数人没有离开过他所生活的城市,没有介绍信无法远足。

1978年,从"文革"的阴霾中刚刚走出来的中国人,没有谁能够想到,这一年是一个起点。

年底,十一届三中全会召开,建设现代化国家的序幕拉开。

然而,这一年,绝不仅仅是政治转折之年。

这一年的9月,时任巴黎市长的希拉克走进了刚刚建成的兵马俑博物馆,留下了这样一句话:"世界上有七大奇迹,秦俑的发现,可以说是第八大奇迹了。"这是一个标志，从此，在这个走出封闭、越来越对外开放的国家，文化旅游肩负起了在不同民族间沟通、交流的重要角色。

这一年，有一首歌在酝酿，来年，邓丽君把它唱了出来，它就是《甜蜜蜜》。在随后开启的80年代，随着卡带出现在人们的视野中，邓丽君成为华人的女神，陪伴着睁眼看世界的国人走过80、90年代。

这一年，徐迟在《人民文学》上发表以数学家陈景润为主人公的报告文学《哥德巴赫猜想》。这一年，《文汇报》刊登了卢新华的小说《伤痕》，"伤痕文学"跃上历史舞台。

1978年，究竟是怎样的起点？

它是这样一个起点：一个民族从巨大的桎梏中解放出来，心中的希望突然被唤醒，看到了无穷的可能性，追求美好生活的可能性！

40年过去，中国的GDP达到了世界第二，成为世界工厂，汽车保有量世界第二，全球前15位的高楼有8座在中国，全球最大城市前10名中国占据了3席，在最新的世界500强榜单中，中国企业有120家上榜。高铁遍布中国大地，手机普及率95%，移动支付全球第一……

1978年开启的这个时代，结出了这样的硕果：中国人的物质生活空前繁荣。然而，跑得飞快的中国人，蓦然发现，缺了什么。

我们看见国人蜂拥着走出家门，走出国门，在世界留下足迹，迅速成为全球第一大旅游消费国；

我们看见国人纷纷走进电影院，中国的电影票房跃居全球第二；

我们看见从青年到中老年，"跑马"人群如火如荼；

我们看见民宿成为文艺青年的情怀寄托，势如燎原……

40年后的中国人，似乎全民在忙着一件事：把失落的精神世界找回来！

于是，1978年开启的中国人追求美好生活的时代，在今天有了新的定义：从物质走向精神，找到美好生活的真谛。

文化旅游行业的从业者，无论是学术研究者，还是规划者、设计师、投资人、建设者，都只有一个使命：服务于中国人对美好生活的新追求，为这个"精神生活产业"添砖加瓦。

《美好生活建设丛书》正是发端于我们对时代变化的认识，发端于我们对自身使命的认知。

这套丛书首期包含《文旅振兴乡村——后乡土时代的理论与实践》《文旅融合——以诗照亮远方》《谁的小镇被旅游照亮——旅游特色小镇综合开发的COD模式》《全域旅游规划与示范区创建指导——区域发展规划与公共目的地建设》《文旅大数据——理论与实践》5本，对这个行业时下重要的热点问题，如乡村振兴、文旅融合、旅游特色小镇建设、全域旅游、文旅大数据，提出了我们的一些粗浅思考和回答。它或多或少有一些理论模式总结，但更多的是大量实践产生的方法感悟。希望与同侪交流，更希望以绵薄之力贡献于这个蓬勃的时代。

1978年，罗大佑、刘文正合作了一首歌——《闪亮的日子》，有一段歌词，适合作本序的结语：

"是否你还记得，过去的梦想，

那充满希望灿烂的岁月。"

吴必虎　高炽海

2018年仲夏

序言

在经济持续下行压力之下,中国经济进入转型发展时期,以现代服务业为主的第三产业已成为拉动中国经济发展的新引擎,而旅游产业作为服务业中最活跃、最广联的行业,被提高到实现产业结构调整、促进服务业驱动型城镇化的高度。"旅游"二字也成为政府工作会议、政府报告、政府文件、政府规划中的热词,全域旅游应势而生。

从2015年9月,国家旅游局下发《关于开展"国家全域旅游示范区"创建工作的通知》,首次从国家层面正式提出全域旅游发展理念;到2016年,国家旅游局依次公布首批和第二批"国家全域旅游示范区"创建名单;到2017年,"全域旅游"首次写入政府工作报告,上升为国家战略。国家旅游局公布印发《全域旅游示范区创建工作导则》,全域旅游示范区创建工作已经从理论走向实践,从提出到试点,从实践到提升,从创新到突破,取得了阶段性成果,全域旅游也受到政界、学界、业界的广泛关注。随着全域旅游示范区创建的不断深入,中国旅游业的全域旅游发展时代已经全面到来。

全域旅游概念自提出到现在历经 3 年，已经过一轮发展洗涤和熏陶。本书在此基础之上，综合分析了全域旅游发展趋势，结合笔者主持参与的全域旅游规划项目经验，提出全域旅游是一种区域发展哲学、一个政策导向工具，更多强调的是资源整合、权力协同、供应链延伸和全社会分享。全域旅游并非学术概念，更多的是发展理念和实践要求，是动员目的地政府的顶层设计与政策工具。

基于这样的认识，以及积累的 10 余年从事区域旅游规划，尤其是南京、三亚、杭州等国内旅游目的地城市全域旅游规划实践的经验体会和理论自信，本书从区域发展规划和公共目的地建设两个方面对全域旅游生态系统进行了阐释和说明。从理论角度对全域旅游概念进行辨析，提出全域旅游的发展工具——BES 五全模式，而且引用介绍了实际编制的全域旅游规划案例和大地风景编制的其他典型案例，为读者提供了较为系统的全域旅游的知识架构和实践案例。其中，书中所提到的 BES 实操案例之《三亚市全域旅游发展规划（2016—2020）》于 2018 年荣获文化和旅游部规划报告类最高奖项，这是旅游行业的国家级奖项，也是文化和旅游部成立后的首个奖项，这样的肯定也成为我携笔出版本书的自信源泉。

最后，本书对标文化和旅游部于 2018 年 8 月发布的《国家全域旅游示范区验收细则》（修改稿），提出全域旅游示范区的创建之路，明确指明了创建单位的行动路径。因此我向各位旅游规划师、规划设计师、政府人士、企业人士、旅游研究人士和相关兴趣人士推荐这本书。

赵永忠
大地风景文旅集团副院长、事业部总经理、副总规划师
北京大地美域旅游发展有限公司董事长
2018 年 9 月 18 日

目录

第1章 发展背景—— 一场具有深远意义的变革　　1
 1.1 全域旅游发展背景　　2
 1.2 全域旅游概念辨析　　12
 1.3 全域旅游发展历程与发展现状　　18

第2章 发展趋势——全域旅游发展规划的准确供给　　29
 2.1 现状：全域旅游规划深思考　　30
 2.2 未来：全域旅游规划新探索　　36

第3章 发展工具——"BES 五全模式"解读　　43
 3.1 "BES 五全模式"构建的意义　　44
 3.2 全资源整合　　47
 3.3 全产业融合　　51
 3.4 全体系覆盖　　56
 3.5 全流程保障　　60
 3.6 全社会参与　　62

第 4 章　全资源整合之景区发展路径　　　　　　　67
4.1　景区：全域旅游中的龙头　　　　　　　　　　68
4.2　案例剖析　　　　　　　　　　　　　　　　　75
4.3　BES 实操　　　　　　　　　　　　　　　　　84

第 5 章　全资源整合之城区发展路径　　　　　　　95
5.1　城区：全域旅游的"大本营"　　　　　　　　96
5.2　案例剖析　　　　　　　　　　　　　　　　　103
5.3　BES 实操：杭州——"旅游城市"向
　　　"全域城市旅游"转型　　　　　　　　　　　109

第 6 章　全资源整合之乡镇发展路径　　　　　　　117
6.1　乡镇：全域旅游的排头兵　　　　　　　　　　118
6.2　案例剖析　　　　　　　　　　　　　　　　　131
6.3　BES 实操　　　　　　　　　　　　　　　　　141

第 7 章　全域语境下的全产业联动路径　　　　　　153
7.1　全域语境中产业联动模式　　　　　　　　　　154
7.2　全域旅游中的新业态开发　　　　　　　　　　160

7.3 案例剖析：黄山——"旅游+"模式　　　　　163
7.4 BES 实操　　　　　168

第 8 章　全域语境下的全流程保障　　　　　177
8.1 全域旅游发展体制创新　　　　　178
8.2 全域旅游发展机制创新　　　　　189
8.3 全域旅游发展政策创新　　　　　197
8.4 案例剖析：全景栾川　　　　　201

第 9 章　全域语境下的全社会参与　　　　　207
9.1 全域旅游政府全部门参与路径　　　　　208
9.2 全域旅游企事业单位参与路径　　　　　215
9.3 全域旅游社区参与路径　　　　　222
9.4 全域旅游个人参与路径　　　　　227

第 10 章　全域语境下的全体系覆盖　　　　　235
10.1 交通——全域旅游背景下的
　　　可移动旅游目的地　　　　　237
10.2 智慧旅游体系　　　　　245

XI

10.3 旅游集散体系——全域旅游背景下的
旅游超市 249
10.4 自驾车房车营地体系——全域旅游
旅居生活新方式的载体 255
10.5 旅游厕所体系——城市的文明窗口 263
10.6 住宿业结构改革体系 265
10.7 美食旅游体系 269
10.8 旅游商品体系——全域旅游的后备箱 272

第 11 章 全域旅游示范区的创建之路 277
11.1 标准解读——量化的验收指标 278
11.2 创建路径——"七步走"流程 309
11.3 创建内容分解——行动计划指南 313

参考文献 321

第 1 章

发展背景——一场具有深远意义的变革

目前，旅游业对全球经济发展贡献率已超过10%，对全球就业贡献率也超过10%。在全球金融危机与经济下行压力下，中国经济社会发展进入大转型时期，呈现"工业化与后工业化并举，制造业让位于服务业"的产业结构调整新常态。在时代大背景下，尤其是在工业化带来严重的生态环境后果的情况下，旅游业被提高到实现产业结构调整、促进服务业驱动型城镇化的高度。2013年中国第三产业GDP比重首次超过第二产业，2014年至2016年3年间保持了这一状况，表明这已经成为一个新趋势，一个不可逆的过程。

国家旅游数据表明，2017年全年旅游总收入达5.40万亿元，同比增长15.1%。旅游业对国民经济和就业的综合贡献率达11.04%以上。与此同时，在大众旅游时代到来的驱使下，非景点旅游的游客量占接近80%。为适应全域休闲度假时代的到来，国家在2016年1月的全国旅游工作会议上首次正式提出"全域旅游"这一概念，并于2016年2月、11月先后公布两批共500个国家全域旅游示范区创建单位，2017年将全域旅游首次写入政府工作报告中，站在国家的高度对"全域旅游"概念和模式给予肯定。2018年3月，国务院办公厅印发《关于促进全域旅游发展的指导意见》，就加快推动旅游业转型升级、提质增效，全面优化旅游发展环境，走全域旅游发展的新路子作出部署。随着政界、学界、业界的广泛关注，以及全域旅游示范区创建的不断深入，中国旅游业的全域旅游发展时代已经全面到来。

1.1 全域旅游发展背景

1.1.1 宏观层面——全域旅游是一种发展哲学与政策导向

（1）全域旅游是一种发展哲学

全域旅游不只是旅游和产业问题，而是一个区域的一种发展理念和发展哲学。习近平总书记指出："理念是行动的先导，发展理念是否对头，从根本上决定着发展成效乃至失败。"2015年10月举行的中共十八届五中全会上，中央提出创新、协调、绿色、开放、共享五大发展理念。无论是经济方面的创新、协调，生态方面的绿色，还是社会方面的开放、共享，这五大理念与目前中国旅游发展中提倡的全域旅游发展框架，都可以体会到其间高度的、深度的引领与承载关系。五大理念是全域旅游的引领性指针，全域旅游是贯彻五大理念的综合载体。

① 创新引领

创新发展是"十三五"时期经济结构实现战略性调整的关键驱动因素，全域旅游本身就是发展理念和发展模式的创新，是旅游转型升级的新方向，是供给侧改革的重要领域。旅游产品结构性失调、"有效供给不足"一直是中国旅游产业发展的主要问题。随着人们消费水平的提升和消费方式的多元化，旅游供给侧改革越来越紧迫。尤其是"旅游+"治理模式和"互联网+"技术支持下，未来需要更多的制度创新、技术创新来驱动供给侧结构调整。首先，旅游产品的创新更多的是从游客需求的角度进行一系列的旅游产品创新，从而达到未来的品牌创新。其次是技术创新，伴随着"互联网+""旅游+""产业+"的出现，将新兴技术、互联网浪潮与旅游业进行整合。最后是品牌创新，一个旅游品牌的创建不只是旅游局一家的事情，应调动全社会的资源维护旅游品牌，不断延伸、强化旅游品牌内涵。如2015年的"天价虾"事件，就让"好客山东"旅游品牌受到巨大冲击。

总体来说，在和国家的创新引领理念相协调一致的情况下，全域旅游还有许多值得创新的地方。全域旅游能够有效带动全产业创新，所以，全域旅游既是供给侧改革的重要领域，也是创新发展理念的重要实践领域。

② 协调引领

中国工业化、城市化的粗放式发展最基本的特征就是不同利益主体之间的不协调，弱势利益主体容易受损，而协调发展是提升整体效能、推进事业全面进步的有力保障。全域旅游强调不同部门之间不同利益主体的协调，这是全域旅游发展的前提，也是全域旅游发展的结果，前提与结果之间的不断转化就形成了一个良性的闭环。

因此，全域旅游是推进协调发展、提升发展质量的有效载体。首先，协调地方旅游经济的不平衡，尤其是旅游投资的不平衡。通过全域旅游形成较为系统的旅游投融资体系，让旅游和区域经济能够充分联动，让旅游充分利用区域经济发展的外溢效应实现飞跃式发展。这个理念很重要的一点就是城乡发展的协调性，通过乡村旅游带动休闲经济的发展，实现部分落后地区的经济增长。其次，协调地方权利的不平衡。在全域旅游发展过程中，需要协调各个部门、各个领导和各种利益主体，这样也就促进了整个协调机制的创新。再次，协调文化的不平衡，让游客能够更好更全面地理解一个区域的文化。例如，全域旅游中的非物质文化遗产展示。虽然从传统上看，非物质文化遗产相对小众，可能只在非物质文化交流会等展览平台展示出来，但是如果进行全域旅游发展规划，非物质文化就可以通过全域旅游或者乡村旅游展示出来，得到全新的展示和活化。最后，通过全域旅游的协调，也能够更好地促进经济发达区域和经济不发达区域之间进行更好的协同发展。

③ 绿色引领

绿色发展理念不仅仅是生态文明的体现，也是经济发展方式的转变、社会发展模式的重塑、政治价值体系的进步、文化价值体系的提升，是绿色概念从生态到全域的延伸和升华。全域旅游强调全产业，绿色理念在全域旅游发展中的贯彻不仅仅体现在旅游业本身的绿色发展，也体现在与旅游业相关的一二三产业的全产业绿色发展。全域旅游把生态和旅游结合起来，把资源和产品对接起来，把保护和发展统一起来，是将生态环境优势转化为旅游发展优势，有助于创造更多的绿色财富和生态福利，实行全域旅游有利于发挥旅游作为资源节约型、环境友好型产业的优势。旅游产业链条延伸性长的特性，使全域旅游的绿色发展不仅仅是旅游业的绿色发展，也是在全产业链条上贯彻的绿色发展。通过全域旅游来实现农业与旅游、农业与工业、农业与文化的结合，开发文化观光游、工业观光游、农业观光游等绿色路线，打造休闲娱乐、中医药养生、温泉疗养、户外健身等多种绿色业态。《全域旅游示范区创建工作导则》（以下简称《导则》）"八方面任务"中的"优化城乡环境"这项，核心就是绿色生态，强调生态价值开发，强调旅游与地区发展相协调。这也要求全域旅游开发需要有更多的新理念和新手法，包括遗产活化、再利用等。

④ 开放引领

开放发展是我国基于改革开放成功经验的历史总结，也是拓展经济发展空间、提升开放型经济发展水平的必然要求。旅游业是天生的开放行业，而全域旅游更加注重构建开放发展空间，打破地域分割、行政分割，打破各种制约，走全方位开放之路，形成开放发展的大格局。国家的"一带一路"就是开发引领方面的重大举措，也是对外开放的重要窗口。通过"一带一路"战略和沿线主要城市全域旅游的发展，很好地将中国的旅游资源和"一带一路"上其他国家的资源进行整合串联。"一路"战略的提出为"一路"沿线地区提供了全域旅游发展的机遇，这些地区可以借着"一路"对资本的吸附力，借助"一路"对区域行政壁垒的突破，借助"一路"对基础设施的互联互通，成功实现旅游业的全域化发展。

全域旅游的发展关键在于"旅游+"的治理模式，用好了"旅游+"，就能充分发挥旅游的综合效益和融合效应。"旅游+"作为一种治理结构框架提出，体现了中国旅游业正在走向更加开放的发展目标，正在构建更加开放的发展模式，正在创造更加开放的发展平台，而全域旅游正是这些目标、模式和平台的最好载体。

⑤ 共享引领

共享发展是社会主义的本质要求，是社会主义制度优越性的集中体现，也是我们党坚持全心全意为人民服务根本宗旨的必然选择。全域旅游是释放旅游业综合功能、共享旅游发展红利的有效方式，有利于共建共享美好生活、共建共享基础设施、公共服务、美丽生态环境。首先，是旅游发展权利共享。基于全域旅游形成的政策体系构建的系统推动力，将推动落后地区的旅游业发展。全域旅游共享强调空间整合，使部分偏远地区获得旅游共享发展的机遇。其次，是发展成果共享。细分的旅游市场可使每个游客满足自己的旅游诉求，因此，需要越来越多的细分产品，要求提供的产品更加细分化和人本化，通过全域旅游共享，通过丰富多元化的全域旅游产品供给，让更多的老年人、儿童、残疾人等特殊群体有更多的机会享受旅游带来的福利。全域旅游能够调动全员参与，实现更多的人共享旅游业发展成果，让旅游成为人民的幸福指标，让旅游成为提升获得感的主要途径。所以，全域旅游符合共享的发展理念。

（2）全域旅游是一种政策工具

全域旅游并不是一个单纯的学术概念，更多的是实践要求。因此，它既是一种区域发展哲学，也是一种政策导向工具。全域旅游强调资源整合、权利协同、供应链延伸和全社会分享的建构。利用全域旅游工具可以在地方政府推动旅游全局发展方面，提供具体可推进的框架和实施行为指南。借助全域旅游政策工具，地方可以在其行政区域内将该地区作为完整旅游目的地进行整体规划布局、综合统筹管理、一体化营销推广，促进旅游业全区域、全要素、全产业链发展，形成旅游业全域共建、全域共融、全域共享的发展模式。通过全域统筹，促进旅游业从单一景点景区建设管理向综合目的地服务转变，从门票经济向产业经济转变，从粗放低效方式向精细高效方式转变，从封闭的旅游自循环向开放的"旅游+"转变，从企业单打独享向社会共建共享转变，从围墙内民团式治安管理向全面依法治理转变，从部门行为向党政统筹推进转变，努力实现旅游业现代化、集约化、品质化、国际化，最大限度满足大众旅游时代人民群众新的消费需求，建设"处处是风景，时时有服务，人人都安心"的全域旅游目的地。

当前，全域旅游的研究相对滞后于实践。虽然全国各地方推进全域旅游发展的热情高涨，提出了全域旅游的概念、制定了标准以及颁布了全域旅游导则，很多实践全域旅游的规划已经在制定过程中，但是，全域旅游的理念、标准等在一定程度上却滞后于实践。从当前标准看，只有三亚、桂林、张家界等旅游富集区的城市或地区可以达到国家规定的标准，全国其他地区，即使是当前的全域旅游示范区创建名单中的区域，很多硬性指标，比如旅游业贡献率占GDP15%的指标等是很难达到的。因此，全域旅游发展应该跳出学术争论，将实践作为检验真理的唯一标准，不唯国家标准，更要根据地方实际需求和发展侧重点找到适合自己的发展模式，制定相应的全域旅游实施方案。

1.1.2 中观层面——无景区化旅游目的地时代来袭

传统景区面临四大发展瓶颈：一是圈景式景区发展模式与当地社区生活隔离，二是景点开发集中于单一观光旅游产品，三是过度依赖门票经济导致经营业绩与游客满意度双低，四是热点景区旺季拥堵降低假期质量。传统以抓点方式为特征的景点旅游模式已不能满足现代大旅游发展需要，必须从景点开发模式转变为无景区旅游模式。

所谓无景区旅游目的地，是指突破单一景区区域空间限制，景区内外一体化、全域化发展，统筹景区与周边城镇打造的旅游目的地。无景区旅游目的地具有以下特点：不依赖传统的景区（点），不以观光为主要目的；从走马观光到深度体验，崇尚到处都是滞留点，随时都能成行；让旅行成为生活体验，更加注重异地生活、异质文化的温情回归；打破门票经济，强调开放式的经营方式；旅游主体更具有大众普及性，旅游者能看到更自然、更贴近生活的参与性和互动性较强的东西，而不只是经过层层精致包装后的旅游景点。

(1) 产生原因——自助游、自驾游为代表的大众旅游时代的必然选择

经过三十多年的发展，我国旅游业从无到有、从小到大，实现了从短缺型旅游发展中国家向初步小康型旅游大国的历史性跨越。旅游已经从少数人的奢侈品，发展成为大众化、经常性消费的生活方式。

大众旅游时代以自助游、自驾游为代表，旅游模式发生了重大转变，从景点观光逐渐向全域休闲度假转变。以单一景区景点为主的旅游模式已经不适应新时期经济发展的需要，需要进行产业结构调整，进行供给侧改革。在景点旅游的模式下，封闭的景点景区建设、经营与社会是割裂的、孤立的，有的甚至是冲突的，造成景点景区内外"两重天"。而无景区化旅游目的地就是要改变这种"两重天"的格局，将一个区域整体作为功能完整的旅游目的地来建设、运作，实现景点景区内外一体化，做到人人是旅游形象，处处是旅游环境。无景区化目的地适应非观光旅游需求而产生，更多依赖公共服务与全域旅游联动，是休闲旅游时代旅游重要的突破途径。

(2) 核心特点——以旅游生活方式为核心的旅游活动组织方式

无景区化目的地是为人们提供一种度假休闲的生活方式，以前旅游开发要给游客一个"来"的理由，今天已经变成要为游客提供一个"住"的理由，而唯有体验才能真正让游客住下。如三亚旅游表现出了孤岛效应，豪华的酒店与当地的社会环境与设施形成鲜明对比，当地的社区生活被边缘化。而巴厘岛旅游、美国的奥兰多就非常注重生活方式体验，主题公园、娱乐、表演，甚至赌场等都丰富了游客的旅游经历，并将游客与当地社区生活融为一体。

但是，在大力发展休闲度假旅游的地区，观光旅游不仅不会消失，反而会进一步强化，因为停留较长时间的游客会更多地走访那些不太知名的小景点。同时单一的门票经济将转变为综合的旅游经济，旅游的目标转向国民素质提升，旅游

活动成为普通老百姓的生活方式。作为生活方式的旅游，已经成为新型城镇化的重要驱动力。

（3）三大趋势

① 旅游产品多样化

相比于以往的观光、休闲、度假时代，人们已经不仅仅满足于体验或走马观花式的游览。单一、标准或简单化的旅游产品无法满足人们对旅游的需求，传统的旅游利润也在不断被压低。无景区旅游目的地需要多样化的旅游吸引物，除了景区，还要营造更多的吸引物。满足多元化旅游消费需求，均衡旅游产品分布，让全域每个角落都可以找到旅游的兴奋点。改变目前单一景区景点式供给模式，扩大旅游产品供给广度和深度，集中打造特色的旅游景区景点、城市休闲旅游点、特色乡村体验点、主题小镇产业点、社会资源访问点以及其他新业态承载点等。

② 景区发展泛景区化

当前景点景区内外、酒店内外，两极分化明显，一墙之隔或一河之隔，俨然两重天，景点景区内鸟语花香、干净整齐，景点景区外却私搭乱建、脏乱破差；酒店里流光溢彩、金碧辉煌，酒店外却污水横流，垃圾成山。可谓走进景区酒店是发达的"第一世界"，而走出门外则是落后的"第三世界"。景区内外两极分化的现状，严重影响游客的旅游体验，景区围墙也大大限制了景区的可发展空间。无景区旅游目的地提倡拆掉景点景区"围墙"，实现景点景区内外一体化，以游客体验为中心，以提高游客满意度为目标，按照无景区旅游目的地的建设和服务标准，整体优化环境、优美景观，优化旅游服务的全过程。

③ 景区运营弱门票化

随着中国旅游业进入快速发展时期，旅游模式也发生了重大转变，从景点观光逐渐向全域休闲度假转变，以门票经济为主的旅游时代已经不适应新时期经济发展的需要。自2004年底北京故宫等景点酝酿门票涨价后，全国各知名景点纷纷跟进。其后几年间，全国范围内的多数旅游景区"涨"声一片，掀起了一波波门票涨价潮。"门票经济"加重旅游支出负担，迫使游客减少停留时间和其他支出，致使当地旅游收入单一，获益链条太少，难以促进本地旅游经济的发展。旅游业是一个完整的产业链条，简单说它是由"吃、住、行、游、娱、购"几个要素形成的产业集群，当"景区游览"异军突起，就会发生产业链结构变异，导致旅游行业其他方面的萎缩。游客群体的"平均可自由支配经费"在一定经济阶段是一个常数，"门票"花销过大，必然会扼制游客吃、住、行、娱、购的支出。没有消费市场，旅游相关要素及相关延伸产品就不可能全面发展，始终处于发育不良状态。无景区旅游目的地需要形成大景区理念，实现景区综合效应最大化，要求开展景区门票价格改革，探索逐步放开门票管制，实现弱门票化，克服传统门票经济盈利瓶颈，促使旅游消费多样化、合理化。针对一些资源价值不高、核心吸引物提升困难的景区，可以考虑向区域市民和游客免费开放，成为城市配套的城市公园和城市居民的休闲娱乐场所，改善人居环境。

1.1.3 微观层面——供给侧改革和制度供应不足

旅游供给侧的问题主要集中在新型旅游产品创新不足的矛盾上，表现为观光度假矛盾、冷热矛盾、远近矛盾与投资矛盾。公共政策供给不足难题，主要表现为权力割据、空间排他、效率低下。

（1）旅游供给侧：产品结构与投资需求

习近平总书记在中央经济工作会议上提出："在三期叠加的大背景下，影响经济增长的突出问题有总量问题，但结构性问题更为突出。在有效供给不能适应需求总量和结构变化的情况下，稳增长必须在适度扩大总需求和调整需求结构的同时，着力加强供给侧结构性改革，实现由低水平供需平衡向高水平供需平衡跃升。"发展全域旅游，是解决旅游供给侧不足的有力抓手。

① 需求侧——旅游市场庞大

需求是供给的前提和基础。《国民旅游休闲纲要（2013—2020年）》预计，到2020年，中国国内旅游人次接近60亿，人均出游达到4.5次，这说明目前国内旅游需求市场庞大。

从游客来看，自驾游时代来临，人们的生活方式、旅游方式都发生了很大变化，对旅游目的地的视角、评价标准与以往大不相同。旅游已成为居民日常生活的必要组成部分，成为人民群众享受休息权的一个重要体现。自驾游占比超过60%，甚至很多人在体验出境自驾游，他们出游不再像以前那样，由旅行社指定和安排怎么走、怎么游，而是自己决定游什么、去哪游，怎么住、住哪里，买什么、在哪买，吃什么、在哪吃。高速铁路、高速公路、民用航空等现代交通方式，以及现代移动互联网等信息技术的迅猛发展，又加速了人们生活方式、旅游方式的深刻变革。一个区域的旅游质量、口碑，不单单取决于旅行社、酒店、景区等的服务质量，而是由整个区域的综合环境决定的。推进全域旅游要求我们跳出单一的景点景区、饭店、宾馆的格局，从全域整体优化旅游环境，优化旅游的全过程，配套旅游的基础设施、公共服务体系和旅游服务要素。只有这样才能有效满足人民群众的旅游需求，才能切实提升广大旅游者的获得感和满意度，才能将旅游业真正发展成令人民群众更加满意的现代服务业。

② 供给侧——产品机构失调

从供给侧来看，出现了观光旅游过剩、区域旅游冷热失衡、城市近距离供需失衡、人才结构失衡、创新研发投入能力不足等问题。

国家旅游局发布的2015年统计数据显示，自由行是中国游客最主要的旅行方式，散客出游成为国内旅游的主流趋势。40亿人次国内游人群中，自由行人群占比80%，高达32亿人次；1.2亿人次出境游客中，2/3的游客选择自由行，达到8000万人次。

自驾成为出游主要方式。2015年全国汽车保有量达到2.64亿辆，汽车驾驶人约2.60亿。尤其是长三角、珠三角、环渤海地区全国私家车保有量最高。

从出游时间和距离上来看，多集中于1~4日游。双休日游程距离一般在150~300公里之间，三日游程一般在600公里范围内。

从出游目的地来看，北京是国内最受欢迎的旅游城市之一，而北京的旅游产品仍以观光为主，这说明目前旅游总体有效供给不足。

从景区来看，全国2.8万多个景区，超过90%的景区归政府，多个政府事业部门分割管理，导致缺乏游客服务能力，景点开发集中于观光旅游单一产品，热点景区旺季拥堵，降低假期质量。

旅游产品面临创新开发，由传统一代"新、奇、特"转向互联网一代"酷、爽、嗨、萌"，旅游业需要根据区域旅游创新和游客需求，加快业态升级迭代。

③ 供给侧——投资需求

从投资需求来看，旅游业作为朝阳产业具有高附加值、高成长性，成为资本追逐的新热点。自2012年以来，我国旅游业投资持续火热，全年完成投资额从2011年的2065亿元增长到2015年的10072亿元，首次突破万亿大关，复合增长率达48.6%，远高于同期第三产业固定资产投资增速（16.3%）。从世界旅游组织（UNWTO）的统计来看，我国旅游业投资额在全球范围内也名列前茅，2015年仅次于美国排在第二。

但是，旅游投资具有很大的风险性、复杂性和不稳定性，当前旅游投资尚存在盲目跟风、理智不足的问题。需要改供（改变供给结构）、增投（增加旅游投资）、善投（抓准投资方向），针对长期投资不足的情况寻找原因，改变旅游投资效率低的现状，需要利用投资促进转型升级，运用PPP（公私合作）模式促进旅游金融创新。

（2）制度供给不足：假日及政策供给不足

① 节假日供给制度：传统性与现代性冲突

现有制度的供给不足首先表现在节假日供给不足。节假日能够带来快乐、促进消费。当节假日传统与现有的生活不相匹配的时候，假日就失去了其本身的意义。当前，我国的节假日主要集中在传承传统文化，如春节、清明节、端午节、中秋节等；或是政治含义明显，如国庆节、劳动节等。节假日多基于农业社会传统，内向特征、政治特征明显，农业社会生活方式与后工业化生活方式形成冲突，造成80后、90后对传统节日无感，对西方节日反而更感兴趣，体现了现有假日制度的供给制度不足。另外，现有的全国统一假期安排不能体现地理差异与低碳要求，对提高供给的服务业积极意义认识不足。

② 政策供给制度：公共政策新产品缺失

首先，公共政策中存在部分不合理的现象。旅游执法中，《文物法》《土地管理法》《城乡规划法》等不能与旅游发展需求完美适应，由于涉及部门多，协调存在一定难度。政府部门之间缺乏协同，协调机制不畅，调配分工不明确，成为制度供给不足的重要表现。以2016年哈尔滨"天价神鱼"为例，事件发生后，报道一度出现了四次反复，暴露了政府在旅游事件中协调不力。

同时，部门割据导致空间割据，综合利用效益下滑。因此，部分地区提出了使用混合和空间混合，以解决此问题。如土地政策中，通过长租制的合法化提高土地利用效率，改变国有制的低效做法；又如为转变公共设施社会意识低下、公共政策研究落后的局面，推行大院小区穿越通行等。

要促进法律制定、空间格局、权力格局的混合、协同，任何一个单一的学科、任何一个单独的部门，都不能满足现实的需求。文物部门、住建部门、水利部门、国土部门、消防部门等多部门同心协力才能避免割据，利益共享，促进混合使用。

1.1.4 小结

全域旅游是面对大众旅游规模化需求的新发展哲学与政策导向。在经济新常态、旅游新常态下，全域旅游为中国旅游提供了新的发展道路，尤其是为旅游资源数量和品质一般的地区，提供了一种旅游可能，让生态环境、特色文化、生活方式等要素成为新型旅游资源。全域旅游也为区域统筹提供了新的发展方案，将旅游作为动力产业，统筹协调区域发展。全域旅游也为区域生态环保开拓了新格局，通过持续推进全域旅游发展，构建新的国土空间布局，形成绿色循环、低碳发展的新生态保护格局。旅游扶贫成为精准扶贫新方式，通过旅游"造血"，使全域旅游成为乡村和城郊居民的致富快车。发展全域旅游，通过共享共建，扩大游客的游憩空间，提升当地居民生活环境质量，成为"和谐社会""幸福中国"的重要源泉。

1.2 全域旅游概念辨析

1.2.1 全域旅游概念

（1）官方概念

国家旅游局出台了《国家旅游局关于开展"全域旅游示范区"创建工作的通

知》(旅发(2015)182号)、《国家旅游局关于公布首批创建"全域旅游示范区"名单的通知》(2016年2月5日)、《全域旅游示范区创建工作导则》(2017年5月17日)等相关文件,提出了全域旅游的官方概念,地方实践中也往往将国家旅游局的解释作为官方概念(表1-1)。

全域旅游官方概念辨析 表1-1

时间	文件名称	定义
2015年	《国家旅游局关于开展"全域旅游示范区"创建工作的通知》(旅发(2015)182号)	全域旅游是指在一定的行政区域内,以旅游业为优势主导产业,实现区域资源有机整合、产业深度融合发展和全社会共同参与,通过旅游业带动乃至于统领经济社会全面发展的一种新的区域旅游发展理念和模式。全域旅游示范区分为全域旅游示范县(含县级市)和全域旅游示范市(含地州)
2016年2月5日	《国家旅游局关于公布首批创建"全域旅游示范区"名单的通知》	全域旅游是将特定区域作为完整旅游目的地进行整体规划布局、综合统筹管理、一体化营销推广,促进旅游业全区域、全要素、全产业链发展,实现旅游业全域共建、全域共融、全域共享的发展模式
2017年5月17日	《全域旅游示范区创建工作导则》	全域旅游是指将一定区域作为完整旅游目的地,以旅游业为优势产业,进行统一规划布局、公共服务优化、综合统筹管理、整体营销推广,促进旅游业从单一景点景区建设管理向综合目的地服务转变,从门票经济向产业经济转变,从粗放低效方式向精细高效方式转变,从封闭的旅游自循环向开放的"旅游+"转变,从企业单打独享向社会共建共享转变,从围墙内民团式治安管理向全面依法治理转变,从部门行为向党政统筹推进转变,努力实现旅游业现代化、集约化、品质化、国际化,最大限度满足大众旅游时代人民群众消费需求的发展新模式

(2)概念解析

综合三版官方概念,对全域旅游的主体、路径、目标、性质等内容进行归纳,得出以下结论(表1-2)。

全域旅游主体、路径、目标、性质解析　　　表 1-2

主体	特定区域作为完整旅游目的地（省市区县）
路径	以旅游业为优势主导产业，实现区域资源有机整合、产业深度融合发展和全社会共同参与
目标	旅游业全域共建、全域共融、全域共享
性质	发展模式、发展理念

（3）多方认知

不同视角下的全域旅游呈现不同的特征，行政部门（政界）、学术界（学界）、旅游企业（商界）、游客居民理解各不相同。

① 行政部门——地方旅游发展的导向

地方政府认为全域旅游是地方发展旅游业、建设综合型旅游目的地的指导思想，是协同多部门齐抓共管旅游的有效手段。

② 学术界——概念存在争议

学术界主要对全域范畴、认定标准等方面争议较大，对发展模式和实施路径的研究较少涉及（表1-3）。

学术界关于全域旅游的认知　　　表 1-3

吴必虎	全域旅游不是一个学术定义，而是一种发展哲学、一个政策导向
魏小安	全域旅游是挖掘前工业化成果，创造超工业化产品
石培华	全域旅游是把一个区域整体当作旅游景区，是空间全景化的系统旅游
王兴斌	全域旅游是"旅游目的地"概念
张辉	全域旅游是实践空间域、产业域、要素域和管理域的完备形态
厉新建	全域旅游是在新时代面临诸多旅游问题的时候，应该采取的一种新的发展理念
王玉海	全域旅游是政府发展旅游业的一种理念，其核心是要把单纯的旅游产业运作转化为全社会的综合化运作

③ 旅游企业——旅游可参与空间加大

全域旅游的发展，让旅游从封闭的自循环向开放的"旅游+"转变，促进旅游产业在广度和深度上延伸，增加旅游企业参与旅游市场盈利的机会。

④ 游客居民——支持友好型旅游环境

全域旅游促进从企业单打独享向社会共建共享转变，将来处处有风景、处处有服务、处处可游览，形成安全文明有序的旅游环境。游客可以有更丰富的旅游产品供给，居民可以享受更优质美好的生活环境。

1.2.2 全域旅游的特征分析

准确把握全域旅游内涵特征是科学推行全域旅游发展理念、有效落实全域旅游战略目标的基本前提。深入剖析全域旅游的概念内涵，可知其本质特征主要体现在以下五个方面。

（1）空间上——全资源旅游引领下优化配置

全域旅游要求不能停留在景点景区、宾馆饭店配置，而是要更加注重经济社会发展各类资源和公共服务的有效再配置，既宜居又宜游，处处是风景，处处可旅游。比如，水利建设不仅要满足防洪排涝、灌溉功能，还要有审美游憩价值和休闲度假功能。交通建设和管理，不仅要满足运输和安全功能，道路还应建成风景道，还需要规划建设厕所等公共服务设施，提供完善的自驾车旅游服务体系和配套标识、营地等。林业生态的建设，除了满足生态功能要求外，还要形成特色景观吸引和配套旅游服务功能。农业发展，除了满足农业生产需要外，还应满足采摘、休闲等需求。城镇不仅要满足居民居住和生产功能，还要注重特色、注重服务。美丽乡村建设，既要建成当地农民的幸福家园，还应建成城市居民休闲度假的幸福乐园。

（2）标准上——全区域按综合旅游目的统筹规划

全域旅游，旅游不再是单一景点，而是将特定区域作为一个综合旅游目的地统筹发展，全域整体形成一个开放式的大景区。呈现以下五个特征：一是，旅游吸引物多元化发展，各类社会生活资源成为旅游的重要支撑，如地方特色的生产生活方式、具有游憩价值的交通水利设施等；二是，景区内外环境氛围共享，游客不仅在景区内可以游览观光，在景区外围的城镇、乡村都可以感受到良好的生活和游憩氛围，形成处处有风景，全域宜游的旅游大环境；三是，旅游服务设施一体化发展，区域服务设施全域统筹，景区内外旅游基础服务设施和公共服务设施建设结合发展，达到区域一体化、城乡一体化、景区一体化水平；四是，打破旅游监管壁垒全域覆盖，打破景区管理围墙，解决景区多头管理和景点内容体制割裂的问题，实现旅游监管和综合治理的一体化；五是，建立统一的旅游目的地营销体系，改变单一旅游产品营销方式，建立区域旅游目的地统一形象，进行系统营销。

（3）产业上——全产业联动开放共荣

在全域旅游时代，旅游不再是单一产业，文化娱乐、会议会展、农业、房地产业、商贸零售、加工制造等都与旅游产业存在交叉覆盖，呈现出多层面、多领域的相互融合态势，催生新的产业业态和产业群。发挥"旅游+"功能，使旅游与其他相关产业深度融合、相融相盛，形成新的生产力和竞争力。充分发挥旅游业的拉动力、融合能力，及催化、集成作用，为相关产业和领域发展提供旅游平台，插上"旅游"翅膀，形成新业态，提升其发展水平和综合价值。在区域内，通过"旅游+新型城镇化"，促进发展特色旅游城镇，发挥旅游对新型城镇化的引领作用；通过"旅游+新型工业化"，促进发展旅游装备制造业、户外用品、特色旅游商品，发展工业旅游，创新企业文化建设和销售方式新形态；通过"旅游+农业现代化"，促进发展乡村旅游、休闲农业等现代农业新形态；通过"旅游+信息化"，将旅游业培育为信息化最活跃的前沿产业，用信息化武装旅游；通过推进"旅游+生态化"，大力发展生态旅游，推进旅游生态化，使旅游发展从"围景建区、设门收票"向"区景一体、产业一体"转变，促进旅游与其他产业融合，产业链条全域化，旅游产业全域辐射带动。

（4）体制上——全流程综合协调管理

全流程体现在旅游发展管理视角的全局性，全域旅游是对旅游发展的资源配置、产业发展、市场结构、组织运作、制度安排、体制机制、基础设施、公共服务、保障措施等多个方面的全盘统筹考虑，是建立适合旅游业发展特点的复杂管理系统，以满足旅游业发展的复杂需求。在旅游资源富集、旅游产业优势突出的区域，整个区域的管理体制设计，都应有旅游理念，围绕适应旅游发展"两个综合"需求，即综合产业发展需求和综合执法需求，创新区域治理体系，提升治理能力，实现区域综合化管理。围绕形成旅游发展合力，通过综合改革，破除制约旅游发展的资源要素分属多头的管理瓶颈和体制障碍，更好地发挥政府的导向引领作用，充分发挥市场配置资源的决定性功能。围绕形成旅游市场综合监管格局，创新旅游综合执法模式，消除现有执法手段分割、多头管理又多头都不管的体制弊端。

（5）目标上——全社会共建共享旅游

全域旅游的一个重要命题是全民参与、全社会共享，要求从旅游企业单打独享到社会共建共享转变，即旅游发展成果要惠及广大人民群众，这是全域旅游发展的重要特征。全域旅游形成的新型目的地，要求是一个旅游相关要素配置完备和全面满足游客体验需求的综合性旅游目的地、开放式旅游目的地。旅游质量和形象由整个社会环境构成，这就要求全域旅游必须走共建共享道路。在景点旅游模式下，旅游从业者只是导游、服务员等；而在全域旅游模式下，整个区域的居民都是服务者，都是主人，他们由旁观者、局外人变为参与者和受益者。全域旅游既要让建设方、管理方参与其中，更需要广大游客、居民共同参与。既要考虑让游客游得顺心、放心、开心，也要让居民生活得更方便、更舒心、更美好。要通过旅游发展成果全民共享，增强居民获得感和实际受益，来促进居民树立人人都是旅游形象的认知，自觉把自己作为旅游环境建设的一份子，真正树立主人翁意识，提升整体旅游意识和文明素质。

全域旅游发展，就是要致力于实现全社会共建共享，通过全域旅游推动和助力我国扶贫战略目标，让广大群众在旅游发展中真正受益，这是对我国旅游业现阶段发展不足的深刻反思，是实现旅游发展推动社会效益最大化的必然要求，也是共享性的深刻体现。通过发展全域旅游，有助于推动建立多方共赢的"利益分享机制"，充分调动各方发展旅游的积极性，强化企业社会责任，提升居民文明素质，营造"居游一体，幸福共享"的环境氛围。

1.3 全域旅游发展历程与发展现状

1.3.1 全域旅游发展历程

全域旅游作为国家旅游发展战略，经历了地方探索和国家示范等阶段，这一战略的提出，不仅对中国旅游升级意义重大，也为国家全面建设世界旅游强国注入了新动力。

（1）地方探索阶段——2011~2014年

各地旅游城市、特色旅游目的地建设经验，为全域旅游理论的提出，提供了坚实的理论基础和建设经验，为国家全域旅游相关政策的出台奠定了基础。

2011年，在《杭州市"十二五"旅游休闲业发展规划》创新性地提出了旅游全域化战略，浙江桐庐提出全域旅游的全新理念。

2012年，《杭州市城市旅游专项规划》，提出要将杭州整个城市作为一个大景区进行规划。杭州推出了100个社会资源访问点，甚至将菜市场都转变为旅游资源，专门为外国游客服务，以创新的思维提前实践了全域旅游理念；四川甘孜州委明确提出，实施全域旅游发展战略；山东一些县域将"全域旅游"确立为发展方向，如蓬莱、日照五莲县等，山东沂水县确立"建设全景沂水发展全域旅游"发展战略；湖南资兴市推进旅游业由"区域旅游"向"全域旅游"转变。

2013年，宁夏回族自治区明确提出要"发展全域旅游，创建全域旅游示范区（省），把全区作为一个旅游目的地打造"；桐庐成为浙江省全域旅游专项改革试点县；诸城市列为山东省全域旅游试点市；重庆渝中区启动《全域旅游规划》。

2014年，五莲县、临沂市、莱芜市、滕州市、沂水县成为山东省全域化旅游改革试点；河南郑州市人民政府发布《关于加快全域旅游发展的意见》。

（2）国家示范阶段——2015年至今

国家旅游局出台相关政策，通过初步提出、全面展开、扎实推进三个阶段，将全域旅游示范区创建工作推向全国，使全域旅游成为各地旅游发展的重要战略。

① 初步提出——2015年

2015年8月，全域旅游工作会议研讨会提出全域旅游的概念；9月，国家旅游局下发了《关于开展"国家全域旅游示范区"创建工作的通知》。首次从国家层面正式提出全域旅游发展理念，明确了全域旅游示范区的创建对象、主要考核指标、申报流程、工作要求等内容，提出了全域旅游发展的中远期目标，即"在2000多个县中，每年以10%的规模来创建。今年要推进200个县实现全域旅游，3年600个县实现全域旅游"。本阶段，为区域旅游经济发展指明了新的发展方向，并且得到了宁夏、四川、山东、浙江等省区的积极响应，拉开了全国范围的全域旅游发展序幕。

② 全面展开——2016年

2016年2月，国家旅游局公布首批创建"国家全域旅游示范区"名单，11月国家旅游局公布了第二批国家全域旅游示范区。明确提出了"全域旅游示范区"名单，第一批262个创建单位，第二批238个。进一步升级了全域旅游示范区创建标准，标准更具有弹性，国家定性、地方定量，考核导向也更加明确。2016年5月，国家旅游局在其发布的《中国旅游发展报告2016》中提出，对全域旅游示范区将推出8项支持措施。本阶段，全域旅游正式成为全国旅游工作重点，发展态势也由局部扩展到全国。

③ 扎实推进——2017年

2017年3月，召开第十二届全国人民代表大会第五次会议，"全域旅游"被写入政府工作报告，上升为国家战略。2017年5月，国家旅游局印发《全域旅游示范区创建工作导则》，指导和规范全域旅游示范区创建工作。通过对原有标准的细化，全域旅游考核指标更具有操作性，对地方创建指导性也更强，进一步提升了全域旅游在旅游业中的战略地位。2017年8月，在陕西西安举行的第三届全域旅游推进会暨"人文陕西"推介会上，国家旅游局发布了《2017全域旅游发展报告》，对全域旅游发展进行了阶段性总结。通过对近两年全域旅游发展工作的阶段性总结，从实践角度，更多地为全域旅游提供了参考，明确了地方全域旅游的发展方向和工作抓手。本阶段，全域旅游示范区创建工作已经从理论走向实践，从提出走向试点，从实践走向提升，从创新走向突破，取得了阶段性成果。

④ 示范引领——2018年

2018年3月，国务院办公厅印发《关于促进全域旅游发展的指导意见》，就加快推动旅游业转型升级、提质增效，全面优化旅游发展环境，走全域旅游发展的新路子作出部署。2018年9月，文化和旅游部印发《国家全域旅游示范区验收文件》（修改稿），指导全域旅游示范区的创建验收工作。文件更系统完善地从八大方面对全域旅游示范区创建提出硬性的评价指标，更有利于全域旅游示范区规范化的创建验收。

通过对近两年全域旅游发展工作的阶段性总结，从实践角度，更多地为全域旅游提供了参考，明确了地方全域旅游的发展方向和工作抓手。本阶段，全域旅游示范区创建工作已经从理论走向实践，从提出走向试点，从实践走向提升，从创新走向突破，取得了阶段性成果。

1.3.2 全域旅游的发展现状

近几年，全域旅游从地方探索发展到遍地开花，取得了七方面的阶段性成果。

（1）发展战略上，全域旅游开创了旅游发展的新路径

如今，国内很多地方都走上了全域旅游的新路子，涌现出以城市全域辐射、全域景区发展、特色资源驱动、产业深度融合、旅游功能区支撑等为代表的新模式。越来越多的省、市、县走上了全域旅游的新路径。各地纷纷将全域旅游示范区创建工作作为"一把手"工程、"牛鼻子"工程，海南、宁夏、陕西、贵州、山东等许多省区市更是在积极推进方面取得了显著成效。

（2）发展定位上，全域旅游上升为国家战略

全域旅游是我国新阶段旅游发展战略的再定位，是一场具有深远意义的发展变革。国家相继出台"全域旅游"工作创建通知、创建示范区名单、创建工作导则等，对创建工作进行指导促进。并且在旅游发展报告和政府工作报告中着重提出，将发展全域旅游作为重点工作任务之一。国家政策战略上的重视，为全域旅游提供了重要保障，并且快速推动全域旅游成为国家旅游业发展的中长期战略，

上升为国家战略，促成了社会参与、全民关注的优良格局。

（3）空间布局上，实现点—线—面突破，得到广泛实践

《2017全域旅游发展报告》显示，截至2017年8月，国家旅游局批准的全域旅游示范区创建单位，覆盖全国31个省区市和新疆生产建设兵团，总面积占中国国土面积近1/5，此外还出现了海南、宁夏等7个省区整体为全域旅游示范区创建单位的现象。全域旅游已经由初期的地方探索和定点示范阶段到了全面开花广泛实践阶段。

（4）体制创新上，创新了综合管理机制，推动旅游体系建设新突破

全域旅游创造性地探索了"1+3+N"旅游管理新体制，成为旅游行业全面深化改革的突破口。各地积极推进体制创新，截至2017年8月，全国已有23个省（区、市）、155个地市成立了旅游发展委员会，分别占全国的74%和55%；已设立旅游警察机构131家、旅游工商分局77家、旅游巡回法庭221家；多种手段推进发展机制创新，各地区党政统筹、部门联动，加大全域旅游政策扶持力度，通过扩大旅游发展专项资金规模、成立旅游发展引导基金，设立旅游投融资平台公司等发展机制，取得新突破。

（5）旅游供给上，丰富提升旅游产品体系，满足了人民群众旅游新需求

产品建设已经成为全域旅游、融合发展的新亮点和新空间，通过"旅游+"理念的贯穿，开放性的旅游发展格局初步形成。与旅游六要素相关的要素型产品不断升级，各地涌现大批特色餐饮、主题酒店、旅游民宿、房车营地、休闲绿道、旅游风景道、必购商品、文化体验产品等优质旅游产品，自2015年以来累计投资超1000亿元。综合性、特色性的园区型产品开发如火如荼，A级景区、旅游度假区、休闲区、主题乐园、旅游综合体、城市公园、大型实景演出和博物馆、文化馆、科技馆、规划馆、展览馆、纪念馆、动植物园等成为旅游产品开发新选择，在建旅游综合体项目1500个，自2015年以来累计投资超900亿元。联动性强的目的地产品日益丰富，美丽乡村、旅游小镇、风情县城、文化街区、宜游名城建设加速推进。目前在建美丽乡村项目2500个、特色小镇项目1100个，自2015年以来累计投资超2100亿元。

（6）公共服务上，"补短板抓提升"，进一步健全综合目的地服务体系

全域公共服务体系逐步成熟，各地积极推进公共服务补短板工作。《2017全域旅游发展报告》统计显示，各创建单位共改建和新建厕所25769座，"厕所革命"覆盖城乡全域。各地共建设旅游停车场4000余个，在建的旅游风景道3000余条，城市绿道7500余公里，"快游慢旅"的便捷交通网络加速构建。各地建成旅游集散中心2500余个，旅游集散咨询服务体系日趋完善。各地加大智慧旅游建设力度，旅游政务网、旅游大数据库、动态监控系统、移动旅游APP等建设取得明显进展。综合环境整治力度加大，整体环境明显改善，推进了全域旅游发展成果的共建共享。

（7）市场发展上，全域旅游整体营销创新推进，成效显著

2016年国家全域旅游示范区创建单位共接待游客18亿人次，占全国旅游人次的40.5%，同比增长20%；旅游总收入1.76万亿元，同比增长28%。全域旅游示范区旅游发展势头迅猛，潜力十足。

1.3.3 全域旅游空间分布

国家旅游局发布的《2017全域旅游发展报告》数据显示，截至2017年底，国家旅游局共批准了505家国家全域旅游示范区创建单位，包括7个省，以及覆盖全国31个省区市和新疆生产建设兵团的91个市（州）和407个县（市），总面积180万平方公里，占全国国土面积的19%；总人口2.56亿，占全国总人口的20%。

空间上，当前有海南、宁夏、陕西、贵州、山东、河北、浙江等7个省（区）域整体为全域旅游示范区创建单位；其他区域中，湖南省全域旅游示范区数量最多，拥有31家，居各省首位；四川、江苏、河南、辽宁、新疆、安徽、山西等7个省区创建单位达到20家以上。可以看出，示范区超过20个的省市集中在东北、中部、西部地区，表明国家旅游局有意通过全域旅游示范区的创建带动相对落后区域的旅游经济发展和产业结构优化升级。

2016年2月，国家旅游局公布首批创建"国家全域旅游示范区"名单，海南省、苏州市等262省（区）、市、县成为首批国家全域旅游示范区创建单位。同

年11月，国家旅游局公布了第二批国家全域旅游示范区，宁夏、南京等238个省（区）、市、县成为第二批国家全域旅游示范区创建单位。此外，2017年8月在陕西西安举行的第三届全域旅游推进会暨"人文陕西"推介会上，国家旅游局将陕西、贵州、山东、河北、浙江5个省新增为全域旅游示范省创建单位，全国省级全域旅游示范区创建单位增至7个（表1-4）。

我国第一批和第二批全域旅游示范区创建名单　　表1-4

省域名称	数量/个	第一批名单	第二批名单	《2017全域旅游发展报告》
北京	5	北京市昌平区、北京市平谷区、北京市延庆区	门头沟区、怀柔区	
天津	3	天津市和平区、天津市蓟县、天津市生态城		
河北	17	石家庄市平山县、邯郸市涉县、保定市易县、保定市阜平县、保定市安新县、保定市涞源县、保定市涞水县、张家口市张北县、张家口市蔚县、唐山市迁西县、秦皇岛市北戴河区	张家口市、承德市、秦皇岛市、唐山市迁安市、唐山市遵化市、邯郸市武安市	全省各市县区
山西	20	晋中市、长治市壶关县、长治市平顺县、晋城市阳城县、朔州市右玉县	忻州市、太原市阳曲县、大同市灵丘县、大同县、浑源县、长治市黎城县、武乡县、晋城市泽州县、临汾市洪洞县、吉县、隰县、运城市永济市、芮城县、吕梁市岚县、交城县	
内蒙古	14	内蒙古包头市达茂旗、内蒙古赤峰市宁城县、内蒙古锡林郭勒盟二连浩特市、内蒙古鄂尔多斯市康巴什新区、内蒙古兴安盟阿尔山市	鄂尔多斯市、阿拉善盟、包头市石拐区、土默特右旗、赤峰市克什克腾旗、呼伦贝尔市满洲里市、额尔古纳市、兴安盟乌兰浩特市、锡林郭勒盟多伦县	

续表

省域名称	数量/个	第一批名单	第二批名单	《2017全域旅游发展报告》
辽宁	20	盘锦市、沈阳市沈北新区、大连市瓦房店市、抚顺市沈抚新城、本溪市桓仁满族自治县、丹东市凤城市、丹东市丹东宽甸满族自治县、锦州市北镇市、葫芦岛市兴城市、葫芦岛市绥中县、朝阳市喀左县	本溪市、锦州市、沈阳市浑南区、大连市庄河市、鞍山市岫岩满族自治县、营口市鲅鱼圈区、阜新市阜蒙县、辽阳市弓长岭区、朝阳市凌源市	
吉林	19	吉林市、长白山、长春净月国家高新技术产业开发区、长春市九台区、长春市双阳区、通化市辉南县、通化市柳河县、通化市集安市、通化市通化县、白山市临江市、白山市抚松县、延边州敦化市、延边州延吉市、延边州珲春市、梅河口市	四平市伊通县、通化市东昌区、延边州和龙市、安图县	
黑龙江	13	伊春市、哈尔滨市阿城区、哈尔滨市宾县、大庆市杜尔伯特蒙古族自治县、黑河市五大连池市、大兴安岭地区漠河县	黑河市、绥芬河市、大兴安岭地区、齐齐哈尔市碾子山区、鸡西市虎林市、佳木斯市抚远市、牡丹江市东宁县	
上海	4	上海市黄浦区、上海市青浦区、上海市崇明县	松江区	
江苏	28	苏州市、南京市秦淮区、南京市江宁区、徐州市贾汪区、淮安市金湖县、盐城市大丰区、镇江市句容市、泰州市兴化市	高邮市、南京市、镇江市、无锡市滨湖区、无锡市梁溪区、宜兴市、常州市新北区、常州市武进区、常州市金坛区、溧阳市、如皋市、淮安市淮安区、淮安市清河区(现淮安市清江浦)、洪泽县(现淮安市洪泽)、盱眙县、连云港市连云区、东海县、盐城市盐都区、东台市、宿迁市湖滨新区	

续表

省域名称	数量/个	第一批名单	第二批名单	《2017全域旅游发展报告》
浙江	19	杭州市、湖州市、丽水市、宁波市宁海县、宁波市象山县、衢州市开化县、舟山市普陀区、台州市天台县、台州市仙居县	衢州市、舟山市、宁波市奉化市、温州市文成县、永嘉县、绍兴市新昌县、嘉兴市嘉善县、桐乡市、金华市浦江县、磐安县	全省各市县区
安徽	22	黄山市、池州市、合肥市巢湖市、安庆市岳西县、安庆市太湖县、安庆市潜山县、宣城市绩溪县、宣城市广德县、宣城市泾县、六安市霍山县、六安市金寨县	宣城市、合肥市庐江县、马鞍山市含山县、淮北市烈山区、淮北市相山区、铜陵市枞阳县、安庆市宜秀区、滁州市南谯区、全椒县、阜阳市颍上县、宿州市砀山县	
福建	15	平潭综合实验区、莆田市仙游县、三明市泰宁县、泉州市永春县、漳州市东山县、南平市武夷山市、龙岩市永定区、龙岩市连城县、宁德市屏南县	厦门市、福州市永泰县、泉州市德化县、龙岩市武平县、三明市尤溪县、建宁县	
江西	18	上饶市、鹰潭市、南昌市湾里区、九江市武宁县、赣州市石城县、吉安市井冈山市、吉安市青原区、宜春市靖安县、宜春市铜鼓县、抚州市南丰县、抚州市资溪县	景德镇市、新余市、萍乡市芦溪县、宜春市宜丰县、吉安市安福县、赣州市瑞金市、龙南县	
山东	21	烟台市、临沂市、济南市历城区、青岛市崂山区、淄博市沂源县、枣庄市台儿庄区、枣庄市滕州市、潍坊市青州市、潍坊市临朐县、威海市荣成市、威海市文登区、日照市五莲县	济南市、泰安市、威海市、日照市、莱芜市、枣庄市山亭区、济宁市曲阜市、滨州市无棣县、聊城市东阿县	全省各市县区

续表

省域名称	数量/个	第一批名单	第二批名单	《2017全域旅游发展报告》
河南	26	郑州市、济源市、洛阳市栾川县、洛阳市嵩县、安阳市林州市、焦作市修武县、焦作市博爱县、南阳市西峡县、信阳市新县、信阳市浉河区	焦作市、郑州市巩义市、洛阳市洛龙区、孟津、平顶山市汝州市、舞钢市、鲁山县、鹤壁市淇县、新乡市辉县、许昌市魏都区、鄢陵县、三门峡市灵宝市、卢氏县、商丘市民权县、南阳市南召县、信阳市商城县	
湖北	16	恩施土家族苗族自治州、神农架林区、仙桃市、武汉市黄陂区、黄石市铁山区、宜昌市远安县、宜昌市秭归县、宜昌市长阳县、黄冈市麻城市、黄冈市罗田县、黄冈市红安县、咸宁市赤壁市	宜昌市夷陵区、五峰土家族自治县、黄冈市英山县、咸宁市通山县	
湖南	31	张家界市、湘西土家族苗族自治州、长沙市望城区、株洲市炎陵县、湘潭市韶山市、湘潭市昭山示范区、邵阳市新宁县、岳阳市平江县、常德市石门县、郴州市桂东县、郴州市苏仙区、怀化市通道县、娄底市新化县	怀化市、长沙市长沙县、宁乡县、浏阳市、衡阳市南岳区、邵阳市城步县、岳阳市湘阴县、临湘市、益阳市安化县、桃江县、娄底市涟源市、郴州市资兴市、宜章县、汝城县、株洲市醴陵市、永州市东安县、江永县、宁远县	
广东	14	深圳市、珠海市、中山市、江门市开平市、江门市台山市、惠州市博罗县、惠州市龙门县	韶关市、惠州市、梅州市、广州市番禺区、阳江市海陵岛试验区、清远市连南县、揭阳市揭西县	
广西	19	北海市、南宁市上林县、柳州市融水县、桂林市兴安县、桂林市阳朔县、桂林市龙胜县、百色市靖西县、贺州市昭平县、河池市巴马县、崇左市凭祥市	南宁市、贺州市、桂林市雁山区、恭城瑶族自治县、防城港市东兴市、钦州市钦南区、玉林市容县、河池市宜州市、来宾市金秀瑶族自治县	
海南	1	全省各市县区	—	

续表

省域名称	数量/个	第一批名单	第二批名单	《2017全域旅游发展报告》
重庆	8	重庆市渝中区、重庆市大足区、重庆市南川区、重庆市万盛区、重庆市巫山县	重庆市奉节县、重庆现武隆县、重庆市石柱县	
四川	28	乐山市、阿坝藏族羌族自治州、甘孜藏族自治州、成都市都江堰市、成都市温江区、成都市邛崃市、广元市剑阁县、广元市青川县、雅安市宝兴县、雅安市石棉县、绵阳市北川羌族自治县	攀枝花市、广元市、雅安市、凉山彝族自治州、巴中市、成都市锦江区、浦江县、新津县、崇州市、绵阳市安州区、平武县、泸州市纳溪区、德阳市绵竹市、宜宾市长宁区、兴文县、达州市宣汉县、广安市华蓥市	
贵州	18	遵义市、安顺市、贵阳市花溪区、六盘水市盘县、铜仁市江口县、毕节市百里杜鹃旅游区、黔西南布依族苗族自治州兴义市、黔东南苗族侗族自治州雷山县、黔东南苗族侗族自治州黎平县、黔东南苗族侗族自治州镇远县、黔南布依族苗族自治州荔波县	贵阳市、铜仁市、黔西南布依族苗族自治州、黔东南苗族侗族自治州、六盘水市六枝特区、六盘水市钟山区、水城县	全省各市县区
云南	12	丽江市、西双版纳傣族自治州、大理白族自治州大理市、保山市腾冲市、红河哈尼族彝族自治州建水县、迪庆藏族自治州香格里拉市	大理白族自治州、昆明市石林县、曲靖罗平县、玉溪市新平县、澄江县、红河哈尼族彝族自治州弥勒市	
西藏	4	拉萨市、林芝市	日喀则市、阿里地区普兰县	
陕西	17	宝鸡市、汉中市、韩城市、西安市临潼区、咸阳市礼泉县、渭南市华阴市、延安市黄陵县、延安市宜川县、榆林市佳县、安康市石泉县、安康市岚皋县、商洛市商南县、商洛市柞水县	渭南市大荔县、铜川市耀州区、安康市宁陕县、商洛市山阳县	全省各市县区

续表

省域名称	数量/个	第一批名单	第二批名单	《2017全域旅游发展报告》
甘肃	14	甘南藏族自治州、兰州市城关区、天水市武山县、张掖市肃南裕固族自治县、酒泉市敦煌市	嘉峪关市、张掖市、兰州市榆中县、白银市景泰县、天水市麦积区、陇南市宕昌县、康县、平凉市崆峒区、临夏回族自治州永靖县	
青海	5	西宁市大通县、海北藏族自治州祁连县	海东市乐都区、海北藏族自治州、海南藏族自治州贵德县	
宁夏	7	中卫市、银川市西夏区、银川市永宁县、石嘴山市平罗县、吴忠市青铜峡市、固原市泾源县	全自治区	
新疆	24	吐鲁番市、哈密地区巴里坤哈萨克自治县、昌吉回族自治州木垒哈萨克自治县、博尔塔拉蒙古自治州温泉县、伊犁哈萨克自治州昭苏县、阿勒泰地区阿勒泰市、阿勒泰地区布尔津县、新疆生产建设兵团第一师阿拉尔市十团	喀什地区、乌鲁木齐市乌鲁木齐县、阿克苏地区乌什县、昌吉回族自治州阜康市、吉木萨尔县、巴音郭楞蒙古自治州博湖县、伊犁哈萨克自治州克斯县、塔城地区裕民县、新疆生产建设兵团第一师16团、新疆生产建设兵团第六师青湖经济开发区101团、新疆生产建设兵团第七师126团、新疆生产建设兵团第八师石河子市、新疆生产建设兵团第九师161团、新疆生产建设兵团第九师165团、新疆生产建设兵团第十师北屯市、新疆生产建设兵团第十师185团	

注：2017年，国家旅游局颁布《2017全域旅游发展报告》，新增了5个全域旅游示范区。

第 2 章 发展趋势——全域旅游发展规划的准确供给

中国旅游业的全域旅游发展时代已经全面到来，在国家的积极推动，各地党委政府高度重视、迅速推进下，取得了前所未有的大好局面，以景点观光为主的旅游模式逐渐向全域休闲度假模式转变，以单一旅游业为主的封闭经济模式逐渐向全产业开放共荣转变。但由于全域旅游是一个全新的战略，尚处于摸索阶段，各地区对全域旅游概念以及国家标准解读不足，同时由于我国幅员辽阔，东西部地区存在巨大差异，各地旅游业发展水平与程度不同，加上各地区在全域旅游规划过程中，缺少对自身优势的深入挖掘，盲目模仿，简单复制，导致同质化问题显现，千城一面现象突出。因此在全域旅游规划的过程中，需以精细化的评价体系为标准，因地制宜差异化发展，实现全域旅游引领的多规合一，从而开创全域旅游发展新局面。

2.1 现状：全域旅游规划深思考

2.1.1 全域旅游规划同质化问题显现

自从全域旅游这一概念提出之后，各地纷纷投入全域旅游示范区创建的大军之中，编制全域旅游规划逐渐成为指导地区旅游发展的一项基础的、重要性工作。纵观全国各地，全域旅游规划工作稳步迈进，取得了明显成果，但与此同时，同质化问题显现，主要表现为以下方面。

（1）全域景区、全域泛滥

面临游客需求从观光游览向休闲度假、深度游转变，各地区为实现全域旅游，将整个旅游目的地当作一个大景区进行规划建设、经营。通过全域景观化打造、全域基础设施完善等措施，以点串面，布局"全域是景区、处处是景观、村村是景点"的旅游产业集群新格局，期望打破景区与景区之外的二元对立结构，为游客营造"处处是风景"的旅游体验。但是部分政府过度解读全域景区化，认为全域景区化就是全域处处是景点，大力推动景区景点建设，人为创造，运动式建设，造成景区景点泛滥。与此同时，全域景区化对政府公共服务能力、基础设施完善程度以及地区经济实力具有极高的要求，不是任何地区都可以实施建设。需要长时期、分阶段、分批次进行，跟风式、运动式建设只能导致重复性投入、混乱式发展，造成资源严重浪费。

（2）全域资源、同质开发

发展全域旅游，要求具有全新的资源观，对区域内的自然资源、人文资源、社会资源、产业资源进行深入挖掘、全面整合。以全域旅游为目标创建旅游目的地区域，针对全面化、多元化、特色化的市场需求，在传统旅游景区景点的基础上，深入挖掘资源潜力，扩展旅游资源边界，将其他特色资源如农业资源、产业资源、社会资源等纳入旅游资源中，推动各类资源整合。但目前在全域旅游规划的实际操作中，各区域对旅游资源的开发，仍以自然人文资源为主，在社会资源以及产业资源方面挖掘不足，融合力度不够，同时对自身特色与优势认识欠缺，资源开发利用创新度不足，同一地区内部、不同地区资源开发同质化明显，重复性建设问题突出。

（3）全域市场、统一拓展

随着旅游市场需求从浅层次消费到深层次转变，从团队观光游向散客多样性体验游转变，旅游需求的个性化日益突显，单一的市场定位、同一化的市场开发已经不能满足旅游市场变化的需求。全域旅游需要全新的市场观，实现全市场覆盖、全媒体营销。但目前各区域在进行旅游产品策划、旅游市场营销时仍偏向于统一化、同一化的市场扩展。根据市场多样性，进行的细分市场研究不足；针对不同目标客群，多样化的旅游产品供给不足，如针对不同年龄段亲子市场的亲子休闲产品，针对不同养生养老客群市场的养生度假产品，多样化、全面化、特色化的供给有待提升，精准营销力度有待加强。

（4）全域产品、同类供给

随着全域旅游的深度推进，各旅游目的地全域旅游产品供给日益丰富，全域旅游产品体系构建初见成效，"旅游+"发展格局初步形成。据统计，目前全国在建美丽乡村项目2500个、特色小镇项目1100个，累计投资已超2100亿元。同时，园区型产品开发成为全域旅游示范区创建单位产品开发的新宠儿，在建旅游综合体项目1500个，累计投资超900亿元。但与此同时，同质化、同类化问题显现，各地在进行旅游产品开发设计时，对自身特色与优势挖掘不足，对具体市场深入研究不足，在进行旅游产品、项目、旅游业态策划时，盲目模仿其他地区具有吸引力的旅游项目，不顾自身条件限制，简单复制，粗暴引入，导致同类同质产品比比皆是，山寨项目遍地开花，部分项目水土不服，惨遭失败。

（5）全程服务、统一引领

全域旅游已经上升为国家战略，以政府为主导，以党委政府统筹整合推进为手段，以全域旅游创建标准为引领，实现体制机制改革、完善基础设施以及公共服务设施建设，推动全域旅游示范区创建。目前，各地党委政府都高度重视全域旅游的推进工作，积极性高涨，在基础设施以及公共服务上"补短板抓提升"取得明显成效，综合服务目的地体系基本健全。但与此同时，为达到国家标准要求，部分地区全面按照全域旅游创建标准进行规划指导工作，忽视了国家标准的宏观性与指引性，以及地方差异性与特色性，全面照搬，统一引领，造成地域特色不突出，实际执行有困难等问题。

2.1.2 同质化发展下的千城一面的深层原因

全域旅游是一个具有长期性、综合性、复杂性的系统工程，随着规划工作的深入推进，同质化问题显现，千城一面问题突出，究其原因，主要表现在以下几个方面。

（1）标准统一指导，地域差异难顾

2016年是中国全域旅游全面崛起的一年，中国旅游智库秘书长、委员，中国旅游改革发展咨询委员会委员石培华于3月30日召开的湖南旅游发展大会上，首次公布了《国家全域旅游示范区创建验收评价标准》，根据国家旅游局创建示范区相关文件以及国家旅游局局长李金早在2016旅游工作会提出的要求，《标准》以四

个基本标准为准入门槛，包括8个方面1000分的创建验收标准，总分750分通过验收。各创建单位积极根据文件要求，以《标准》为纲，梳理重点工作任务，制定具体工作方案，积极创造条件全面启动落实，推动示范区创建。但是基于国家层面的《标准》，面对我国广大的地域范围，以及地区旅游资源、产业结构、经济发展阶段、旅游业发展水平的不同，难以兼顾方方面面，适合所有地区。

① 均质评价，地域特色难突出

全域旅游评价体系目标是实现全域全评，因此从8大方面、44个具体细则，全方位多角度对各地区全域旅游示范区创建工作进行详细评定。评价体系共1000分，其中8大方面的分值基本以120分或130分为主，而具体细则分值最高分为40分、最低分为10分，其余大多以20分或30分为主，整体分值均匀化分布。均匀化、全面化的评分细则，使得各地方政府在全域旅游规划创建过程中，容易根据1000分的"标准答案"来进行考试，忽视重点与焦点，全面开花，全方位摊大饼，无死角创建，以期交上750分以上的满意答卷，从而忽视旅游业本质，流于形式，表面创建，造成地方特色不突出，不能充分发挥旅游业的综合优势和带动作用。

② 统一评价，地区全域难达标

全域旅游评价，以旅游收入、接待游客数量、带动就业人数等与GDP总量、财政收入挂钩的考评标准等作为考核核心指标，全方位多角度对所有全域旅游示范区统一考核。整体考核标准对旅游GDP贡献要求高，且时效性强。但由于各地区经济发展水平差异大，产业结构区别明显，旅游业发展程度各不相同，因此大多数县市难以达到标准规定的全部目标。因此需要增加评价标准的多面性与立体性，提高评价柔韧度与弹性。

③ 量化指标缺乏，地区创建易主观

全域旅游规划是一项系统性工程，需要多层级，多部门的合作共建，因此技术性量化指标更容易使多方达成一致，利于全面全域实施。现状评价指标体系，从国家层面、宏观角度出发，大多数以主观评价性指标为主，缺少必要的技术性量化指标及相关解释。如对旅游基础设施与公共服务体系完善程度以及旅游服务要素配套及"旅游+新业态"水平等方面的评价，虽然对每一项评定细则设定了具体的分值，但未对完善程度进行具体说明，也未明确确定具体的完善程度量化指标。地方认知不同、主观差异明显，造成地方政府在全域旅游示范区的创建工程中，易以自身主观判断为准,缺乏科学性、全面性以及统一性,容易使创建工作流于表面。

④ 评价主体缺少,地区创建易片面

全域旅游的发展,必须以政府为主导,由党委政府统筹推进为手段,推动体制机制改革、基础设施以及公共服务设施建设。但是实现全域旅游的真正持续推进,必须以市场为导向,以游客与当地居民满意度为根本出发点与落脚点。现状评价体系基本以政府推动为主要评价内容,对企业投资环境、体制机制环境和运营环境的评价,以及对市场主体参与和居民与游客满意度缺乏考量。

(2) 规划全面执行,全域认识误区

全域旅游是一个全新的发展战略,是在实践的要求下推陈出新的,缺乏相关理论研究与支撑,尚处于摸索阶段。由于人的主观认识不同,地区在全域旅游规划时,对标准解读各异,对全域旅游存在认识误区。

① 过度泛化"全"的概念

全域旅游是指在"青山绿水就是金山银山"理念的指导下,以保护为基础,进行全域旅游要素优化,全域基础设施、产业布局空间统筹,有重点、分主次进行空间开发,实现全域到处是风景、处处是开放式的公共服务体系建设,优化景区升级发展路径,推动景区转型升级、产能外溢,从而实现居游共享。但在全域旅游规划过程中,对全域旅游的解读,存在重点解读"全",过度泛化"全"的认知误区,认为全域旅游即"全域景区""全域开发"。因此在进行全域旅游规划时,片面强调"全域处处是景区,全域到处是景点",大规模投资开发,大力度人为建设,使得景区遍地开花;同时全域空间均质发展,不分重点与主次,同时开发推进,造成全域空间特色不突出,景区景点泛滥。

② 简单复制、同质化规划

国家全域旅游示范区创建标准,是全域旅游示范区创建指南,目的是使创建工作有一个基本遵循,使示范区达到一个基本的共同要求,主要起示范引领作用。在实际的规划过程中,要求各地区依托国家顶层设计,制定适合地区自身的标准指南,注重地区差异化与特色化,因地制宜,找到适合自己发展的全域旅游发展路径。但是在具体的规划过程中,部分地区将标准作为硬性条件,完全按照国家基本标准进行统一模式规划,全域同质同步发展,导致同质化发展,千城一面、恶性竞争。

③ 全力推进、运动式开发

推动全域旅游，促进旅游业全区域、全要素、全产业链发展，实现旅游业全域共建、全域共融、全域共享的发展模式，对区域内全域旅游发展条件具有较高要求。如果一个地区的旅游经济辐射能力无法支撑区域内社会经济体量，那么这个区域就不具备发展全域旅游的条件。因此全域旅游的发展模式并不适用于所有地区、所有发展阶段。其对区域经济发展水平、旅游业发展程度、产业结构构成等都具有较高要求。但是在实际规划过程中，虽然规划推进全域旅游的积极性十分高涨，但未能从实际出发，造成全面开花、一哄而上、运动式创建。因此各地区需要分批次、分阶段逐步推进。

（3）规划衔接困难，全域执行遇阻

在中国旅游产业迅速发展壮大、旅游规划推进实施的过程中，相关规划起到了推动作用。但是随着中国经济社会发展进入新常态、全域旅游持续推进，传统旅游规划弱势地位问题显现，各规划之间的矛盾日益激烈，在某种程度上使得规划实施效果减弱，社会资源浪费，全域旅游推进受阻。

① 各规划沟通欠缺，全域协调困难

随着我国城市建设发展，规划种类纷繁多样，但其提出的最初目的是用一个规划解决一类问题，因此导致各规划之间相互独立、缺乏沟通，出现规划死角与矛盾。传统旅游规划是为保证旅游地获得良好的效益并促进地方社会经济的发展，对地域内旅游系统的发展目标和实现方式进行整体部署。国民经济与社会发展规划，是为指导经济与社会发展，对一定时期内国民经济的主要活动、科学技术、教育事业和社会发展进行规划安排；土地利用规划，是为解决土地调控与用途管制问题，对各类用地的结构和布局进行调整或配置；城市规划，则是为了解决城市未来发展问题，对城市经济结构、空间结构、社会结构发展进行的综合规划。这些规划的指导思想、工作目标、空间范畴不尽相同，在长时间的社会发展过程中，由于城市系统的复杂多变，它们以自身目标价值为主，缺乏相互间的沟通与协调，在解决一个个问题的同时又制造出各类规划之间的冲突，浪费规划资源。如旅游用地分类在城市规划与土地利用规划中不尽相同，分类的不统一造成旅游项目在用地规划、项目审批过程中困难重重。

②各规划地位失衡,全域统筹不便

我国规划种类繁多,且分属不同管理部门,从而导致各规划间斗争激烈、地位失衡严重。国民经济与社会发展规划由全国人大和各级人大审查和批准,是其他规划的依据,法律地位最高。又因解决社会经济发展问题,因此,在经济高速发展时期,占据主导地位,起目标导向作用。但是随着社会发展,各类问题层出不穷,轻重缓急显现,导致解决各类问题的相关规划出现高低之分。如耕地流失、粮食短缺,推动土地规划严格把控;城市建设主导城市规划改革;而环境问题则推动环境保护规划受到重视。现如今,随着经济下行、旅游业地位抬升,全域旅游的践行,旅游规划开始崭露头角。但受长期地位失衡的影响,各类规划自成体系,在项目审批时互为前置、串联审批,审批效率降低。各自为战的各类规划,在背后利益之争的推动下,造成多规合一实现困难、全域统筹不便。

③各规划时间标准冲突,全域统一受阻

各类规划编制期限不同,有的以5年为限,还有的以15年、20年为限,导致规划"超前的超前""滞后的滞后";又由于自身立场不同,使得对时间的把控以及对未来的展望不尽相同,冲突明显,衔接难度大。与此同时,每一个规划都具有不同的规划标准以及技术规范,导致同一用地具有不同的内涵,影响用地面积统计以及土地利用等。统计口径的不一致主要表现在土地利用数据以及人口数据等方面,容易出现土地规模范围不一致、人口数据不统一的问题,对各类规划在对未来进行发展预测时产生影响。同时坐标系统以及操作平台的差异,使得各类规划叠加困难,全域统一操作难度大。

2.2 未来:全域旅游规划新探索

2.2.1 规划依据——精细化评价体系改革

全域旅游是一个长期性、综合性、复杂性的系统工程。随着全域旅游规划的不断深入推进，《国家全域旅游示范区验收文件》（修改稿）（文化和旅游部于2018年9月颁布）（以下简称《验收文件》）应运而生，提出了相对完善和较为细化的评价体系，能适应现阶段不断变化的发展趋势。

《验收文件》提出以政策保障、体制机制、公共服务、产业体系、品牌影响、市场秩序、创新示范与安全保障八个方面建设内容作为申请和认定国家全域旅游示范区的基本条件。同时《验收文件》提出《国家全域旅游示范区验收细则》（以下简称《细则》），《细则》中的验收指标包含8类基本项目和1类创新项目，8类基本项目打分合计1000分，创新项目加分合计100分。认定国家全域旅游示范区最低得分线为950分。各创建单位积极根据文件要求，以《验收文件》为纲，梳理重点工作任务，制定具体工作方案，积极创造条件全面启动落实，推动示范区验收工作。

此《验收文件》虽基于国家层面，但同时相对精确地兼顾了我国广大的地域范围，以及地区旅游资源、产业结构、经济发展阶段、旅游业发展水平等方面的不同，可操作性较强，主要体现在以下四大方面。

（1）强化重点，改革评价标准均匀化

在经济下行疲软的特殊时期，随着全域旅游的深入推进，旅游业在拓宽发展思路、创新思维模式、激发内生动力方面发挥着全局性的重要作用，全域旅游作为发展战略已经得到从基层到顶层的高度认同和重视，各级地方政府发展全域旅游的积极性空前高涨。因此未来评价体系中对全域旅游创建和旅游发展的重视程度的分值可适当下调，突出全民参与，弱化政府功能。全域旅游的重点是旅游，因此需强化旅游吸引力塑造与旅游环境氛围营造，上调旅游产品的特色吸引力和市场影响力，以及旅游基础服务设施与公共服务体系完善程度等相关分值。同时设置加分项，对全域旅游创建工程中的难点问题给予适当奖励。使得整个评价体系重点突出、难点明晰，同时保证各区域在创建过程中，根据自身实际情况，有的放矢。

（2）因地制宜，分类、分档次、分层级制定全域旅游标准

各地区能否发展旅游业，旅游业在区域国民经济中占什么地位，旅游业带动

当地哪些产业及带动作用多大，取决于当地自然、历史、资源、区位、交通和产业结构等综合条件，并非在所有地区旅游业都能成为主导产业、优势产业或支柱产业。各地区情千差万别，发展全域旅游必须因地制宜、适时适度，不宜在全国划定统一的达标标准，需针对地域差异，以区域旅游资源特征、经济发展阶段、核心旅游资源特点、产业结构、旅游业发展程度、整体知名度以及综合影响力等因素为依托，以改革创新、绿色发展、融合共享、可持续发展为原则，以党政统筹、特色发展为基本路径，分类、分档次、分层级制定全域旅游示范区创建标准，提高标准弹性与柔韧度，鼓励各创建单位突出特色，将自身建设成为某一方面的单打冠军而不是全能冠军。

（3）对指标进行精细化发展，加强指标的技术性与科学性

全面化、概括化的评价指标为全域旅游示范区创建指明方向，但在具体的实施操作过程中需对整体评价指标进一步细化，且通过多方验证，提出技术性的量化指标。未来全域旅游评价标准，需聚焦于成熟的可实现的目标，对宏观抽象的一级指标进行层级分解，提出二级、三级等指标，具体解释，实现分数量化，将每一项指标细化到具体的打分标准，即明确什么情况给高分、给多少，什么情况扣分、怎么扣。避免太多主观因素加入，导致运动式创建。指标细化与量化，还需统一数据统计口径，保证数据的真实性。数据质量参差不齐、数据统计方法多种多样，不利于成果验收、标准核定，也容易出现数据造假。因此需要确定统一的数据统计方法以及发布口径，保证数据的真实性与统一性。

（4）完善对企业、游客、居民的评价体系

目前，通过系列政策推动，以党委政府大力推进全域旅游发展的大格局基本形成，但市场主体参与、游客参与以及居民参与还有待提升，市场参与机制亟待创新。全域旅游创建标准需充分考量企业、游客、居民的评价，全方位、多角度推进全域旅游示范区建设。

全域旅游创建标准需增加企业对全域投资环境、体制机制环境、运营环境等方面的评价，督促全域旅游示范区的创建以市场为导向，创新体制机制环

境，改善企业投资环境以及运营环境，从而营造良好的市场氛围，为各类市场主体搭建平台，从而促使各类民营企业、金融机构等积极投身到全域旅游的创建过程中。

全域旅游发展需坚持以人为本的根本原则，将游客满意度以及当地居民满意度细化纳入全域旅游创建标准中，切实提高游客满意度，提升当地居民生活品质。通过细化标准、综合考量，促进区域生态环境质量提升，以及社会经济文化发展。为游客营造宜居宜游、休闲舒适的旅游环境，同时促进当地居民提高生活水平，改善生活环境，提升居民幸福感，促使全域旅游发展的成效体现在游客与居民的口碑上。

2.2.2 规划原则——因地制宜差异化发展

面对全域旅游规划建设过程中出现的同质化、千城一面现象，需因地制宜，以特色化为引领，深入挖掘地方特色、培育特色旅游产品，根据目的地区域资源特色、发展阶段以及产业结构，探索全域旅游发展新模式，建设各具特色，各有特点的全域旅游发展大格局。

（1）龙头景区带动的全域发展型

以龙头景区为核心，带动全域旅游发展。采用这种发展类型的区域，主要是指在区域内拥有全国乃至世界知名的旅游核心吸引物，旅游知名度高，客源市场庞大，旅游在当地经济中占有重要地位的地区。这类地区基础设施较完善，旅游发展深入人心，升级到全域旅游目的地成本低、速度快、效果佳，可以作为全域旅游推进的重点区和先行示范区。

龙头景区带动的全域旅游发展型，主要是对原有龙头旅游路线进行内涵提升与外延，围绕龙头景区这一核心旅游吸引物，部署全域型基础设施与公共服务设施，配置特色旅游产品与景区，按照全域旅游的要求，调整各部门服务旅游、优化环境的职责。推进景城一体化发展，实现以龙头景区带动地方旅游业一体化发展，以龙头景区促进地方旅游业与相关产业融合发展，从而带动地方经济社会发展。如湖南张家界、四川都江堰、安徽黄山等地区。

（2）城乡协同发展的全域辐射型

以城市旅游为基础，辐射带动周边地区，推动城乡协同发展。这种全域旅游发展模式主要在以城市旅游目的地为主体的地区推行。这类地区经济综合实力较强，产业基础好，交通便利，拥有丰富的资源类型、突出的重点资源，并且具有明确的旅游主打产品，以及一定的旅游品牌基础，整体发展城市旅游基础好，并具有一定的知名度。

城乡协同发展，主要是以打造城市旅游目的地为目标，以带动周边地区发展为方向，依托自身旅游城市的知名品牌，完善旅游交通系统以及配套服务设施系统，将整个城市进行旅游型的多规合一建设，发展乡村休闲游，促进城乡互补、多位一体的旅游大市场建设，用旅游引领城乡统筹建设，以及新型城镇化建设，从而构建一个全域旅游辐射型的旅游经济体。如辽宁大连、福建厦门、江苏南京等地区。

（3）全域景区建设的全面落地型

以全域景区化为目标，提升全域环境，将整个区域当作一个大景区来规划、建设、管理和营销。这种发展模式主要在全域旅游资源分布较为均质的地区推行。这类地区大多处于都市辐射圈范围内，交通便利，城市基础设施良好，旅游资源丰富，且分布相对均匀，虽无明显优质资源，但拥有广大且稳定的城市休闲客群，适宜发展城郊休闲游。

以大景区的思路进行全域旅游规划，主要是按照全域旅游发展要求，坚持全地域覆盖、全资源挖掘、全产业互动、全社会参与等原则，推进城镇旅游、乡村旅游、景区旅游、风景道建设等多方面、全方位的旅游要素，美化区域旅游环境，打造移步换景的全景化旅游目的地，实现"处处有风景、时时见风景"的城乡旅游新风貌。如浙江桐庐、河南栾川、宁夏中卫等地。

（4）特色资源带领的全域驱动型

以特色旅游资源为驱动，实现全域旅游大发展。这类发展模式主要在拥有特色自然和人文资源的地区推行，以特色资源为带动，推动旅游综合开发。这类地区大多拥有高品质、特色化的自然或人文旅游资源，主题特色明显，具有较高的辨识度，整体旅游发展以特色资源为核心。

特色旅游资源驱动的全域旅游规划，以特色自然资源为基础，以特色民族民俗文化为灵魂，以旅游综合开发为手段，推动自然资源与人文资源融合发展，增加产品粘度，并与其他相关产业融合，如体育产业、科技产业、健康产业等，发展旅游新业态，形成主题明确、特色鲜明的旅游目的地。如贵州花溪等。

（5）产业深度整合的全域融合型

在特色产业集聚区，以产业深度融合为发展路径，推动全域旅游发展。这类地区大多具有特色明显的一、二产业，产业规模大，产业发展程度高，产业品牌具有一定知名度，并形成特色产业集聚区，整体基础设施完善，具有稳定的客源市场。

以产业深度融合为发展路径，推动全域旅游发展。推动旅游供给侧结构改革，以"旅游+"和"+旅游"为发展途径，从全域旅游角度规划建设，全方位整合区域内旅游资源要素，推动旅游"大空间"、旅游"大产业"建设，实现一、二、三产业融合发展，规划开发出一批文化休闲、生态观光、商务会展、休闲度假、乡村旅游、休闲农业等跨界产品，将旅游业逐步发展为消费经济的龙头产业和提高居民生活品质的幸福产业，打造"旅游+产业"的产业深度融合旅游目的地。如南京江宁区、北京昌平区。

2.2.3 规划方法——全域旅游引领多规合一

"多规合一"是全域旅游发展的前提，全域旅游是推动"多规合一"的抓手，积极创新规划理念，改革规划体制，从顶层设计入手，以全域旅游规划为引领，按照全区域统筹、全要素利用、全产业对接、全过程管理的要求，促进行政统一，将全域旅游发展贯穿于基础设施、城乡建设、土地利用、环境保护等各类规划中，促进全域旅游规划与其他相关规划相互衔接融合，实现"多规统筹"，推动产城一体化发展，有效实现多规合一。

（1）推动全域引领，促进规划沟通协调

全域旅游从整体出发，打破空间壁垒，以旅游业整合推进经济、政治、文化、社会、生态文明五位一体建设。针对各类规划相互独立、沟通困难的问

题，以全域旅游规划引领为核心，统一相关涉旅规划。按照各部门以及各规划间的重叠性，调整协调各规划内容，以行政边界与自然边界相结合为原则，以推动全域发展为根本出发点，推动各部门沟通协调；各规划编制在基于解决自身问题的基础上，与其他规划的充分衔接，尤其是目标任务以及空间上的衔接，统筹考虑，协调建设，确保规划间衔接一致，最终实现全域旅游规划引领的多规合一建设。

（2）成立领导小组，改革规划管理制度

面临多部门管理、规划相互独立、衔接困难等问题，建立健全全域旅游规划协调机制、工作管理机制。建议由政府牵头，成立全域旅游多规合一领导工作小组，由各规划主管领导参与，负责各规划之间的沟通协调。同时简政放权，实现规划从"部门集权"到编制、审批、实施的"三权分离"，推动规划部门与实施部门相分离，提高行政审批效率。

（3）调整规划期限，统一规划发展时序

各规划期限的不统一，严重导致规划衔接不便、矛盾重重，因此有必要协调各规划期限，实现统一同步规划。考虑到未来发展的不确定性以及社会经济的高速发展，建议各类规划与国民经济社会规划相对应，以五年期限为近期目标，重点编制发展规划，明确近期建设范围、用途管制以及建设项目；五年后的区域发展建设则设为弹性区域，根据实际变化情况不断调整，按照与国民经济社会发展规划五年同步滚动的要求，分区、分步、分阶段推进中长期区域规划细化以及落实。

（4）创新规划标准，建设统一规划平台

考虑到各规划之间的差异性，以及各标准的技术性，需组织国民社会经济发展规划、城市规划、土地规划、旅游规划、生态环境保护规划等多部门、跨学科的专家技术团队，进行多规合一规划技术的统一标准编制，搭建多规合一操作平台。充分利用科学技术成果，统一各类规划格式、空间坐标、数据标准、统计口径，通过建立空间信息数据库，将其纳入一个平台中来，促使各类规划要素叠加、各部门联动，形成一个平台与社会多个部门相协调、多种规划相融合的局面。

第3章 发展工具——"BES五全模式"解读

3.1 "BES五全模式"构建的意义

3.1.1 顺应大时代背景变革

(1) 中国经济社会发展进入转型期——旅游发展需要新模式

改革开放至今,我国经济社会发展已由"短缺型"社会进入"富足型"社会阶段,由"生产型"经济过渡到"消费型"经济阶段,由"定居"为主的生活形态演化到"定居""移居"并行的生活形态阶段,这些变化势必催生全新的消费形态。旅游消费成为消费型经济、富足型社会、移居生活形态的重要表征。随着人们可自由支配时间和可自由支配收入的增加、移动性的增强以及信息技术的发达,旅游已毫无争议地成为一种常态化的生活方式,由社会生活的非必需品变成必需品。传统的旅游发展只是部分群体的贵族消费,如今旅游已经发展为几乎所有群体的大众消费。在我国经济社会快速发展的背景下,旅游业作为现代服务业的重要组成部分,对我国GDP和就业综合贡献率双双超过10%,旅游业在社会发展和国民经济体系中的地位不断升级,旅游业成为实现产业结构调整、促进服务业驱动型城镇化的新型主导产业。无论是旅游消费的规模,还是旅游消费的质量;无论是旅游消费的理念,还是旅游消费的形式;无论是旅游消费的广度,还是旅游消费的深度,都发生了迅速而巨大的变化。为了满足这种消费需求变化,适应这种经济社会发展趋势,全域旅游应时而生,以一种更深内涵、更高质量、更远目标的模式来统领未来旅游业的发展。

(2) 国民休闲的大旅游时代——新市场需要新模式来满足

在传统的观光旅游阶段,"吃、住、游"一直是我国旅游发展的主导元素。在旅行社团队组织下,"游"无疑是整个旅游活动的主导元素,其他元素作为补充往往不太被重视,或者所占比例相当有限,导致我国旅游发展一直是以景区景点建设为核心的状态,吃、住、行、购、娱等要素作为配套内容建设不足。我国已经进入大众旅游时代,自助旅游、自驾旅游逐渐取代团队旅游成为主要的旅游组织形式,这是需求力量进一步释放的表现。随着经济富裕、闲暇宽松、技术发达、市场完善、主体觉醒,我国旅游需求力量更强大、形态更分散、类型更多样、质量更高端、变化更迅速,这就需要有新的旅游发展理念和模式来满足。全域旅游是对旅游本质内涵的自然回归,是对旅游要素的完整呈现,是对旅游产业链条的贯通整合,是对旅游需求的有效满足。

3.1.2 推动旅游业七大转变

(1)促进旅游业从单一景点景区建设管理向综合目的地服务转变

从单一景区旅游供给为核心转向以综合旅游目的地供给为核心,让旅行成为生活体验。从门票经济到综合消费,非门票式旅游消费趋于多样化、合理化,实现多途径消费渠道。从单一景点景区建设和管理向综合目的地统筹发展转变,破除景点景区内外的体制壁垒和管理围墙,实行多规合一,推进旅游基础设施建设全域化、公共服务一体化、旅游监管全覆盖、产品营销与目的地推广有效结合,打造综合旅游目的地。

(2)从门票经济向产业经济转变

转变传统的仅在"景区—酒店"两点一线配给旅游服务的观念,树立"自助自游、主客共享、软硬兼备、标准提升"的全域旅游公共服务体系升级理念,优化服务供给改革,实现全域旅游公共服务标准化、精细化、全员化、本土化。

(3)从粗放低效方式向精细高效方式转变

供给侧结构性改革是旅游产业要素供给的巨大机遇,也是激发旅游市场活力的巨大动力,是实现我国旅游从"景点旅游"向"全域旅游"转变的九大重点之一,即从粗放低效旅游向精细高效旅游转变,加大供给侧结构性改革,增加有效供给,引导旅游需求,实现旅游供求的积极平衡。

(4)从封闭的旅游自循环向开放的"旅游+"转变

从封闭的旅游自循环向开放的"旅游+"融合发展方式转变。在全域旅游时代,旅游不再是单一产业,文化娱乐、会议会展、农业、房地产业、商贸零售、加工制造等都与旅游产业存在交叉覆盖,呈现多层面、多领域的相互融合态势,催生新的产业业态和产业群。

(5) 从企业单打独享向社会共建共享转变

由"旅游业一个部门单打独斗式的散兵发展"向"全社会多个部门有机合作式的全局发展"转变。发展全域旅游，有助于推动建立多方共赢的"利益分享机制"，充分调动各方发展旅游的积极性，强化企业社会责任，提升居民文明素质，营造"居游一体，幸福共享"的环境氛围。

(6) 从围墙内民团式治安管理向全面依法治理转变

从"管理"到"治理"，一字之差，既反映了旅游业发展的客观规律，又强调了全域旅游发展法治化的必然结果。构建各部门共同参与的综合执法体系，建立现代旅游治理体系，才能带来整个旅游业的长治久安。

(7) 从部门行为向党政统筹推进转变，形成综合产业综合抓的局面。

由"旅游局的单部门行为"向"党政一体统筹"转变。发展全域旅游，有助于加强政府各部门的合作。建立由地方主要领导负责的旅游决策协调机构，发挥对地区旅游业统筹协调的作用，尊重各部门的管辖职权和专长，促使各部门发展旅游的内在动力，实现"旅游+"与"+旅游"的双赢。

3.1.3 系统构建全域旅游"五全"模式

以整合全域旅游资源为基础，优化扩容旅游发展空间，实现全域资源旅游化应用；以提升全域旅游产业整体吸引力和集成力为主线，创新十大新兴旅游业态，深入推进全域旅游对产业融合发展的统筹、渗透作用；以完善全域旅游要素供给为手段，实现各项旅游服务的全域覆盖；以全社会共建共享全域旅游为抓手，动员各部门、各企业、全民众广泛参与，创新完善旅游体制机制、发展机制、政策保障，提升全域旅游发展保障，系统构筑"全资源整合+全产业融合+全方位服务+全社会参与+全流程保障"的全域旅游"五全"发展模式，引领示范全域旅游建设。

3.2 全资源整合

3.2.1 全域语境下的新资源观

（1）传统旅游资源观——名山大川、风景名胜等。形成以景区为核心吸引物，以观光旅游为主要业态的旅游发展模式

传统旅游资源是指在以观光旅游产品为主导的旅游产业背景下，对大众游客具有吸引力和旅游业普遍利用的要素。《旅游资源分类、调查与评价》GB/T 18972—2003将旅游资源定义为："自然界和人类社会凡能对旅游者产生吸引力，可以为旅游业开发利用，并可产生经济效益、社会效益和环境效益的各种事物和因素。"

传统的旅游资源仅限于名山大川和名胜古迹。旅游产品和发展模式单一。传统旅游资源观下形成的景区为核心吸引物，以观光旅游为主要业态的旅游发展模式已不能适应新时代、新市场的需求。

（2）大众旅游时代——传统旅游目的地的局限性

休闲时代到来对旅游的直接影响，就是休闲体验成为需求和消费的主题，旅游需求越来越"高级""深层"。有形价值提供给消费者的满足感弱化，对精神满足和自我发展的渴望与日俱增，旅游体验需求也从追求感官体验向追求精神、情感、智慧等深层内涵化的综合体验转变。要满足这样的旅游需求，就需要为旅游者提供主题明确、体系完整、印象深刻的体验，引导人们了解当地资源的独特价值，而旅游者也愿意为体验旅游支付比以往旅游形式更高的费用，因此旅游消费水平也将不断提升。反之，走马观花式的旅游模式、粗糙的旅游服务和不完善的配套设施已难以满足游客休闲消费的需求，更无法带来对经济的真正推动。

自改革开放以来，传统旅游目的地经过多年的发展已经成为我国旅游业发展的主力军。但是，随着大众旅游时代到来，中国传统旅游目的地开始面临诸多的挑战。同时，传统旅游地经过较长时间的发展，自身形象及相关基础设施和新兴的旅游目的地相比存在一定的不足。总体而言，有以下几点问题。

① 传统旅游目的地缺乏本地特色，各旅游景区同质化现象较为严重。传统旅游目的地虽经历了几十年的发展历程，但在产品形式和产品特色上，依然没有跳

出传统的范畴。发展至今，各景区的同质化现象仍旧突出，未从本质上去挖掘旅游地当地的底蕴与文化，导致市场竞争力不足的现象越来越明显，缺乏原汁原味的文化产品，没有形成品牌特色。

② 在大力发展第三产业的背景下，传统旅游目的地的服务质量及服务项目稍逊一筹。传统旅游目的地经过较长时间的发展，部分景区已经形成了较为稳定的客源市场。因此，有极大的概率出现怠慢游客甚至欺诈游客的现象，如最近较为火热的天价鱼、天价虾等事件。另一方面，传统旅游目的地的服务项目较为单一，难以满足消费者多样化的需求。

③ 与新兴旅游地相比，传统旅游目的地的形象较为老化，市场意识和营销手段较为缺乏，同时当地的环境遭到破坏，旅游环境承载力难以负荷。对于新兴旅游地而言，它在旅游者心目中的形象尚未形成，然而传统旅游目的地经过多年的发展，在游客的心中已经形成了固定的形象，吸引力与新兴旅游地相比稍显不足。另外，对于传统旅游目的地而言，由于不适当的开发、旅游市场的开拓以及旅游人数的剧增，旅游对当地经济、社会、文化、环境的负面影响开始显现。

（3）新的市场需求下旅游资源重新审视——全域空间可提供生活方式体验所需的一切要素，包括衣食住行、社会、文化等

全域资源是一种资源价值观，就是把区域内所有要素均作为旅游资源或其构成要素或影响要素的资源观。规划需在识别、评判的基础上，对有利要素采取改造、利用、组合、提升等手法，使其发挥旅游资源价值；对不利要素采取屏蔽、转化等手法，消除其负面影响。

全域资源包括已评定的各类景区、旅游区、森林公园等，也包括大量"编外"的"非景区""非旅游区"。这些编外资源，包括山川、水系、道路、村落、城镇、田园、林地、野生动植物、各类设施等；还包括非区域性的星空、云天、海域等资源；以及各类生产活动，如农业、养殖业、林果业、矿业等。

（4）全域语境下的资源观

全域旅游是全面利用新资源，包括环境旅游资源、生活旅游资源、产业旅游资源。从而形成新体系，从单一到复合，涵盖观光、商务、城市、乡村、文化、

休闲、度假等各种旅游方式。将旅游目的地全域作为一个大旅游吸引物来看待，将旅游吸引物构成由传统的旅游资源拓展到产业资源、城镇资源、乡村资源、社会资源等，通过统筹全域旅游资源，挖掘旅游潜在资源，提高旅游资源利用效率。全域旅游是过程性产品，注重深化体验。要通过市场，聚集人气；通过政策，聚集商气；通过创意，聚集文气，最终聚集衍生产业的发展。

3.2.2 全资源整合模式

整合全域空间下"景区—城市—城区—乡镇—风景道—……"等资源，实现全域资源旅游化，扩容旅游发展空间。

（1）景区——泛景区化旅游目的地

泛景区化的旅游目的地是全域旅游对于景区的新要求，也是景区未来发展的破题路径，就是不限于景区围墙内，而是更多地看到围墙外。在这个层面上，通过弱门票化将更多外围资源主体纳入进来，使外围资源的管理和服务实现全新对接，逐渐使门票经济转变为综合消费，变为多元化、合理化的非门票经济，让景区打开围城，有更大的发展空间，也让游客有更多的选择，从而带动外围的更大发展。这就是泛景区化旅游目的地的核心理念。

（2）城市——城市会客厅、城景一体、城市功能旅游化

城市旅游又叫"城旅一体化"。城旅一体化就是使城市功能和旅游功能更好地融合。当时杭州提出将旅游城市向城市旅游转变，作为城市旅游时，更多的是把城市作为一个旅游目的地、旅游吸引物来看待，会出现更多的将城市和旅游结合的部门，将城市功能、城市构筑物和城市资源进行旅游化的转变，比如城市商业，由传统的购物型商业向休闲商业转变，城市交通从公共交通向游憩交通转变，以及城市公园、城市公共设施、城市文化、城市建筑的转型。以南京为例，主要从特色街区、社会资源访点、城市公园、城市夜旅游四个方面进行打造。通过梳理和挖掘南京现有和潜力型城市街区，明确并强化相应的主题特色，构建了五大主题、十二大城市特色街区。另外，对南京的社会资源访问点，如高等院

校、博物馆、城市广场进行了相应的规划，让这些公共体系向游客适度开放，成为城区游的特色吸引物，呈现最真实的南京面貌。在规划中强调公共休闲设施的融合，要求城市公园在前期规划和后期提升时要考虑更多的可能性，令游客和市民感受到旅游化的开放和包容。同时，挽留游客的制胜法宝是城市夜旅游，城市夜旅游是推动城市夜经济和关联产业中非常重大的一个体系，《南京全域旅游发展规划》为南京构筑了一个城市夜旅游发展体系，包括各种夜游产品、夜景观、夜旅游服务等，这对城市旅游是很重要的一点。

（3）乡镇——特色小镇、美丽乡村

休闲农业与乡村旅游作为全域旅游的革命担当，迎来新业态时代，可以助推全域旅游大发展。全域旅游理念引导休闲农业与乡村旅游提质升级，实现乡村产业融合扩张，助推乡村精准扶贫。用供给侧的思维把乡村旅游与乡村产业开发结合起来，实现整合发展，解决产品供给与需求不匹配、依托单一要素实现增长、公共产品供给不足等问题，促进休闲农业与乡村旅游的健康发展。

美丽乡村和旅游特色小镇是对全域旅游很重要的方面。以特色小镇、美丽乡村为突破口，构建全域旅游的支点，推进旅游与乡村的深度合作；以乡村旅游为载体，推进农旅融合、旅游扶贫工作，升级地区旅游档次。

特色小镇主要通过寻找产业特色核心、文化基因植入、产业化支撑和项目化运作进行打造。对接美丽乡村建设要求，从优化乡村旅游环境、展现乡村原始生态文化、培育乡村特色产业、提升乡村接待能力、提高游客满意度等方面出发，以点带面，形成精品示范，推动地区全域美丽乡村的建设。特色小镇和美丽乡村的建设最终是要实现乡村地区生态保护与生态修复的生态目标，活化激活乡土文化与记忆、保护和修复乡村文化脉络的文化目标，改善乡村居住环境、带动乡村居民就业、增加农民收入、实现乡村就地城镇化的社会目标，以及通过以旅带农、一二三产业的融合发展、实现区域产业经济结构转型升级的经济目标。

（4）风景道——交通资源旅游化

风景道最早是由北京大学旅游研究与规划中心主任吴必虎教授早期研究交通时提出。风景道既是服务设施同时又能串联风景道旁边的一些点，现在升级到全

域旅游以后，风景道具有了更大的魅力、更大的作用，很重要的一点就是交通连接由快旅、快游向快旅、慢游转变，也就是旅途很短，但是到了一个目的地以后，要完全地慢下来。内蒙古呼伦贝尔建设了移动旅游目的地，移动旅游过程本身就是一种体验，乘坐的交通就是一种旅游消费和旅游体验。

3.3 全产业融合

3.3.1 全域语境下的"旅游+"产业观

（1）全域语境中产业的升级需求

① 多元旅游需求倒逼

旅游观念的变化，表现在两个方面，其一是旅游资源观的改变，其二是旅游消费观的改变。资源观变化的表现是旅游资源内涵的不断扩容，表现在旅游产品上，就是依靠创意而生的资源脱离型旅游产品越来越多，所占比重越来越大。而旅游消费观的变化，才是发挥旅游需求引导力的强大来源。旅游产业经历了三十余年的发展，产品种类趋于丰富，体系趋于完整，旅游者也逐渐趋于理性，旅游市场逐渐走向成熟。随着旅游产业的发展和人们生活水平的提高，享受型消费和发展型消费开始成为人们消费的主要方向，消费比重也在逐渐增大。旅游作为享受型消费和发展型消费的一种，已经为大众接受，这促进了大众旅游时代到来，加速了旅游市场成熟。此外，旅游消费观念的转变还体现在对旅游体验的追求上。在当今体验经济时代背景下，人们追求旅游体验的"难忘与美好"，并愿意为此付出相应的精力和财力，这一点引导着旅游企业在进行旅游产品的研发时必须注重旅游者的旅游体验感受。为提高旅游产品的体验性，旅游企业创新旅游产品，积极探索旅游体验的实现形式和载体，引发了旅游企业向其他产业的企业谋求合作与共赢。

② 现代技术创新推动

最初的产业融合就是发端于信息通信技术的融合，目前，产业为了提高生产率和竞争力而进行融合。在其他产业的融合中，尤其是狭义上的产业融合，源于技术创新的扩散，它在不同产业之间的扩散导致了技术融合，技术融合最终引发产业融合。原本不可能为旅游所用的行业在技术条件成熟时具备了融合的条件。深海潜艇游、太空遨游等旅游产品在潜艇制造技术和太空飞船技术成熟后有了实现的现实基础。旅游者的这一需求在现实条件满足后被激发，促使着旅游业跨产业融合。当前，企业越来越多地通过信息技术、互联网技术来进行知识的收集与积累，产品的研发、设计、生产、营销、分销与售后服务等。新技术的发展主要体现为信息技术、数字技术等对旅游产业融合的支持作用，主要表现有二：一是出现了新型的旅游产业组织，如携程网、去哪儿网等一批旅游在线营销商，改变了旅游产业传统的营销方式，而旅游景点等也开始创建自己的营销网站，信息网络技术的发展和不断进步使得旅游产业出现融合的新型组织结构。二是新技术的发展为增强旅游产品的体验性提供了不可或缺的支持。例如主题公园的灯光、舞台效果、魔幻故事在科技的支持下更加具有吸引力。数字虚拟技术等在旅游中的运用，使得旅游者在消费旅游产品的过程中，得到了全方位、多触角的体验感受，加强了旅游体验的深度，促使融合不断深化。

③产业政策制度引领

制度放宽可以为旅游产业融合提供良好的发展环境，是融合发展的重要助力。任何产业的发展都脱离不了政策环境。我国旅游产业早期的发展就是依托政策支持发展起来的。近年来，旅游产业融合呈现快速发展的态势，与国家推行一系列的鼓励措施密切相关。相对于旅游产业的发展，旅游融合更需要政策的支持。产业分立、政策对产业要素的管制不利于产业要素流动与整合。对于旅游业发展水平不是很高的地区，旅游企业的整体水平没有达到具备整合产业要素能力的阶段，就需要政策的帮扶来促进融合发展。

（2）旅游产业渗透整合性优势——综合性、联合带动性

融合产业之间存在关联是产业融合发生的基础条件。而对于旅游产业而言，其自身的强关联性是旅游产业融合发生的天然属性。旅游产业是在社会经济水平发展到一定程度之后，基于近代交通业的发展而发展起来的。就旅游产品而言，旅游的本质是旅游者的旅游体验，通常包含六大要素，即吃、住、行、游、购、

娱。相关企业进行这六大要素之中某些要素的生产之后，进行产品的组合，从而完成对整体旅游需求的供给。就现有的研究成果而言，投入产出分析法的运用证明旅游产业属于最终消费产业，对餐饮业、住宿业、交通业、金融保险业、公共设施管理、公共环境管理等拉动作用巨大，通过灰色关联法计算得出的旅游产业的关联行业众多，具有极强的关联性。

在旅游产业快速发展的大背景下，随着产业融合理念以及产业边缘化发展的渗透，旅游产业的关联性更加明显。例如，在能够进行融合发展的文化和旅游产业之间存在着关联，这种关联可以来自于文化资源和旅游资源的相似互补性，可以来自于共同的有效消费需求市场，还可以来自于创意和技术手法上的相似性以及由一定的产业链所关联等。文化产业和旅游产业融合发展，能够将其中的相互关联部分融合在一起，产生更大的市场效应，推动两大产业共同发展。

（3）"旅游+"产业融合发展的意义

① 打破传统旅游边界，通过产业融合，改变游客的旅游方式。

② 延展旅游产业链条，转变旅游产业的发展途径，推动旅游发展向集约型转变。

③ 打破传统行业发展格局，优化资源配置，打造跨界融合的产业集团和产业联盟，推动全行业优化。

3.3.2 全产业融合模式

（1）"旅游+"模式：一个旅游业与各行业全面融合渗透的宏伟蓝图

全产业融合的实质是"旅游+"。在"旅游+"模式中，从门票经济向全产业链经济转型，是旅游业向各个行业渗透的一个过程。在这个过程中，从现在的实践来讲，"旅游+产业"有一点牵强附会，比如工业旅游，虽然发展了很长时间，但还是不温不火，其主要原因是大部分人认为工业旅游带来的效益远低于工业本身的效益，并且会影响工厂的正常运营。主要还是由大家的认识不到位，以及传统产业已经形成的利益格局与旅游融合之后的冲突等原因造成的。所以，应该由"旅游+产业"向"产业+旅游"转变，通俗来讲，不应该去教育旅游局如何让"旅游+产业",而是应该说服各个企业、各种产业,让它们融入旅游,因为它们有自己的底线和利益诉求点,能够适当地让旅游介入,同时又不影响自己的主业,还能促使主业焕发新的生机。所以更多的是要强调产业的旅游价值,找到旅游价值点在哪里,把产业和旅游结合以后如何实现价值最大化告诉产业的主导者,这样才会引导这些产业主导者主动和旅游相结合。所以,就需要一些规划的创新手法,比如休闲农业、休闲渔业、旅游商品、文化创意产业、品牌包装等,其实现在这些需求越来越多。在"旅游+"的过程当中,很重要的一点是"1+1>2",就是从"旅游+",转变到"+旅游"。"旅游+"是旅游业与各行业完全渗透的蓝图,而"+旅游"是各个行业主动融合旅游的全新发展格局。这就是从被动到主动的转变,这种转变,能够让一产、二产,包括文化创意产业等和旅游业进行融合。

(2)"旅游+"细化延伸,形成"休闲+""度假+"等,打造全域休闲产业链,培育旅游新业态

打破传统旅游业态格局,打造跨界融合的产业集团和联盟,积极培育旅游新业态。

① 旅游+农业——休闲农业

休闲农业是指利用田园景观、自然生态及环境资源,结合农林渔牧生产、农业经营活动、农村文化及农家生活,以增进民众对农业和农村生活体验为目的,为民众提供农业休闲体验活动的农业经营。

经过多年发展,我国休闲农业和乡村旅游产业已经从"赏花摘果""一鸡多吃"的初级形态,逐渐走向由田园农业景观、农业科技园、农耕乐园、原乡民宿等多元产品形成的具有田园观光、农事体验、生态保护、文化传承等众多功能的复合型业态,以适应都市人走进自然、认识农业、体验农趣、科普教育等不断升级的需求。2017年我国休闲农业和乡村旅游各类经营主体已达33万家,比上年增加了3万多家,营业收入近6200亿元,整个产业呈现"井喷式"增长态势。

② 旅游+工业——工业旅游

随着我国旅游产业高速升温、工业产业结构调整力度加大,工业旅游正成为旅游产业链上一道亮丽的风景线,为旅游业与第二产业之间的充分融合架起了坚实的桥梁。

工业旅游指的是以工业生产过程、工厂风貌、工人工作生活场景为主要吸引物开展的旅游活动，是伴随着人们对旅游资源理解的拓展而产生的一种旅游概念和产品新形式。工业旅游以工业观光、工业科普、工业生产生活体验、工业主题酒店、主题酒吧、主题餐厅休闲业态等产品形式走向大众，我国著名工业企业如青岛海尔、上海宝钢、广东美的、佛山海天等相继向游人开放，受到大众青睐，同时许多项目获得了政府的高度重视。这既为丰富优化我国旅游产品、延长产业链条开辟了广阔的空间，又为促进工业经济结构调整、增加社会就业、提升工业企业的社会形象、增强销售注入了新的活力。对游客来说，是一个新看点；对企业来说，是一个新卖点。

③ 旅游+文创——文化创意旅游

旅游与文化创意的融合，是人类长期积累的重要经验。在21世纪推动产业和城市双转型、发展创意经济、提升文化软实力的大背景下，旅游和文化创意的融合被赋予了全新的内涵。从宏观角度讲，主题乐园、主题酒店、主题餐厅、文旅小镇等是文化创意旅游的重要形式；从微观角度讲，文创商品、文创餐饮、文创美食等也是文化创意旅游发展的形式体现。

文化创意旅游是以特色文化为主要元素、融合其他多元文化、整理相关学科，依靠创意人的智慧、技能和天赋，借助于高科技对文化资源进行再创造与再创新的文化现象。此文化现象可作为重要的旅游吸引物，产生高附加值的新型旅游产品。

文化创意旅游不仅可以为旅游业开发丰富的人文价值和经济资源，也可以为文化提供一条转化为社会财富的广阔活态化道路。

3.4 全体系覆盖

3.4.1 全域语境下的公共服务建设

（1）全域覆盖

旅游全域化发展趋势日益明显，要求旅游目的地打破不同行业和不同产业之间的界限，建立与社会公共服务体系融为一体、与全域旅游相匹配的便捷化、高质量、全覆盖的旅游公共服务体系，为全域旅游景区和城乡社区配置均质化的旅游公共设施、服务和景观体系，辐射城市、景区、乡村等全域旅游空间，覆盖游客行前、行中和行后的全程旅游环节。为实现"旅游发展全域化""旅游供给品质化""旅游治理规范化""旅游效益最大化"的总体目标奠定坚实基础。

（2）共建共享

响应"旅游，让生活更美好"的号召，积极推进旅游惠民便民服务建设，以旅游厕所革命为先导，带动公共交通、信息咨询中心、城市公共绿地、城市公园、市民广场等设施建设，秉承集约化资源配置和可持续发展的理念，逐步实现旅游公共服务的"主客共享""共建共享"，打造外来游客的旅游乐土和本地居民的幸福家园。

（3）自助自游

随着社会经济不断发展、人们消费能力提高，缺少自主空间的跟团旅游与同质化的景区景点已经逐渐不能满足人们出游的需求，旅游者开始呼唤更加高品质、个性化、原生态的旅游产品，标志着自助自游时代已经到来。旅游需求的不断更新，要求旅游环境响应自助自游时代，为自驾游、家庭亲子等专项自助游等主要自助游客提供功能较为完善的专项配套设施，以实现全域旅游服务自助、便捷、智慧化。

（4）快行慢旅

旅游市场逐步由慢行快旅向快行慢旅的格局转变。秉承经济、发展和生态的理念，通过一系列用地规划控规指标与建设导则，构建"快行慢旅、立体网络"的内外交通系统及公共服务体系，重点解决景区连接线"最后一公里"问题，实现"城景通、景景通"，让"近者悦、远者来"。

3.4.2 全体系覆盖要点

全域旅游服务，围绕五大体系展开。

（1）旅游交通体系

① 打造"快进交通系统"和"慢游交通网络"

从本地实际情况出发，为适应旅游者远距离快速进出目的地的出行需求，依托高铁、民航、高等级公路等公共交通，构建"快进"交通网络。另外，针对旅游者到达目的地后的深度游、体验游需求，以旅游公路为核心，以邮轮、通用航空、自行车道、步道等为支撑，构建"慢游"交通网络。同时，注重推进本地"快进"交通网络与"慢游"交通网络、跨区域"大交通"与地方性"小交通"的无缝衔接，实现游客快捷换乘。

② 健全"全域接驳系统"

依托项目地交通布局，在地铁、轻轨、公交等多种交通方式的基础上，构建区域内轨道交通、常规公交互为补充的多种交通方式协调发展的城市综合公共交通接驳系统。优化旅游观光巴士交通线网分布，设置旅游接驳线路，增开直达景区、度假区的旅游专线直通车，增加覆盖率及高峰时期班次。完善微循环公交、山地公交、校车公交等特色公交体系，填补常规公交空白区，构建无缝接驳体系。

③ 构建智慧化全域旅游交通体系

整合公安、交通、城管等多个部门数据，汇聚全市路网、重要路口、路段交通动态实时监测数据，实现全面实时的交通信息采集和交通数据整合应用，结合大数据分析技术，打造"高效畅通、便捷安全、绿色低碳"的智慧化大交通体系。

以"互联网+"思维，实现出行、停车的便捷化以及交通服务最优化。首先，完善智慧出行服务。通过对大数据整合实现情景可视化，供游客选择最优出行时间、地点等，避免人流、车流高峰等交通问题。其次，推动智慧停车建设。在对全市停车位资源整合共享的基础上，通过设置共享停车位、打造停车智能导航APP等路径，实现停车场利用率的最大化和车主服务的最优化，进而提高城市交通效率，有效解决城市"停车难"。

（2）智慧旅游体系

① 推动互动式终端旅游信息发布系统建设

推动旅游集散中心、旅游特色镇、景区、车站、码头、高速公路服务区、宾馆饭店、乡村旅游点等重点涉旅场所的互动式终端旅游信息发布系统建设，为游客提供高效化、便捷化的旅游服务。

② 打造全域旅游信息服务平台

按照"全覆盖、全信息、全服务"目标定位，打造全域旅游信息服务平台，为旅游企业和游客提供信息发布、产品宣传、行程规划、在线预订、在线支付、导游、导购、导航、天气查询、旅游攻略、导游验证、景区路线安排、在线投诉与评价、周边信息查询、在线旅游体验、移动位置等服务。

③ 构建全域旅游媒体平台矩阵

建设旅游政务网、旅游资讯网、微博、微信、相关旅游APP等媒体平台。按照全媒体矩阵、一云多屏建设和运维思路，实现旅游服务信息在手机屏、电脑屏、触摸屏、电视屏等的共享和互推。

④ 完善旅游公共信息服务体系

利用多语种网站、境外社交媒体平台加大全域旅游宣传营销力度，为海内外游客提供全面、准确、及时的公共信息服务。充分利用新技术、新应用、新渠道，拓展旅游信息发布渠道，扩大旅游信息服务覆盖范围，构筑起立体化、全方位、广覆盖的旅游公共信息服务体系。

（3）自助游公共服务体系

① 构建功能健全的背包客服务体系

随着游客出游需求差异化、个性化发展，越来越多的中国人也开始尝试独立、自助旅游，越来越多的人加入背包客一族，背包客的发展，在社会上的影响力越来越大，受到的关注也越来越大。因此，构建功能健全的背包客服务体系，是满足日益变化的旅游市场的必然路径。分别针对徒步、骑行等类型背包自助游客配备服务设施，完善相应公共服务体系。例如，在热门徒步路线设置能量补给站、休息廊、客栈等，在骑行线路上设置自行车修理服务点、自行车共享处等。

② 完善自驾游服务体系

第一，完善自驾车安全服务体系。增大旅游公共安全机制建设、旅游公共安全服务设施建设、旅游安全监测和预警服务机制建设、紧急救援等安全服务体系建设内容中自驾车相关内容占比，增强对自驾车安全服务的关注度和完善度。第二，完善自驾游者权益体系。增强对旅游投诉的执法检查；加大旅游消费环境监测力度；以自驾旅游者满意度调查及第三方机构独立评估为主的绩效评估机制为标准，制定对从业单位和人员的诚信等级评定等制度。第三，完善自驾旅游信息体系。包括旅游标识系统、旅游咨询设施、城市解说服务、旅游电子商务网建设、景区内部解说等。第四，完善自驾游公共设施体系。在完善吃、住、行、游、购、娱六大类基础服务设施建设的同时，加强旅游目的地生态化、智慧化停车场和公共卫生间的建设。第五，完善自驾营地体系建设。加强旅游目的地自驾车营地建设，完善水、电、网等基础设施的配备，提供自驾车生活补给和供人休息的场所，同时注重自驾车营地周边娱乐、休闲等业态的配备。第五，完善自驾游政策扶持体系。制定相应自驾游规范和标准，出台自驾游公共服务设施建设专项资金扶持政策等。

③ 针对专项市场配套相应服务设施

当今自助游客大多以家庭亲子、情侣等多种方式结伴出行，因此各大旅游目的地、旅游景区应根据客源市场特点配套专项旅游服务设施和旅游产品。例如，亲子旅游目的地应较多开发儿童类、亲子类旅游产品和设施，组织具有当地特色的亲子活动。

（4）旅游集散体系

构建交通网、景点网、客流网、信息网四网合一集散体系，并为旅游集散提供互联、互通、互操作的平台。打造具有当地特色的旅游集散综合服务系统，组织整合当地居民在周边地区旅游，兼顾外地游客抵达旅游目的地后的个性旅游服务，并提供旅游交通、旅游信息、商业等配套服务，构建多层次、多点布局的旅游集散体系，加快构建全域一体化的旅游集散体系和旅游咨询服务体系。

3.5 全流程保障

3.5.1 传统区域旅游的发展瓶颈

（1）传统区域旅游产业与其他产业融合度低，产业带动性弱

传统的区域旅游产业将旅行社、旅游饭店、旅游景区、旅游车船公司和旅游商贸公司作为旅游产业的主要内涵，而将民航、铁路、社会餐馆、商业、工业、科技等其他产业单列在外。旅游产业在发展的过程中，致力于旅游资源自身整合、包装，较少关注与其他产业的融合。但旅游产业不是严格意义上的"生产相同产品的单个企业的集合"，而是各个其他产业中某一部分产品和劳动的多重"集合"。如今，在多元化产业共同发展的产业融合新时代，传统区域旅游产业发展模式已经不足以满足时代进步的需求。因此，亟需开启旅游产业与其他产业融合发展、联动发展的新模式。

（2）单纯的景区、景点发展建设管理，已无法满足全民休闲度假时代的需求

在全民休闲度假时代来临之前，随着人们出游需求不断增大，传统区域旅游为满足人们日益增加的旅游需求，不断加强景区、景点旅游资源重组，提升景区、景点服务水平，在一定时期内优化了旅游业态。然而，当今中国旅游业已进入全民"休闲度假时代"，单纯的景区、景点的优化提升已经无法满足全民休闲度假时代的需求，还需要包括对景区之外的交通、住宿、卫生、公服、环境等在内的一系列全区域性基础设施、环境、服务进行整体性提升，才能为休闲度假游

客提供优质的旅游大环境。

（3）旅游发展的资源要素分属多头的管理瓶颈和体制障碍

由于旅游资源分属不同的行业部门（如林业部门、文物宗教部门、国土部门、农业部门等），各部门在资源开发方面各自为政，呈现多头管理、权力割据、空间排他、效率低下、力度不够等问题。同时，管理无序、引导不足，也造成旅游景点之间互为壁垒，形成恶性竞争。尤其是将某些景区以承包的方式租赁给一些单位和个人，出现了"竭泽而渔"式的开发和经营，造成旅游资源和自然生态环境的极大破坏。亟需开启统一管理、多级配合的管理模式，消除管理体制机制为旅游发展带来的弊端。

（4）传统旅游业与农业分离发展，无法在乡村振兴的大背景下站稳脚跟

传统旅游产业与农业是毫无关联的两个产业发展体系，农业并不是旅游产业发展过程中所关注的重要吸引物，乡村并不在旅游业发展的范畴之内。随着我国城乡一体化建设加速、都市人口急剧增加，都市人群逃离喧嚣走向乡村的需求日益增大，乡村振兴的趋势愈发凸显。此时，在乡村振兴的大背景下，传统旅游产业与农业分立发展的模式已经无法满足当代人的旅游需求，无法承担时代发展的重任。而全域旅游，则把乡村地区的旅游作为乡村振兴的助推器，致力走出一条农业旅游文化"三位一体"、生产生活生态同步改善、农村一二三产业深度融合的发展路径，有力推动乡村振兴战略落地生根、"两山"理论创新实践。

3.5.2 全域视角下的旅游体制、机制设计

整个区域的管理体制设计，围绕适应旅游发展"两个综合"需求，即综合化管理和综合执法需求，以创新区域管理、治理体系，提升管理、治理能力，实现区域综合化管理。

（1）开启"一大部门主导，多层级配合"统一化、综合化管理模式

通过成立区域级的旅游发展委员会，统一组织开发与协调相关的旅游管理部

门,并根据区域自身情况设立多级管理体制:由区域一把手出任一级管理的总指挥,提升管理上的时效性,解决权力割据、力度不够等问题;成立由各个部门成员组成的旅游管理监督部门,对相关旅游措施进行实时监督;由各街道、村落等成员组成下级管理体系,进行相关政策的实施落实,以此创新区域治理体系,提升治理能力。围绕形成旅游发展合力,通过综合改革,破除制约,更好地发挥政府的导向引领作用,充分发挥市场配置资源的决定性功能。

(2)围绕形成旅游市场综合监管格局,创新旅游综合执法模式

通过成立1个机构——旅游发展委员会、强化3个职能、创新N种举措三大路径,推广"1+3+N"旅游综合执法模式,实现旅游市场有序运行。首先,建立"旅游市场监察队"。把旅游市场环境治理,纳入城市综合治理的范畴,加大治理力度,形成管理联动,强化监管旅游市场中侵害消费者合法权益行为的职能。其次,加强"旅游警察支队建设"。实现旅游违法行为与刑罚的无缝连接,定期提供语言、旅游知识、旅游安全保障等专题培训,提高旅游警察外语交流、旅游安全事故处理能力。再次,加强"旅游巡回法庭建设"。统一投诉受理、违法行为信息共享与跨部门、跨地区的督办机制。

3.6 全社会参与

3.6.1 全域旅游共建共享理念

全社会参与指的是全域旅游不单是旅游相关部门的事情,而是全社会各个角色在全域旅游中承担更多的主体功能,这与全域旅游共享共建的理念不谋而合。这一理念指引在政府引导下的企事业单位、协会、社区居民、个人、游客等全部共同参与到产业环境、行业环境、城市环境、旅游环境、城市形象的营造过程中去。

3.6.2 全域旅游的涉及主体及角色

（1）政府

政府在全域旅游中起着主导作用。首先，政府是产业发展平台的搭建者。旅游产业发展过程中涉及的管理、投融资、项目交易、资金监管、规划设计、人才培训、信息化等多方面内容，需要政府主导搭建有效的协助平台，从而实现多方联动。其次，政府还是行业规范的制定者和监督者。全域旅游发展模式不同于传统旅游，因此，亟需出台一系列新的发展措施、标准和规范。政府作为行业的主导者，应承担起此项责任和义务，并在整个发展过程中实施监督。再次，全域旅游产业强调多产业融合，面对多个独立的产业个体和独立发展、管理的体系，政府需要作为中间的协调者，协助不同个体和发展、管理体系相互融合，助力双方联动发展，互利共荣。另外，政府也是营销的推介者，在全域旅游形象推广工作中起着重要作用。

（2）企事业单位和协会

企业大多为旅游产品投资商；高校、科研等事业单位是旅游新业态的创新推动者；旅行社、酒店、出租车等企业，协会、俱乐部、社会团体等，以及医院、超市等公共服务体系则是旅游产品服务者。各大企事业单位和协会应各司其职，发挥不同的作用，调动行业积极性，促进产业合作、新业态创新，以及行业环境的营造。

（3）社区

社区包含着交通网络、生态空间、公共服务空间、文化场馆等众多社会资源访问点，是城市内涵的核心展示区域。在当今全民"休闲度假"时代，将是游客体验民情、了解当地文化的最佳去处，也是未来居游共享的体验载体。

（4）个人

在旅游业发展的整个过程中，个人的参与也是必不可少的。良好的旅游环境和秩序依赖于个人的良性维护和主动参与。首先，当地居民是旅游代言人，居民的素质、言行、品德均是影响旅游目的地形象建设的重要因素；其次，居民个人也是生活化城市氛围的营造者。在休闲度假时代，旅游地民风、民情也是旅游者体验的重要环节，居民正是旅游城市生活情境的主要塑造者；再次，不同城市具有各自独特的城市精神，而居民作为耳濡目染的精神洗礼者是城市精神的主要传承者；最后，居民的生活与旅游大环境息息相关，旅游大环境的建设也是居民生活环境的建设，因此居民是潜在的城市服务志愿者。

3.6.3 全社会参与路径

（1）政府全部门

　　① 旅游产业服务平台打造

　　由政府主导，坚持"政府搭台实体化，产业服务集中化"的创建原则，打造集产业、管理、投融资、项目交易、资金监管、规划设计、人才培训、信息化等多重功能于一体的全域旅游产业服务平台——智慧化的旅游产业平台。

　　② 多规合一

　　在政府引导下，强化国民经济和社会发展规划、城乡规划、土地利用规划、环境保护、文物保护、林地与耕地保护、综合交通、水资源、文化与生态旅游资源、社会事业规划等各类规划的衔接，以优化空间布局、有效配置土地资源。

（2）企事业单位

　　① 高校、科研等事业单位

　　有效盘活高校资源，植入旅游、论坛、励志研学、市民休闲等功能，成为亲子教育、休闲观光、名校论坛、康体健身、感怀学生时代的正能量磁场。依托各类高级旅游人才"高、精、专"优势，建立旅游智库，凝聚各方智慧切实发挥好智库在服务重大决策、承担旅游专项智力服务、参与专业性工作、服务旅游招商引资等方面作用。另外，建立培训机制，加强旅游从业人员教育培训。在全域旅游行业开展"全域旅游服务"公益流动课室培训，普及旅游知识和旅游责任教育。

　　② 旅行社、酒店、出租车等企业

　　首先，完善酒店设施建设、规范旅行社和出租车等服务标准，为游客提供良好的服务和体验。其次，通过酒店发放旅游宣传册、LED屏循环播放旅游宣传片、旅行社旅游产品推广、旅游新业态推介、与出租车企业合作进行旅游营销宣传等多种手段，全方位构建营销渠道。再次，积极推动高校培养旅行社、酒店等的专业服务人才，助力旅游行业的全业态规范化、标准化发展。

③ 协会、俱乐部、社会团体

首先，打破旅游产业与工业、体育、文化等多项产业之间的壁垒，积极与其他行业和产业协会、俱乐部、社会团体进行合作，形成不同产业和行业之间互通互融、互利共赢的良性局面。其次，各个协会、俱乐部、社会团体作为不同行业的规范、标准制定者，发挥其引导作用，全方位提升其规范制度的完善性，助力与旅游融合后的新产业能够实现长久的可持续发展。再次，协会、俱乐部、社会团体作为节事活动的组织者和协办者，在积极吸收全社会潮流、时尚、前沿文化元素的基础上，组织更加多元化的具有本地特色的节事活动，并创新活动形式、丰富活动内涵，以发挥人气引爆作用，达到引流效果。

（3）社区参与

① 完善社会资源旅游点建设

完善旅游目的地的内部区域交通网络，增强旅游交通的便捷性和通达性；完善社区商业配套，打造精致旅游生活圈；积极致力于城市公园建设，优化目的地生态环境；完善文化场馆、体育场馆等公共空间建设，为游客提供宜居宜游的体验空间。

② 社区氛围营造

首先，广泛宣传提高全域旅游知晓率。社区在辖区内大力开展宣传活动，利用张贴海报、悬挂条幅、LED屏、发放宣传资料、入户走访等形式，做到广宣传、多覆盖，全面提高居民对全域旅游的认识，营造浓厚的舆论氛围。其次，丰富群众文化生活，调动社区居民积极性。居民是社区氛围营造的承载者，通过丰富和活跃群众文化生活，调动居民营造社区氛围的积极性，是社区氛围营造的重要落脚点。再次，积极开展各类文化活动，全面丰富群众文化生活。通过组织广大文艺爱好者自编自创社区快板、社区文明创建之歌、播放露天电影等，使社区居民完全融身于氛围营造的过程中，从而营造良好的社区生活氛围。

（4）个人参与

① 旅游志愿者服务

建立旅游志愿服务组织，确立志愿者长效服务机制，塑造旅游志愿服务品牌。首先，组建志愿者导游团队，为游客提供导游服务，包括中文、英语、日语、韩语、德语、意大利语等多个语种。其次，志愿者定点提供讲解服务。在主要的旅游景区景点、主要社会资源点、博物馆等提供定点的志愿者讲解服务。再次，在公共场所提供志愿服务。在人流集中的商业街、马路、车站、地铁等场所，提供志愿者服务，为游客提供旅游信息、指路服务、交通信息等。

② 全民文明旅游

首先，加强宣传教育。充分运用文学、摄影、卡通、漫画等艺术形式，特别是加大公益广告的制作和播放力度，生动活泼地鞭挞不文明行为，促进全体公民提高文明素质。其次，加强监督管理。在旅游景区建立游客文明行为监督岗和纠察巡逻队，随时随地纠正和制止游客的不文明行为。建立"不文明行为曝光台"，对一些影响大的、典型的不文明行为，可通过电视、广播、报纸、网络等媒体进行曝光。设立不文明旅游举报热线和信箱，鼓励个人或单位对不文明行为进行举报。再次，针对旅游活动中游客的各种陋习，在遵循"中国公民旅游文明行为规范"的基础上，出台专门文件，制定专属目的地的"文明公约"，由政府主导实施，规范公民旅游文明行为。

第 4 章

全资源整合之景区发展路径

4.1 景区：全域旅游中的龙头

4.1.1 全域旅游从未放弃景区的引领

（1）景区是全域旅游的核心吸引力

旅游发展六要素——食、住、行、游、购、娱，其中"游"所指的是景区，是旅游六要素中的核心所在，也就是说景区是一个区域发展旅游的核心吸引力，如果缺乏好的景区景点，旅游者尤其是远程旅游者是难以被吸引过来的，没有游客到访，发展旅游无从谈起。

全域旅游发展强调对全域资源的整合，强调实现全域资源的旅游化，除了传统资源外，还要把一些新兴的资源挖掘出来，扩大资源的发展空间。那么，就景区而言，在全域资源整合的要求下，景区的核心地位是否会被弱化呢？我想答案是否定的。因为即使是旅游发展空间的拓展，一个区域的旅游发展依然需要一个核心吸引力，而目前，就大部分地区而言，景区依然是作为区域旅游的核心吸引力存在的，因此，景区是全域旅游的核心吸引力。

（2）景区引爆全域旅游发展

全域旅游理念提出之前，景区是一个区域内旅游发展的主体，尽管由于"围墙"的限制，景区的发展范围受限，但却形成了一定的旅游发展格局，所以在全域旅游的理念下，景区，尤其是具有相当的品牌及影响力的景区也必然成为全域旅游实施的先锋。

在全域旅游背景下，景区作为全域旅游的核心吸引力，以景区为核心，整合周边的交通、服务、管理、旅游要素等资源，逐渐形成由点向面的突破，将景区与其相关的产业进行深度融合，拓展旅游产业的关联度，使其从单纯的门票经济向产业经济迈进，从一次性观光消费向重复性休闲消费转变，充分发挥服务产业的特色，提升区域的整体吸引力，最终实现以景区为核心引爆全域旅游。

4.1.2 全域旅游指明景区未来发展趋势

全域旅游时代，游客的旅游方式发生了转变，全民旅游、自助旅游、自驾旅游、深度旅游和度假旅游逐渐成为主流，传统的景点旅游模式已经不能够满足现代大众旅游发展的需要。对于旅游者来说，在旅行过程中已不再满足于走马观花的游览方式，认为体验是更加重要的，更倾向于休闲、度假类的旅游产品。

游客旅游方式的转变倒逼供给侧改革，也就是说景区作为供给侧需要实现自身的转变。一方面，景区需要实现从门票经济向产业经济的转变；另一方面，景区要实现业态向复合型转变；同时，为了实现这两大转变，景区需要突破围墙，实现自身与周边资源的整合，实现供给侧改革，满足游客的旅游需求（图4-1）。

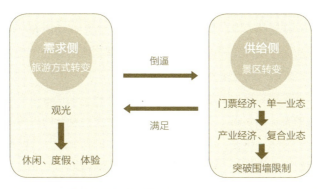

图4-1 全域语境下的景区转变

（1）门票经济向产业经济转变

门票经济是指在旅游发展过程中将门票收入作为旅游收入的主要来源，门票经济的形成是我国旅游发展到一定阶段的产物，但是这种发展模式存在一定弊端，过多地看重景区门票收入不利于旅游产业链的延伸，反而会限制景区的健康与可持续发展。

全域旅游背景下，旅游已经进入了一个新的发展阶段，旅游需求侧发生转变：由从前的以观光旅游为主逐渐演变为观光旅游与休闲度假旅游并驾齐驱，这也就意味着景区的门票经济模式不再适用于全域旅游下的景区发展模式，门票经济要逐渐被弱化，要从旅游发展过度依赖门票收入的阶段走出来。

既然要破除门票经济，那景区又如何打破困境，找到新的利益增长点呢？

旅游需求侧的转变会倒逼旅游供给侧的转变，也就是说游客的多元化旅游需求会促使景区供给朝着多元化的方向发展。旅游六要素食、住、行、游、购、娱，其中门票只占六要素之一的"游"，破除门票经济困局后，可以积极探索"食""住""行""购""娱"这五要素的发展路径，开发多元化的休闲、度假类旅游产品，推动供给侧改革，把景区建设成品质更高、服务更优、质量更好、游客更满意的旅游产品，实现从门票经济向产业经济的转变，深化自身的盈利能力。

（2）景区业态向复合型转变

在全域旅游发展的新格局下，景区的业态需要从单一的观光型业态向更加丰富的复合型业态转变，满足游客日益增长的休闲、度假和个性化旅游需求，景区业态的复合型转变意味着景区需要依托资源特质，考虑到功能和市场定位，提升景区的产品品质，增加休闲和度假的元素，开发体验性的旅游产品，满足个性化的旅游需求，使景区向旅游综合体转变。

"旅游+"的发展理念，正是全域旅游时代的产物，也就是说要实现景区与周边资源、环境的整合和串联，实现单一的传统旅游业向复合的旅游新业态转变，如旅游与农业、文化、体育、运动等产业融合产生的新业态，可以满足游客多元化、个性化的旅游产品需求，为游客提供更好的旅游体验。

（3）圈景式向无围墙化转变

全域旅游下，景区发展要实现两大转变：门票经济向产业经济转变，景区业态向复合型转变。但是需要注意的是，单靠景区自身是无法实现的。究其原因，景区在土地范围、用地权限、生态保护等方面受到限制，景区在内生各种旅游产品、新生业态方面也存在一定困难和局限性，这时，要考虑到突破景区的围墙限制，整合景区外围资源，助推景区转变。

可以说，全域旅游能够实现一箭双雕，一方面既能助推景区转型升级，满足游客现代化的旅游需求；另一方面又能破除原有体制机制的限制，将更多的外围资源纳进来，在景区的带动引领下，实现最大效益。也就是要求景区打开自己的大门，突破围墙的限制，实现景区与外围资源的对接，开发多元业态，为游客提供更多的选择。这也就是泛景区化旅游目的地的核心理念。

事实上，这种泛景区的理念早在全域旅游提出之前就有实践，2003年，在北京大地风景的建议下，杭州西湖开始突破围墙限制，免费开放，打造了一个以西湖为核心的"泛景区化旅游目的地"，带动了周边住宿、餐饮、交通、商业零售、会展、通信等行业的发展，使游客人数大幅增加，带来旅游收入的连年攀升。

4.1.3 泛景区化旅游目的地建设助推全域旅游

（1）什么是泛景区化旅游目的地

泛景区化不是没有景区，而是景区与社区边界模糊，从单一景区旅游供给转换为以重点景区为核心带动周边区域形成综合旅游目的地，实现从门票经济到综合消费的转变，非门票式旅游消费更加趋于多样化和合理化，更加注重休闲类、度假类产品的消费，实现消费途径的多渠道化。

泛景区化旅游目的地的主要表现为：不依赖传统的景区，不以观光为单一目的；注重旅游体验，以旅游活动为中心；打破门票经济，强调开放的经营方式、旅游主体的普及性、旅游对象的广泛性、旅游方式的自由性等。

泛景区化旅游目的地的建设，使游客时时处处在景区，所谓的"泛景区化"是对景区概念的一种延伸。

（2）泛景区化旅游目的地构建要点

① 构建泛景区化旅游目的地管委会

泛景区化旅游目的地可以说是一个"大景区"的范畴，涉及多元利益主体，包括政府、景区、企业、社区等，为了避免产权模糊、多头管理、利益不均等现象发生，需要构建一个"大景区"管委会，对整个泛景区化旅游目的地的管理运营负责。

"大景区"管委会需要由政府牵头建立，管委会应该是集文化、建筑、水利、商业、园林等相关部门于一体，管委会要协调好各利益主体之间的关系，明确相应的权利和责任，加强景区的规划保护和开发，通过各方共同努力实现景区的健康可持续发展。

② 成立泛景区化旅游目的地发展联盟

泛景区化旅游目的地涉及多元发展主体，除了核心景区外，还有诸多外围资源主体，通过成立旅游发展联盟，定期举行联席会议，构建良好的多方共赢合作机制，实现管理对接；通过构建一个智慧旅游服务系统，树立游客都是大家的客人的观念，实施消费积分优惠政策，实现服务对接；通过构建无障碍的快捷旅游交通圈，建设交通旅游环线、旅游交通快线，实现交通对接；通过构建多元化旅游供给侧产业链，做到差异化开发，实现旅游要素对接，最终以利益共同体全面推进管理、服务、交通以及旅游要素的对接，促进泛景区化旅游目的地的建设（图4-2）。

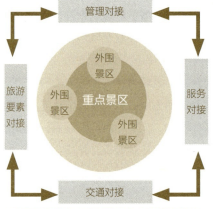

图 4-2　泛景区化旅游目的地发展联盟

③ 规划需要多规合一、规划先行

旅游目的地需要各种各样的吸引物，除了景区，还要营造更多的吸引物，这是泛景区化目的地的根本。把一个地方做成泛景区化旅游目的地需要多规合一，涉及城市规划、土地利用规划、环境保护规划、交通规划、农业规划、工业规划等诸多方面的规划，通过各规划的协调统一，解决部门分割造成的资源利用效率低的问题。比如，泛景区化旅游目的地的建设，对于景区外围的乡村会有极强的带动作用，在此基础上，外围乡村的规划方向应该要更接近于城市规划或者休闲度假区的规划,才能实现外围乡村与景区的协同发展。

此外,泛景区化旅游目的地的规划中,应该预留有效的储备用地,也就是说要适当地"留白",不能塞太满,要给目的地留出未来的发展空间,保持目的地发展活力,实现其可持续发展。

④ 泛景区化旅游目的地要注重产品业态组合

泛景区化旅游目的地的建设需要有除景区之外的旅游吸引物,这种吸引物可以是自然美景,可以是休闲业态,也可以是商业元素,不拘一格,但核心一定要有吸引力,能够让游客从景区中走出来;同时,泛景区化旅游目的地既然作为旅游目的地,那就必须要搭配相关的旅游要素产业和配套服务设施,让游客从景区走出来之后能够吃上饭、有地住,才能把游客真正留下来。

泛景区化旅游目的地建设的一个前提是弱门票化,弱门票化必然会带来直接收入的下降,此时,更多的旅游收入将会来源于休闲消费和其他相关产业的消费,如何能通过增加目的地的吸引力、延长游客的停留时间来增加收入就成为其中的关键。这就需要规划者对区域内的资源进行深度挖掘,开发特色旅游产品,迎合市场需求,打造吸引物。

此外,还应注重泛景区化旅游目的地的旅游业态与产品配比,要进行科学规划、有效引导,通过市场沉淀形成完善的产品组合,促进目的地的可持续发展。

⑤ 泛景区化要实现产业共兴共荣

泛景区化旅游目的地产业的共兴共荣需要打造产旅融合的核心吸引力,也就是说要以大景区为核心,整合外围产业,实现产旅融合,并且外围产业也需要有一个主打产业作为核心吸引物,比如健康疗养、农业、文化创意、体育运动等都可以作为外围的主打产业与旅游进行融合,形成独具特色的休闲旅游氛围。在此基础上,要配套完善功能建设,运营商实施保障,从而充分发挥旅游对其他产业的带动引擎作用,推动区域内产业的共兴共荣、全面升级(图4-3)。

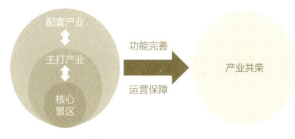

图 4-3　产业共兴共荣

像杭州梅家坞，作为杭州西湖的外围区域，努力将茶产业与乡村度假相融合，在旅游的带动下，形成了一定的品牌和影响力，实现了茶、旅的共兴共荣。

⑥泛景区化建设要注重旅游服务设施建设

泛景区化旅游目的地建设是要打开景区大门，整合周边的旅游资源，形成一个区域性的旅游目的地，其中很重要的一点是改善旅游服务设施，进而创建一个和谐有序的旅游环境。

首先，要加强泛景区化旅游目的地的设施建设。其一是构建核心景区与外围资源之间的交通廊道，实现整个区域内交通畅通无阻；其二是完善旅游咨询服务体系，为游客提供整个区域内的旅游信息和咨询服务；其三是完善停车场、厕所、旅游标识等基础服务设施供给的数量和质量，为游客提供更加便捷的游览体验，提升游客的游览满意度。

其次，要提高泛景区化旅游目的地的服务水平。其一是旅游服务质量的提高，尤其是提高景区周边居民参与旅游经营的专业素养，更好地服务游客；其二是构建泛景区化旅游目的地的智慧旅游体系，实现整个区域内的信息通畅（图4-4）。

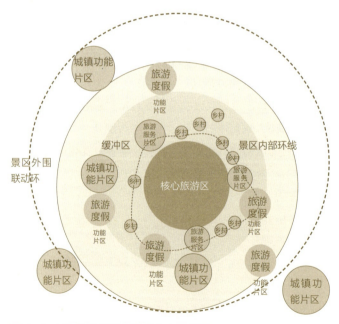

图4-4 泛景区化旅游目的地生态系统圈

4.2 案例剖析

4.2.1 案例一：青城山—都江堰——龙头景区带动下的四川休闲典范

（1）背景分析

青城山—都江堰景区位于四川省都江堰市，有"拜水都江堰，问道青城山"之称，2000年11月成为世界文化遗产，拥有丰富的自然资源以及深厚的文化内涵。都江堰是中国水利工程的伟大奇迹，是全世界迄今为止仅存的一项无坝引水、自流灌溉的"古代生态水利工程"。青城山处于都江堰水利工程西南10公里处，享有"青城天下幽"的美誉，是中国道教的发源地，是中国四大道教名山之首。青城山景区与都江堰景区在地理位置上是相互独立的两个景区，但又相得益彰，青城山面积为200平方公里，都江堰为2.2平方公里。

青城山—都江堰作为世界文化遗产，有着全球知名度和影响力，积极创建国际休闲度假旅游区，带动区域旅游业一体化发展，推动旅游业与相关产业融合，促进地方经济社会发展（图4-5）。

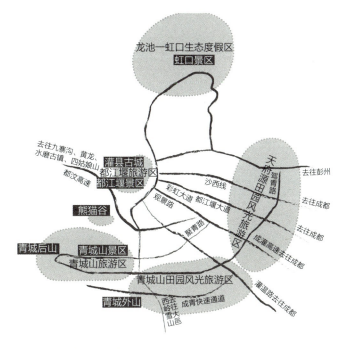

图4-5 都江堰市景区分布图

（2）发展特点

① 功能分区

青城山—都江堰国际休闲度假旅游区以青城山—都江堰景区为核心，整合周边的城市和田园旅游资源，将其打造成一个集山、水、城、园于一体的休闲度假区。

根据度假区内的资源及分布特点,度假区分为四个功能区,即都江堰复合式都市休闲区、龙池—虹口生态度假区、青城山道教文化体验区、柳街镇主体运动娱乐区(图4-6)。

②都江堰复合式都市休闲区

主题定位：中国特色水文化城区——"中国的水城、世界的中国城"。

核心理念：以都江堰景区和古城中央游憩区为核心打造景区化城市,以富有中国特色的"四廊六街"为核心、为载体强化文化、休闲、商贸、游憩、服务等

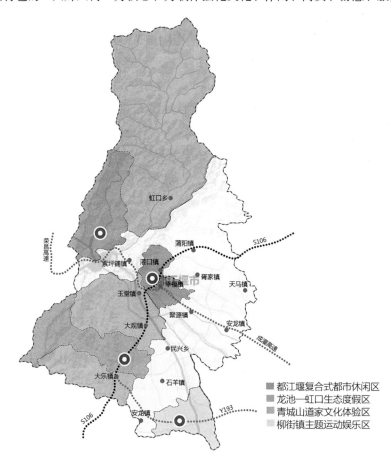

图4-6 青城山—都江堰国际休闲度假旅游区功能分区

功能；集中打造古堰景区和古城中央游憩区两大重点区域，形成风貌统一、功能齐备、特色鲜明的水文化主体城区。

重点项目：道解都江堰、水文化博物馆、中央游憩区、国际艺术村等。

③ 龙池—虹口生态度假区

龙池主题定位：离大熊猫最近的山地复合型高端度假胜地。

虹口主题定位：以水为脉，以营为形的休闲度假基地。

核心理念：龙池景区整体打造，对整个概念、形象、产品、功能进行全面升级。形成都江堰休闲高地，强化区域高端回忆接待功能；以营为形，建设有氧运动基地。

重点项目：龙池湖环湖健身廊道、大熊猫生态旅游基地、有氧运动大本营等。

④ 青城山道教文化体验区

主题定位：中国式养生核心区。

核心理念：青山塑形，养生载道，以世界文化遗产青城山和中草药为资源依托，将道文化、长寿文化和中国传统中医药文化相结合，打造以养生为特色的道文化深度体验区。

重点项目："百草园"国际长寿产业基地、青城山绿色养生长廊、成青马拉松健身长廊等。

⑤ 柳街镇主体运动娱乐区

主题定位：以亲水运动娱乐为主要功能的川西特色水乡。

核心理念：充分发挥成青线穿境而过带来的巨大效应，抓住强大资本注入的机遇，以青城湖及其丰富水系为主要资源依托，通过主题娱乐项目建设，形成主题鲜明、功能完善、设施先进的亲水运动娱乐体验区，成为都江堰国际休闲度假旅游区的南大门。

重点项目：青城湖国际运动休闲社区、青城湖主体公园、室内海洋公园等。

⑥ 打造一站式体验基地

青城山—都江堰打造"一站式体验基地"作为国际休闲度假旅游区的重要服务基点和节点，系统性支撑整个旅游区的游客服务体验，由承担景区游客服务功能的"景区游客到访中心"到整个更大片区服务功能的"片区服务中心"，最后结合更多的体验项目打造"一站式体验中心"，作为集散中心、调度中心、信息中心、预定中心、销售中心、服务中心、统计中心、投诉中心，形成整个旅游区服务系统的重要抓手（图4-7）。

图4-7 一站式体验基地

⑦ 服务体系构建

自助游体系——四廊七营：滨水沐氧长廊、世界遗产观光走廊、青城山绿色养生走廊、成青马拉松健身长廊；漂流营地、户外拓展营地、攀岩营地、穿越与溯溪营地、滑雪营地、水上运动营地、西部房车营地。

酒店体系——打造集五星级酒店、产权酒店、分时度假别墅、星级农家乐、青年旅馆、帐篷式营地于一体的酒店体系。

美食体系——虹口冷水鱼坊、"紫竹园"道家养生林、都江堰美食夜啤长廊、农家风味美食街。

购物体系——Outlet购物城、民间工艺购物街、客栈式养生购物一条街、川西农产品交易中心、都江堰旅游购物城、绿色食品交易中心、易初莲花购物中心、爱心旅游购物中心。

⑧注重交通网络建设

青城山—都江堰景区辐射带动周边景区景点发展的同时促进了区域内基础设施的建设。就交通方面而言，都江堰市规划建设了多条公路，开通了成都客运站、到都江堰的客运巴士；开通了景区直通车，串联青城山—都江堰及周边各个景点；另外还有多条公交线路经过景区，实现了景区间的交通串联（图4-8）。

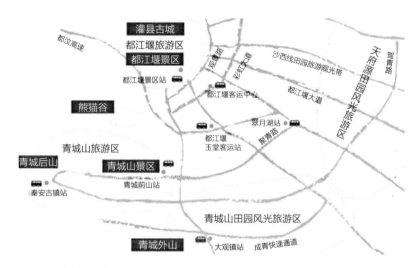

图4-8 青城山—都江堰周边道路

（3）发展成效

①带动都江堰市旅游发展

都江堰市是一个以旅游产业为主的城市，近年来旅游发展态势良好，游客量和旅游收入呈现逐年递增的趋势（图4-9），其中青城山—都江堰景区作为具有国际、国内知名度的景区，对都江堰市的其他景区具有辐射带动作用。青城山—都江堰周边的景点众多，借助青城山—都江堰的品牌和影响力，逐渐发展起来。

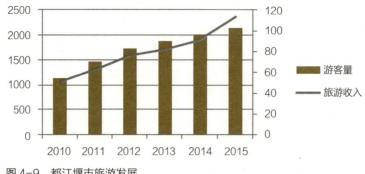

图4-9 都江堰市旅游发展

② 带动相关产业发展

青城山—都江堰景区旅游的发展,带动了当地美食、住宿、购物、娱乐等相关要素产业的发展。美食方面,带动了都江堰名小吃,如北街米线、老妈火锅粉、凉皮水饺、钟鸭子、文革葱葱卷的深度挖掘传承,带动了地方特色餐厅和火锅的发展;住宿方面,带动了当地品质酒店、商务酒店、乡村星级酒店以及星级农家乐的发展;购物方面,带动了当地特色产品的开发,形成了丰富多样的旅游商品,如青城四绝、都江堰猕猴桃、贡品堂茶叶、凯达雷竹笋等;娱乐方面,为迎合旅游者需求,开展了丰富的娱乐活动,如《道解都江堰》演出、清明放水活动、李冰文化之旅、山地自行车等活动,以满足不同游客的娱乐需求。

③ 带动乡村旅游发展

都江堰市有着丰富的乡村旅游资源,得天独厚的自然条件、源远流长的历史文化、多姿多彩的旅游资源、四通八达的交通体系为周边乡村旅游的发展提供了有利的基础条件,青城山—都江堰景区又为其输送了大量客源,从而带动当地乡村旅游的发展。其中,安龙海棠公园、中兴梨花沟、蒲阳竹海网天、青城山问道、普照寺祈福、灵岩寺静心、向峨猕猴桃风情小镇、崇义农业高科技旅游园、天马永兴草莓园、石羊川西民俗文化特色乡村、西部文化艺术广场等都是当地发展较好的乡村旅游产品。

(4) 成功经验

青城山—都江堰景区以其独特的水文化品牌和道教文化品牌整合周边,带动周边资源发展,其中的成功经验如下。

① 青城山—都江堰景区整合外围资源，将整个区域打造成一个国际休闲度假旅游区，并跳出青城山—都江堰作为世界文化遗产的绝对品牌，利用周边资源，开发有一定竞争力的其他类型旅游产品，使整个区域成为一个综合性的旅游目的地。

② 充分利用青城山—都江堰作为世界遗产的影响力，整合周边可利用的资源，深度挖掘区域文化特色，形成以青城山—都江堰为核心的、具有多元化旅游产品的旅游区，带动周边景区、周边产业、乡村旅游的发展以及基础设施的完善。

③ 青城山—都江堰在与周边资源联合发展的同时，注重服务体系构建，为游客提供多元化的美食、住宿、购物、自助游体验；注重基础设施建设，形成了景区与景区之间、景区与乡村之间四通八达的交通网络，提升了游览的便捷性，提高了游客满意度。

4.2.2 案例二：杭州西湖——"免票"中的大智慧

（1）背景分析

杭州西湖位于浙江省杭州市西部，是国务院首批公布的国家和重点风景名胜区。2007年5月8日，被国家旅游局正式批准为国家AAAAA级景区，也是全国首批十大风景旅游区。

2003年开始，杭州西湖风景名胜区管委会根据杭州市委、市政府"还湖于民、还绿于民"的目标，开始实行免门票的措施。杭州西湖是国内唯一一个不收门票的国家AAAAA级景区和国家级风景名胜区，即使是在"中国杭州西湖文化景观"成为世界遗产之后，依然没有改变免票策略。自从实施西湖保护工程之后，杭州市政府共重建、修复了150多个历史文化景点，使西湖基本上形成了"东热南旺西幽北雅中靓"的旅游新格局。

目前，除了动物园和植物园两个特殊事业单位，还有包括灵隐飞来峰、六和塔、杭州岳王庙、三潭印月等在内的历史文物保护单位需要以门票控制客流外，其余景点都已经免费开放。

2003年，杭州请大地风景做了第一版《杭州市旅游发展总体规划》，大地风景在规划中提出了"免费西湖"的构思。

（2）发展特点

① 从门票经济向产业经济转型

杭州西湖在没有实行免票制度前，每年的门票收入大概是2600万元，取消门票之后，虽然损失了这部分门票收入，但却激活了游客在其他方面的消费，带动了杭州餐饮、住宿、交通、购物、娱乐等相关产业的发展。西湖免票之后，游客在杭州的停留时间相应延长，游客量也有所增加。2016年杭州市游客量达到14059万，是2002年杭州市游客量的5.1倍，而杭州市2016年的旅游收入是2571.84亿元，达到2002年旅游收入的8.7倍，可见"免费西湖"的实施不仅没有带来损失，反而带来杭州的游客量和旅游收入的连年攀升（图4-10）。

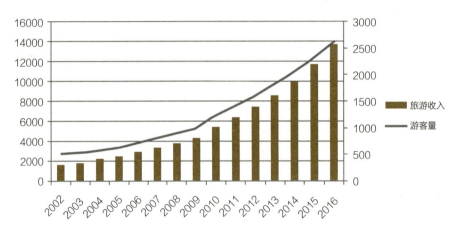

图4-10 杭州市旅游发展趋势

② 带动周边产业发展

杭州西湖免票之后，不仅带来旅游要素产业的发展，更是带动了周边产业的发展，逐步实现向旅游复合经济的转型升级，借助旅游产业，逐步实现了一二三产业的融合发展，产生了旅游新业态。旅游地产、《印象·西湖》大型实景演出等逐渐涌现，并带动了会展业、现代农业、文化产业的发展，促进了乡村旅游、特色民宿以及高端度假产品的发展。

③ 增加周边商业网点经营价值

杭州西湖通过对周边商业网点经营权的拍卖、出租或承包等手段获得收入。

在第一批商业网点十年经营权的拍卖中,最高拍到了8.8万元。目前,景区内的各类商业网点、游览服务设施的租金每年高达5500多万,不仅平衡了门票的损失,还弥补了景区因景点增多和面积扩大所带来的额外的2500多万元的管理费用。从2011年起,税收已经成为景区的主要收入来源。

④ 带动周边景点,实现游客分流

西湖免票之后,通过西湖综合整治工程,开发了很多新景点,如西溪湿地、京杭大运河以及湘湖等;同时,杭州西湖人气的聚集也带动了周边区县的发展,实现了西湖景区游客的分流,缓解了杭州西湖及周边热门景区的客流压力。

⑤ 成立西湖风景名胜区管理委员会

杭州西湖在免票之后就成立了杭州西湖风景名胜区管理委员会,由管委会对西湖实行统一管理,打破景区在管理上存在的多头管理的局限,管委会下设景区公安分局、景区执法局以及9个公园管理处,管委会可以充分发挥财政、税收、门票等方面的管理职能,为门票经济向产业经济成功转型提供保障。

(3) 成功经验

杭州西湖景区突破景区围墙,破除门票经济,带来了现实可观的效益。虽然各地经济发展水平、城市影响力以及区域发展水平不同,不能够简单复制杭州免门票的发展策略,但其中蕴含的发展理念是可供借鉴的。

① 杭州树立的是大旅游的观念,突破门票经济的限制,带来旅游产业链效益,将门票经济转换为产业经济。旅游业是一个关联性很强的行业,有研究表明,旅游产业链效益大约是门票效益的7倍之多,也就是1元的门票收入,如果用于住宿、餐饮、娱乐等消费,大概能带来7元的收入。所以在进行旅游发展时,应该树立大旅游的观念,以区域内的核心旅游吸引力,如杭州西湖这种大景区为核心,带动周边资源、产业的发展,实现综合效益的提升。

② 门票经济转型需要实现管理体制的转变。杭州西湖设有管委会,对西湖实行综合性开发和保护,能够解决很多景区在管理上存在的条块分割的问题,它是实现门票经济转型的重要体制保障。应对目前全域旅游的发展大势,景区要突破围墙,实现转变,就必须统筹协调相关部门,实现管理体制的转变。

③ 杭州西湖从门票经济向产业经济成功转型的一个重要基础是杭州有着相

对完善的旅游产业链和完善的基础配套设施，为旅游产业链的延伸提供基础，否则，在免门票之后是很难找到新的利益增长点的，所以为了实现门票经济向产业经济的转变，一定要建立在旅游产业链和基础服务设施的不断完善上。

4.3 BES实操

4.3.1 案例一：南京——"泛景区"旅游目的地建设

2016年，大地风景编制了《南京市全域旅游发展规划》，提出"全资源整合+全产业融合+全体系覆盖+全社会参与"的全域旅游发展"南京模式"。围绕"国际著名、国内领先的文化休闲旅游胜地"总目标，以全域旅游统领，统筹美丽城镇建设，驱动相关产业经济协作转型，树立南京"城市旅游"新形象，最终实现南京全域休闲化、景观化、旅游化，打造城旅一体、产旅互融、主客共享的全域旅游格局。

（1）背景分析

南京，简称宁，是江苏省省会，副省级城市，全省政治、经济、文化、科教、航运和金融中心，是南京都市圈核心城市，也是长三角辐射带动中西部地区发展的重要门户城市。全市总面积6587平方公里，辖11个区，全市常住人口823.59万，有100个街（镇）。

南京是著名的科教中心城市，素有"天下文枢"之美誉。南京是一座充满魅力、充满活力、充满潜力的现代化城市，南京旅游城市的标志是"龙盘虎踞"。南京有许多著名的旅游景点，如中山陵、总统府、夫子庙、雨花台等。

但是，南京旅游产业发展水平有待进一步实现突破提升，所以在全域旅游成为我国旅游业发展的新趋势下，为贯彻江苏省"两聚一高"的发展战略，南京市将发展全域旅游作为实现其旅游业转型升级的重要途径。

南京景区目前尚处在单打独斗的阶段，在全域旅游背景下，南京试图突破景区围墙，整合带动周边资源，形成泛景区化旅游目的地，实现南京旅游的转型升级。

（2）发展思路

南京景区发展的主要思路是通过"泛景区目的地"模式，以18个旅游产业集聚区建设改变南京旅游产业传统集聚发展模式，由注重景点建设向注重旅游全要素提升转变，实现由观光旅游向休闲度假旅游转变。

南京泛景区旅游目的地建设是以现有18个旅游产业集聚区（紫金山—玄武湖旅游产业集聚区、滨江旅游产业集聚区、明城墙—明外郭文化旅游产业集聚区、夫子庙—秦淮河—老城南旅游产业集聚区、长江路旅游产业集聚区、鼓楼区旅游产业集聚区、新街口—鼓楼旅游产业集聚区、高淳老街旅游产业集聚区、河西商务会展旅游产业集聚区、汤山—银杏湖旅游产业集聚区、老山—汤泉旅游产业集聚区、牛首山旅游产业集聚区、方山—杨柳湖旅游产业集聚区、栖霞山旅游产业集聚区、天生桥胭脂河旅游产业集聚区、桠溪—游子山旅游产业集聚区、金牛湖—冶山—平山旅游产业集聚区、竹镇旅游产业集聚区）为先导，先试先行，探索路径，取得试点经验后，逐步向南京全域推广（表4-1）。

南京18个产业集聚区及重点项目　　表4-1

序号	产业集聚区名称	重大项目
1	紫金山—玄武湖旅游产业集聚区	孙中山纪念馆、玄武湖菱洲儿童生态乐园
2	滨江旅游产业集聚区	华侨城欢乐滨江、长江邮轮项目
3	明城墙—明外郭文化旅游产业集聚区	明城墙周边环境品质提升
4	夫子庙—秦淮河—老城南旅游产业集聚区	科举博物馆、金陵大报恩寺遗址公园及配套建设
5	长江路旅游产业集聚区	玄武区历史风貌区及民国建筑保护利用工程
6	鼓楼区旅游产业集聚区	鼓楼民国风情休闲旅游街区
7	新街口—鼓楼旅游产业集聚区	—

续表

序号	产业集聚区名称	重大项目
8	高淳老街旅游产业集聚区	曼度历史文化街区、江南水城项目
9	河西商务会展旅游产业集聚区	中新南京生态科技岛文化旅游度假区
10	汤山—银杏湖旅游产业集聚区	南京苏豪汤山健康产业园、汤山紫清湖综合体二期
11	老山—汤泉旅游产业集聚区	南京老山生态旅游体验园
12	牛首山旅游产业集聚区	牛首山文化旅游度假区二期开发
13	方山—杨柳湖旅游产业集聚区	南京世茂梦工厂生态旅游体验园
14	栖霞山旅游产业集聚区	南京栖霞山文化休闲旅游度假区
15	天生桥胭脂河旅游产业集聚区	江苏（国家）未来影视文化创意产业园、溧水无想山公园
16	桠溪—游子山旅游产业集聚区	慢城小镇
17	金牛湖—冶山—平山旅游产业集聚区	南京金牛湖—冶山旅游度假区一期
18	竹镇旅游产业集聚区	巴布洛、桃花岛乡村旅游

下面将重点介绍几个产业集聚区的打造。

① 汤山—银杏湖旅游产业集聚区

汤山—银杏湖旅游产业集聚区主要是以汤山温泉为发展核心，带动周边资源形成以温泉为主题的泛景区化旅游目的地，传统的温泉集聚区，更多的是温泉度假产品的单一性供给，而采用泛景区化旅游目的地的建设形式，实际上是实现"温泉+"的概念，形成"温泉+"的主题度假区，形成国内一流、国际知名的汤山温泉品牌，除了汤山地质公园、汤山温泉，同时要把汤山街道，包括周边的水库、乡村、名文化村、水魔方等串联、整合起来，形成统一化的目的地，开发南京苏豪汤山健康产业园、汤山紫清湖综合体二期旅游项目。

此外，还要建立全域旅游的综合协调机制，重在协调，区别于一般的行政管理，形成一个小区域的、相对独立的监管机构、上层规划和协调机制，加快"温泉+"，也就是"温泉+现代农业""温泉+中医养生""温泉+欢乐休闲""温泉+人文体验"的多元化产品，推出汤山旅游一卡通、消费积分优惠政策等，以及其他配套设施，建立一个相对统一的管理机构。

② 紫金山—玄武湖旅游产业集聚区

紫金山—玄武湖旅游产业集聚区主要是以紫金山和玄武湖这两大景区为核心，依托这"一山一湖"，整合周边鸡鸣寺、北极阁、九华山以及台城等资源，发展生态观光和文化体验旅游，将其打造成集生态、文化、休闲功能于一体的"城市中央公园"，重点打造孙中山纪念馆和玄武湖菱洲儿童生态乐园项目。

③ 金牛湖—冶山—平山旅游产业集聚区

金牛湖—冶山—平山旅游产业集聚区主要是以金牛湖、冶山和平山为核心旅游资源，整合周边的地球之窗、茉莉花园、村落等资源，形成一个度假体系，作为南京北部地区最重要的生态旅游目的地，将其打造成一个集观光、度假、休闲、文化及生态于一体的一站式山水田园综合休闲旅游目的地，重点建设南京金牛湖—冶山旅游度假区一期项目。

④ 桠溪—游子山旅游产业集聚区

桠溪—游子山旅游产业集聚区主要是以桠溪国际慢城和游子山风景区为核心，整合周边乡村旅游资源，形成"慢生活+"的度假目的地，形成中国特色的慢城的标杆，以"慢"为主题形成国家级旅游度假区，其核心就是"慢生活+"，主要是以开发民宿、现代农业为主，把其他特色的周边资源与慢城核心的资源以及游子山的一些度假产品进行连接，共同实现以"慢生活"为核心的旅游目的地。同时也提出发展"慢产业"，也就是把"慢"做成一个产业链条，实现价值提升，重点建设慢城小镇。

（3）案例总结

在全域旅游的发展背景下，南京市积极探寻景区发展的突破口，其中有如下经验可供借鉴。

① 全域旅游并不是多点开花，为避免陷入粗放开发、无序发展的困境，应该加强资源的归纳提炼和区域间的融合发展，形成集中发展的产业布局，南京市借

助18个旅游产业集聚区的背景,以区域内的重点景区为核心,构建18个泛景区化旅游目的地,辐射带动周边资源发展。

② 南京泛景区化旅游目的地建设经历了从试点到全域推广的过程,即首先以现有的18个旅游产业集聚区为先导,先试先行,构建泛景区化旅游目的地的试点,探索发展路径,以期在取得成功经验后,进行全域推广建设。

4.3.2 案例二:宁强——旅游增长极带动的县域全域旅游发展

2014年,大地风景编制了《陕西省汉中市宁强县全域旅游规划》,将宁强作为一个全域旅游目的地来谋划和建设。规划提出以全域旅游化为突破路径,架构全域旅游资源、全域旅游产品、全域旅游交通、全域旅游产业、全域旅游景观、全域旅游服务等体系,构筑旅游导向型区域发展模式。坚持"市场导向"和"旅游引领",通过核心板块激活,"+旅游"业态导入,"旅游+"产业融合,形成宁强全域化发展新格局。

(1) 背景分析

宁强县地处秦巴腹地,高山峻岭之间,陕甘川交汇地带,远离西安、成都等区域城市中心,其特殊的地理位置决定了宁强长期处于价值洼地,形成以"一产为主,二三产业落后"的粗放型产业结构。

宁强拥有丰富的生态资源、人文资源和产业资源。县域内优良级资源较少,普通级资源居多,资源开发有待整合与有的放矢。资源总体呈"散点化、边缘化"的分布态势,难以形成旅游聚集发展,中心资源和北部资源等级和体量处于弱势,不利于全域发展格局形成。

在宁强产业经济转型升级的战略背景下,旅游作为重要抓手,迎来自身"二次创业"。2006年宁强启动旅游产业发展至今,旅游业从无到有,但是随着旅游业的迅速发展,宁强旅游也暴露出许多问题,旅游产业从观光向休闲度假转型,单纯景区向全域旅游升级面临诸多挑战。如何从边缘逐渐走向中心化,从低水平走向品牌化,从过境地走向目的地是宁强旅游发展面临的核心问题。

(2) 发展思路

宁强景区旅游发展的主要途径是通过打造传奇古镇增长极、云顶休闲增长极以及秦巴天路增长极这三个增长极实现资源整合,带动景区周边资源发展,形成旅游核心吸引力,打造宁强旅游核心品牌。

① 传奇古镇增长极

传奇古镇增长极主要是以青木川古镇为主体,外围联动青木川自然保护区、青木川村、金山寺村、金溪河漂流、瞿氏祠堂、白龙湖国家级风景名胜区、玉泉坝村、蒿地坝村、龙池山、青龙峡、秦家垭古战场、青木寨等资源打造民国传奇文化情境式体验目的地、国家AAAAA级景区。

发展思路是通过历史的活化与演绎,生动而具象地展现青木川的历史文化与传奇故事,突显青木川旅游灵魂。充分利用古建筑,弹性还原历史业态,呈现一座"会讲故事的古镇",引领游客探寻"青木川传奇"。联合古镇、乡村和自然保护区,构建山、水、景、镇、村于一体的旅游型城镇目的地体系,形成区域旅游增长极。总体布局是"一带、三街、二体系、三片区"。二大体系是住宿体系+博物馆体系(图4-11、表4-2)。

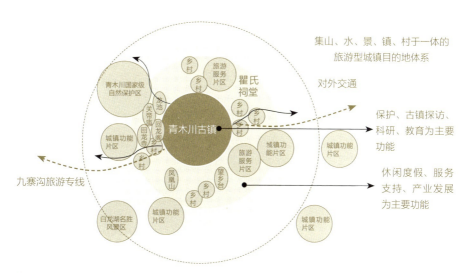

图4-11 传奇古镇增长极构建模式

传奇古镇增长极总体布局 表4-2

布局	具体分布	发展定位	发展思路	项目策划
一带	滨水游憩带	多方位感知金溪河的多彩魅力	充分挖掘并利用景区内伴随着青木川多彩生活的传奇金溪河水系,打造景观与参与性兼具的滨水游憩带	激情漂流、静坐垂钓、亲水游憩
三街	民国穿越街	原生主义的情景再现,探索古镇传奇,感知枭雄力量	对古镇老街回龙街建筑风貌进行梳理,去除雷同、无序、特色有限的商业业态,结合典型恢复古建筑弹性历史业态,运用"博物馆体系"相关理论,将老建筑与新功能进行结合,打造具有民国三四十年代风格的传统商业文化街	烟馆、辅友社、荣盛魁、辅仁剧社、洋房子、魏氏宅院、辅仁中学、土酒作坊、洋行等
三街	原乡青木街	旅游服务与综合服务的尊贵专享	集客栈住宿、大众餐饮、特色旅游商品销售于一体,是游客大宗旅游商品购物与住宿的专项服务型街巷	特色精品店、互动型手工作坊、怀旧时尚店、人性化住宿
三街	清流杯酌街	时尚"夜嗨皮",感知临水畅饮的欢愉	引领古镇夜旅游经济,为古镇游客提供夜晚健康消遣、娱乐、交友等需求载体,整合"时尚夜嗨"资源,丰富古镇夜旅游,引进如"悠然居""纳吉纳禄"文艺范、自由风十足的特色酒吧与书吧,集中构建民国风情、临水畅饮、淋漓痛快的夜旅游风情一条街	文艺酒吧、静雅书吧、时尚咖吧、摇滚乐吧

梳理和整合青木川古镇当前较为混乱的住宿格局,构建住宿产品组合,形成不同特色、高中低档消费水平,形成具有青木川特色引导性的住宿体系,实现旅游住宿接待设施多元化发展。现有1个五星级酒店、2个四星级酒店、5个精品酒店、5个私人博物馆的馆藏雅宿、10个引导性特色民宿、2个青年旅社/驿站。

青木川古镇打造了博物馆体系。私人博物馆即草根文化艺术馆藏群,是专门为草根阶层提供藏品展示的地方,以民间各式的私人收藏为主。青木川文化遗存极其丰富,涉及魏辅唐传奇、羌文化、边关商贸文明等,私人博物馆可以吸引大量专家学者和藏品爱好者在青木川住宿。特色业态:以"展+住"的构建方式呈现，除一般的展示功能外，在业态对接上，均配置住宿功能，丰富项目层次，实现博物馆静态展览项目的优化提升。

三片区是指入口服务区、凤凰山居、永宁桃源。外围联动项目如下：

青木川国家级自然保护区——与青木川古镇景区协同发展，在严格把控不越界至核心区的大前提下，于实验区和缓冲区内融入低密度、低强度的休闲探险、科普教学功能，满足游客登山探奇的休闲需求，延长游客在景区内的停留时间。

白龙湖国家级风景名胜区——构建"旅游景点+游线+渔村+水上娱乐+渔产业+美丽乡村+……"的复合型景区，挖掘并展现名胜区景观资源优势，带动相关产业与村庄发展。

特色农产品及旅游纪念品销售基地——以玉泉坝村、蒿地坝村作为重要生产及加工基地，促进构建集特色农业生产、初加工、批发、零售于一体的产业链条，重点发展粮食种植、经济作物种植、药材、油料作物种植、蔬菜种植、养殖、农副产品加工、民间工艺、观光农业、农村服务业等涉农产业或产品。

青木寨——恢复魁星楼，依托天然幽谧的环境，打造以原生态住宿为主的隐秘山庄，兼具休闲、养生等功能。

龙池山——利用山顶水体和杜鹃花资源，开发观光旅游、水上休闲等项目。

青龙峡——利用地形地貌优势，开发峡谷探险、高空栈道、山体攀岩等户外极限运动。

秦家垭古战场——恢复太平天国古战场，展示青木川历史文化，增加游客的体验活动，丰富旅游活动。

② 云顶休闲增长极

云顶休闲增长极主要是以草川子风景区为主体，外围联动毛坝河镇、三合村、草川子村、巴山村、巴山梯田、挂壁公路等资源，打造中国最美羌族风情村落、中国首家羌族智慧乡居、中国首家山地铁骑公园、陕西省省级地质公园、国家AAAA级旅游景区。

开发思路是文化活化，产品创新，产业联动，组团招商，运营多样。空间布局为"一带、五大板块"，一带指草川子羌族风情旅游带，五大板块指羌乡印象、飞瀑峡谷、云顶草甸、奇趣石林、橡子山居（表4-3）。

云顶休闲增长极五大板块 表4-3

板块	规划思路	重点项目
羌乡印象	以羌文化为核心,利用羌礼、羌艺、羌食、羌崇拜、羌农耕等特色文化,通过互动参与、文化活化、创意展示等手段,将羌文化融入旅游体验当中,构筑一个配套齐全、特色鲜明,集旅游服务、文化体验、乡村休闲度假于一体的综合旅游板块;同时运用羌语言对主题节点进行命名,传承羌语言的同时,为旅游景点增加民族气息	飞虹迎宾、哈德广场、生态停车场、恩达乡田、纳格勒步道、羌虹酒坊、山中农园,清溪广场、游客服务中心、花儿纳吉主题酒店、羌艺园、白石神山、玄地观、云朵山乡
飞瀑峡谷	构建两个服务节点、七个景观节点、一条特色线路、两大体验项目	错杂弹、余音桥、私语瀑、松香石、坐上琴心、金蟾鸣月、飞来溪、落玉盘
云顶草甸	依托区域内的资源现状,打造集星空露营、高山探险与牧场娱乐等功能于一体的活动体系	铁骑驿站、山野乡居、云顶漫步、星河洞穴、青青牧场、铁骑顽童
奇趣石林	6大节点、16小节点、最奇趣的徒步路线、5大体验活动	石林寻宝、地质科普活动、玩石乐园、中草药采摘、烟草采摘
橡子山居	一个乡村生态度假示范性项目,一个融乡村民宿、产权式乡居、田园休闲于一体的云顶休闲度假中心,为游客提供丰富的度假生活空间	田园牧歌、后山行迹、漫步迷途

③ 秦巴天路增长极

秦巴天路增长极主要是以108骑行绿道和金牛古道为主体,外围联动祥龙洞、白岩洞、大鱼洞、禹王古桂、莲台寺、赵氏祠堂、烈金坝村、龙泉村、古汉源、泛珠泉等资源打造的秦巴户外运动大本营。其发展模式是将具有较高自然和历史文化价值的各个景点及历史古迹等重要节点串联起来,形成一大服务基地、两大慢行系统和六大景观节点,配套完善的服务设施,融合环保、运动、休闲和旅游等多种功能,构筑宁强东北部生态安全网络的同时,为广大居民及游客提供更多游憩空间。项目体系为"一大服务基地+两大慢行系统+六大景观节点"(表4-4)。

秦巴天路增长极项目体系　　　　　表 4-4

分类	项目	功能
服务基地	大安镇旅游服务集镇	综合服务、一级驿站
慢行系统	108 慢行绿道	慢行自行车道
	金牛记忆古道	慢行步行道
景观节点	泛珠泉、龙泉村	美食街、驿站
	莲台寺	游览、驿站
	禹王古桂、烈金坝、古街、油菜花	观赏、游览、购物、驿站
	赵氏祠堂	游览、驿站
	大鱼洞	探险、游览
	祥龙洞—白岩洞	探险、游览

（3）案例总结

宁强县地处秦岭的核心地段，与周边县的旅游产品存在同质化竞争的现象，为了能在激烈的竞争环境中崭露头角，宁强积极探索自己的发展路径，打造核心竞争力，有如下经验可供借鉴：

① 宁强面对的一个主要问题是，除了青木川之外，缺乏有一定号召力和影响力的景区，在此基础上，宁强的发展路径是将一定区域内的小型景点进行聚集，主题化发展，打造新的增长极，塑造宁强旅游发展的新的核心竞争力。

② 增长极的打造，注重资源的整合，充分利用和挖掘周边资源，形成主题化的旅游吸引力，开展丰富多彩的旅游项目，满足不同游客的需求。

③ 增长极的打造注重配套服务设施的改善，注重交通组织改善、标识解说系统提升、环卫设施完善、游憩设施改造等，提升游客的满意度。

第 5 章　全资源整合之城区发展路径

5.1 城区：全域旅游的"大本营"

5.1.1 城区是全域旅游发展的重要引擎

城区往往有着较好的地理位置、较好的经济发展状况以及较高的基础服务设施发展水平，其信息、交通、文化、商贸等功能相对发达和集中，发展城市旅游有较好的基础条件。

所谓城市旅游，又叫"城旅一体化"，就是使城市功能和旅游功能获得更好的融合，实现城市功能的旅游化，营造城市居民与外来游客共享的生活游憩空间。

全域旅游的发展背景下，城区作为城市景观较为集中的区域，是实践全资源整合理念时不能舍弃的区块，城市功能的旅游化，能够使城市成为游客的旅游目的地。但同时，由于城区用地范围和资源条件的限制，城区并不能满足游客的所有旅游需求，这时，城区便成为一个客流输送地，引导游客向城区外围的景区、小镇、乡村流动，实现全域的游客覆盖，促进全域旅游的形成。

5.1.2 全域旅游促进城区转型升级

在全域旅游的背景下，发展城市旅游往往是把城市作为一个旅游吸引物、一个旅游目的地来看待，城市游憩功能实现，就意味着将会有更多的城市与旅游相结合的部门，将城市功能、城市构筑物和城市资源进行旅游化转变。

全域旅游促进城市建筑景观化。城市建筑不仅承载着相应的功能，建筑本身也作为一种景观资源，具有一定的美学价值，能够体现城市的独特风格和鲜明特色，是发展城市旅游的重要旅游资源，如美国的自由女神、巴黎的埃菲尔铁塔、上海的东方明珠等作为城市的标志性建筑吸引了旅游者的目光，满足了旅游者的观赏与游览需求。

全域旅游促进城市商业休闲化。在全域旅游的背景下，城市的商业不仅要满足市民的日常购物需求，更要满足游客的休闲需求，也就是说城区的商业业态要更加丰富和多元化，并且要注重商业业态的配比，使游客的各种需求都能得到满足。

全域旅游促进城市交通游憩化。城市交通在市民出行中发挥着重要作用，在全域旅游的背景下，城市交通不仅要满足市民的出行需求，更要满足游客的游览需求，城市交通的规划和设计也要充分考虑游客的需求，最大限度地增加游客游览的交通便捷性。

此外，城市公园、城市公共设施、城市文化等都将向旅游化转变，进而实现城区社会资源的旅游化，提升城市旅游设施水平，塑造具有独特吸引力的城市旅游氛围，以氛围吸引人、留住人。

5.1.3 全域旅游下城区旅游的四大载体

（1）特色街区

特色街区是指那些能够体现城市特色，集休闲、游憩、餐饮等功能于一体的开放式街区。全域旅游下城区的建设要特别注重特色街区的打造。

首先，特色街区要有特色，也就是说特色街区本身要区别于其他街区，要有鲜明的特征，与其他街区形成差异化，才能吸引游客的到来；其次，特色街区的打造要体现一定文化内涵，包含城市特色的历史文化、人文特色和娱乐游憩文化；最后，特色街区的打造要注重旅游功能的实现，从游客旅游需求出发，注重街区文化展示，休闲娱乐功能打造，提升街区的品质，改善街区的服务质量，改善街区的环境质量，提升街区的整体形象，以街区作为城市文化和形象展示的重要窗口，带动城区的发展。

特色街区在具体建设中要注重风格控制、色彩控制、功能性控制。

① 风格控制。街区公共环境设施在形态和风格上都应该与街区的整体风貌相协调，要注重将建筑风格元素、城市文化元素以及历史元素融入其中，对城市特色与风貌起到传承作用。

② 色彩控制。指示类设施的色彩要醒目，环境设施的色彩应符合人们的认知习惯；街区的建筑风格和色彩风格要与周边环境相统一，色彩要与周边环境相融合。

③ 功能性控制。对街区的栏杆、公交汽车站、自行车停放架、人行地面铺装、垃圾桶、道路、商业、广场照明、购售设施、公用电话厅、路牌、道路、商

业、广场照明、花坛、花钵、座椅、厅、廊、儿童游乐设施、健身、围墙、大门等设施要进行完善，满足游客的游览需求。

比如，成都的宽窄巷子在"以文化为魂，形态为基础，业态为功能"的开发理念下，叫响了"宽窄巷子最成都"的名片。宽窄巷子的发展坚持统筹保护与开发，在保护中打造城市的品牌形象，在开发中不破坏城市的历史风韵，延续原有的建筑风格和形态，并配套相应的商业业态，从而带动了旅游业的发展，产生了巨大的经济效益。

（2）社会资源访问点

社会资源访问点，比如高校、城市广场、社会机构、农贸市场、医院、博物馆等都可以进行旅游化开发，向游客适度开放，构建社会化旅游资源访问体系，形成城区旅游的特色旅游吸引物。

高校本身由于其优美的环境、悠久的历史和特色文化，具备了发展旅游的特质。全域旅游的背景下，高校可以借鉴清华大学、北京大学、武汉大学的经验，在强化校园安全保障、不影响学校正常上课的情况下，向游客适度开放，可以向游客提供校园景观观光游览、图书馆开放借阅、运动场共享、学术报告旁听等项目，并为游客提供移动讲解志愿服务，构建高校与游客融洽和谐的主客关系。比如，武汉大学借助特殊的樱花资源，已经形成"看樱花，去武大"的品牌口碑，每当樱花盛开的时候，武汉大学观赏樱花的游客络绎不绝，赏樱期间的游客人数超百万。

城市广场是城市的重要地标、市民的活动场所，是城市形象的展示窗口，可以作为城市休闲线路的串联点。但这并不是说要把城市广场全都拿过来进行旅游开发，而更多的是对城市广场进行主题化打造，展现城市的文化内涵，在不影响城市居民休闲憩和集散活动的同时，为游客提供一个感受城市文化内涵的窗口。比如，青岛的五四广场是鉴于青岛与五四运动的关系而建，广场建筑如"五月的风"，在设计上充分反映了反帝反封建的爱国主义基调和民族力量，广场设计充分考虑人的因素，既满足了市民的日常休闲需求，又成为游客游览青岛的必游之地。

博物馆深厚的历史积淀和丰富的文化内涵是游客了解城市文化的重要途径，

但是博物馆面临的一个现实问题是它们本身并不具备吸引力，如何强化博物馆的吸引力成为其中的关键所在。博物馆可以依托自身资源开发特色体验性旅游产品，开展观光游、寻古游、度假游、科考游、教育游等多种形式，将博物馆旅游纳入旅游线路中，并实施多方位营销，使博物馆成为城市旅游的重要吸引力。比如，南京大报恩寺开启了"博物馆奇妙夜"，推出实景演出《报恩盛典》，在灯光下，游客感受时空穿梭，感受不一样的视觉效果，经历了一番奇妙的游览体验。

此外，社会机构、农贸市场、医院等都可以通过旅游化的转变，纳入城市旅游范畴。

（3）城市公园

城市公园是市民休闲娱乐的必要场所之一，城市公园作为城市绿地的一部分，类型多样，主要有社区公园、综合公园、专类公园等，是集休闲健身、游憩娱乐、生态保护于一体的场所。在全域旅游的背景下，城市公园作为城市旅游的重要构成，将承担更多的休闲游憩功能，在满足市民需求的同时兼顾旅游者。

全域旅游的背景下，城市公园要以主题化为突破口，以文化为内涵、绿色为载体、休闲为特色，实现城市公园旅游化路径转换，建设集旅游观光、休闲健身、文化交流、娱乐展览于一体的全域旅游城市公园体系。城市公园的发展要注重传统文化元素在城市公园中的发展运用与表达；要通过生态化、个性化、人性化的规划设计，营造共享的交流空间；要注重主题个性的弘扬，遵循继承文脉、走向国际化的建设理念，突出主题、特色鲜明，在实践层面上与景观加强融合。

城市公园的开发模式主要有生态保护型、景区驱动型、休闲驱动型、度假驱动型、综合开发型（表5–1）。

城市公园开发模式　　　　表 5–1

开发模式	特征	产品
生态保护型	以山野型公园为主，为生态功能保护区、原始或原始次森林，限制开发建设，无边界产品	秘境探险、攀岩、山地运动、科学研究、科普教育、户外休闲等

续表

开发模式	特征	产品
景区驱动型	以郊野型公园为主，对植被覆盖率高、资源优质、自然风光诱人的景区型公园，开展生态观光、动植物景观观赏等旅游活动	风光游览、动植物景观观赏、索道、缆车游览、科学研究与科普教育、户外运动等
休闲驱动型	规模较大的公园，以休闲娱乐、周末度假为主要功能	园中漫步、登山、骑马、自行车越野、漂流、攀岩等
度假驱动型	私密性较好的公园，以温泉、森林保健、中医疗养为主要功能	温泉、疗养、度假酒店、度假村等
综合开发型	有多种开发模式，以生态观光、休闲娱乐、度假、体验自然环境与人文民俗为主	风光游览、度假疗养、会展旅游、遗址旅游、文化体验

（4）城市夜旅游

夜旅游是延长游客停留时间的制胜法宝，有着非常强的经济带动能力，是使区域从旅游过境地向旅游目的地转变的有力抓手。通过向游客和市民提供夜间景观、夜间演艺、夜间娱乐、夜间休闲、夜间消费等活动项目，吸引游客和市民，增加旅游收入。

城市夜旅游产品开发方向大致可以分为文化型、商业型、观光型、景区型。

① 文化型夜旅游产品。通过文化类旅游活动、文化型旅游项目吸引旅游者参与到一系列体验、表演、娱乐活动中来，根据场地类型可以分为主题公园表演、室内娱乐表演、室外舞台表演等。

② 商业型夜旅游产品。商业型夜旅游产品是夜间消费的主要领域，通过打造集零售、餐饮、娱乐等多元业态于一体的综合性商业休闲中心、特色商业街、夜市，满足游客充分选择、休闲生活和个性消费的多种需要。

③ 观光型夜旅游产品。依托日益先进的照明艺术，通过光的艺术演绎，打造美轮美奂的夜间景观，吸引游客游览观光，灯光艺术可以营造创意化的丰富而有趣的空间体验。

④景区型夜旅游产品。深化开发并挖掘景区内文化，通过系列综合化、多元化的旅游活动，展现夜间景区魅力，推出主题化的夜场活动吸引游客，延长游客停留时间。

此外，城市夜旅游的发展要注重景观提升，通过夜景观的营造彰显一个城市的实力和魅力，要梳理和挖掘夜景观提升的布局点，点亮城市夜旅游，促进城市夜经济的发展。

城市夜旅游还要注重夜旅游线路的设计，针对不同游客群体设计多元化的夜旅游产品线路，彰显城市夜旅游的多彩魅力。

5.1.4 全域旅游下城区建设的提升要点

（1）城区环境保护

城区的环境卫生状况在很大程度上影响着游客对整个区域的印象，一个"脏、乱、差"的城区就算有再好的资源本底，也无法对游客形成很强的吸引力。所以，城区旅游发展中很重要的一个方面是要对城区的环境进行综合整治，为游客提供一个优美的旅游环境。

城区环境保护，首先要对存在环境问题的区域进行集中整治，采取强硬的手段进行整改，推进环境整治工作的常态化、标准化、制度化；其次要增加城市环境设施的分布密度，增加垃圾桶、旅游厕所等设施；最后要积极向游客和市民宣传环保理念，增强群众的环境保护意识，从根本上阻断不环保行为的发生。

（2）城区人文环境提升

城市人文环境的提升能够提升城市旅游的形象，对全域旅游的发展起到正向积极的促进作用。城市人文环境中很重要的一个方面是志愿者，城区旅游发展过程中要完善志愿者服务机制，培育热情友好的旅游环境，建立旅游知识普及体系，使市民能够以欢迎和宽容的心态接纳游客到城区旅游，使市民和游客能够形成一种良好的互动关系。这是非常有助于未来自助游的发展的，因为自助游是没有导游的，更多的是通过问路的形式进行游览，这就意味着需要在市民的层面上进行整体的提升。

（3）城区基础服务设施改善

城市旅游化的过程中要注重旅游基础设施的建设，提高城市旅游的便利性和可达性。一方面要加强城市外部大交通的建设，增设航班、旅游专列，加强高速公路建设；另一方面要加强城市内部交通路网的建设，增加公共交通、环保车等交通工具，缩短游客在城市内部空间转移的时间，为游客在有限时间内的城区游览构建通道，为游客在城区内的旅游活动提供支撑，同时要加强城市道路出入口的景观亮化工程，加强城市形象的塑造。

在住宿接待设施建设上，要提高经济型旅馆的软硬件水平，加强高端酒店的品牌建设，大力支持特色旅舍建设，增加度假公寓、汽车营地、农家乐等多样化的设施，给予游客不同的体验，满足游客的不同需求。在餐饮设施建设上，支持具有地方特色、文化特色、历史特色的餐馆建设，加强餐饮形象建设，重点打造高品质的餐饮品牌，将地方文化融入餐饮的开发和推广中。

（4）城区旅游服务质量提高

旅游服务质量影响着游客的旅游满意度和旅游经济收入，所以城区旅游服务质量的提高有一定必要性。

首先，要通过加强旅游法制宣传、旅游行业信息发布制度等措施，为城区营造一个良好的旅游法制氛围，促使旅游企业依法经营，使旅游者养成良好的消费习惯，形成正确的维权意识；其次，要加强市场监管，有效治理旅游市场秩序，推动旅游行业发展，提升旅游服务质量水平；再次，要通过发挥行业协会的引领作用、鼓励企业进行优质品牌创建、鼓励企业建立旅游服务监督体系等途径，充分提高旅游行业服务质量提升的内在动力；最后，要加强旅游从业人员的职业道德建设，加强素质培训，形成旅游从业者管理和服务体系，以提高旅游从业者的整体素质。

5.2 案例剖析

5.2.1 案例一：苏州——以古城做引领提升城市旅游首位度的关键

（1）发展背景

苏州市位于江苏省东南部、长江三角洲中部，东临上海、南接嘉兴、西抱太湖、北依长江，有近2500年的历史，是吴文化的发祥地，是中国首批24座国家历史文化名城之一，是中国首批54个中国优秀旅游城市之一，是风景旅游城市，是中国私家园林的代表，被联合国教科文组织列为世界文化遗产。古典园林、古城、太湖是苏州的主要旅游产品形态。

2016年2月，苏州被国家旅游局评为首批国家全域旅游示范区。2017年3月30日，苏州市旅游局发布了市委市政府《关于实施全域旅游发展战略打造国际文化旅游胜地的若干意见》，苏州将全力打造"资源有机整合、产业深度融合、文旅携手共进、城旅一体发展、古今中外交融、全民共建共享"的国家全域旅游示范区。

苏州市区处于苏州旅游发展的核心地位，是整合各旅游区的主要动力，是促进旅游产品调整、丰富旅游活动、延长游客停留时间的关键,在全市旅游发展中发挥龙头作用，积极探索以城市旅游的主导战略，以古城为中心，带动市区旅游的全面发展。

（2）发展特点

苏州市区城市旅游坚持将市区作为一个推向市场的整体旅游产品，丰富提升城市的旅游功能，整合旅游空间结构，塑造城市旅游形象，创建城市旅游信息系统，创新建立旅游服务管理机制，最终实现集观光、休闲度假、商务会议于一体的特色旅游城市。

① 特色街区

苏州市区将特色街区建设作为苏州旅游工作的重点任务之一，通过特色街区建设促进古城的保护与发展，传承苏州的传统文化，完善城市的旅游功能，提高苏州的城市形象，提升中心城区的首位度，拉动市区的综合消费水平，进而促进城市的繁荣。目前，苏州已经形成了一些具有不同商业业态和经营特色的街区。

a. 凤凰街——餐饮美食街

凤凰街全长1065米，街上集聚了各类美食，汇聚了各类酒楼、食府、小吃等餐饮企业，苏菜、川菜、鲁菜、粤菜应有尽有，在政府和商家的共同努力下，凤凰街形成了良好的投资环境，形成了美食品牌，已经成为苏州城区著名的美食街。凤凰街还策划了节事活动，如"凤凰美食狂欢节活动"等，丰富美食体验项目，吸引市民和游客。

b. 十全街——休闲旅游街

十全街全长1800米，拥有丰富的历史文化资源和人文景观资源。分布着独具当地特色的茶馆、酒吧、书画、工艺品店，具有苏州特色的丝绸店、古玩店铺以及一些个性化的商铺，满足消费者的个性化需求。

c. 平江路——文化休闲街

平江路全长1606.8米，是苏州保存较为完好的一条历史老街，保留了大量老式民宅和古代建筑，虽然有些民宅已经作酒吧或者会所等商业用途，但外表依然保留了旧貌，许多餐馆美食传承着苏州古老的饮食文化，整条街是一个历史文化浓郁的特色休闲街区。

d. 山塘街——明清风情街

山塘街全长约3700米，聚集了众多的古迹、寺庙、祠坊、会馆、书院等，并举办各种赛船、节会祭祀、礼佛等丰富多彩的民俗活动。

e. 斜塘老街——文化古韵老街

斜塘老街全长约800米，街上分布着永安古桥、张士诚墓等历史文化古迹，有丰富的民间艺术和民风民俗，有当地特色的小吃店，引进了各种美术馆、画廊等艺术工作室，并举办各种文化艺术节，形成了独特的文化吸引力。

此外，苏州市区还有太监弄、皮市街、东北街等各具特色的街区，构成了苏州市区的特色旅游吸引力。

② 夜旅游产品

苏州市区积极开发夜间参观游览、夜市、水上夜游、夜餐厅、酒吧、夜间民宿活动等多元业态，试图营造夜苏州旅游特色。苏州市区的夜旅游产品主要分为水上夜游和陆上夜游。

a. 水上夜游

开设水乡巴士、夜航班轮，引进水上酒吧、水上茶吧、姑苏夜舫等特色水上休闲游览项目，不断丰富水上夜游活动，对水巷进行亮化提升，营造滨水夜景观，强化滨水景观的夜间观赏效果。

b. 陆上夜游

开发了园林夜游产品，并以金鸡湖为重点区域，策划了水幕电影、音乐喷泉、酒吧娱乐等夜间旅游项目，开发了"夜光型"地质观赏旅游产品；在苏州古城内打造戏曲文化演艺一条街、酒吧一条街、夜间娱乐一条街，将特色的地方文化艺术融入夜间娱乐项目，推出夜间特色购物街、夜间特色餐饮街、夜间特色休闲街等夜间休闲活动街区，增加特色表演、戏曲鉴赏等特色活动，满足游客对地方特色文化的体验需求；推出激情欢乐之夜、不夜城啤酒节、苏州酒吧文化节等夜间主题娱乐节事活动，并推出"中秋赏月夜""端午之夜"等活动。

③ 交通优化

a. "苏州好行"旅游交通体系

开通古城旅游观光巴士线路，串联市区内的景区景点、街区、交通换乘中心和重要地铁节点。

b. 市区水上旅游交通系统

加强包括古城的阊门、盘门、平门、动物园，以及环太湖、金鸡湖、阳澄湖、盛泽湖、苏州港等在内的码头系统建设。

c. 公交旅游专线

由市旅游集散中心出发，形成阳澄湖风景区方向、虎丘—太湖景区方向、留园—苏州乐园—西山—光福景区方向、横山—木渎—东山景区方向、甪直—周庄方向五条放射线。建设沿太湖、阳澄湖以及澄湖旅游路系统和江南水乡古镇旅游公路专线，并设计自行车旅游线路和徒步旅游线路。

加强道路交通、车站、码头等公共交通设施建设，加大对旅游交通引导服务和配套设施的投入，建立无障碍通道。培育大型旅游车船企业，提高旅游交通车辆的档次。大力建设旅游景区停车场地，新建设景区预留足够的停车位，充分整合社会停车场为旅游所用。严格控制古城区停车位，新建或扩建部分景区周边停车场。

④ 管理体制

构建以政府投入为引导、社会资金为主体的投融资结构，通过贷款、基金、PPP等举措搭建融资平台，推动社会资源参与到古城旅游的发展之中。

优化旅游APP软件"姑苏Style"，加入古城旅游线上集散中心（包括信息发布、景点介绍、线路规划等内容），完善社区、景区、街巷、景点等旅游产品的外文导览系统，推进古城Wi-Fi全覆盖，打造社交网络共享区域。

开展古城旅游市长秩序专项整治，实施旅游综合执法；将园林门票销售、旅游免费讲解和"苏州好行"宣传等服务整合，延伸至东北街两端；整合环古城水上游市场，有效提升服务品质。

（3）经验总结

苏州市区积极探索发展城市旅游，将城市旅游作为全市旅游发展中的龙头，带动全市旅游发展，其成功经验如下。

① 苏州市区以古城为核心，不断强化旅游功能，积极进行特色街区的开发、建设，进行特色夜旅游产品开发，使其成为城市旅游新的吸引力，丰富旅游活动，延长游客的停留时间，使其成为城市形象展示的重要空间。

② 苏州市区在打造旅游吸引力的同时，注重城市功能的转变，使城市功能逐渐向旅游功能转变，注重服务设施的改善和管理体制的更新，为游客提供便捷的城市旅游体验，提升城市的整体旅游形象。

5.2.2 案例二：新加坡——城市休闲花园模式

（1）发展背景

新加坡位于马来西亚半岛南端，国土面积707平方公里，总人口不到500万。新加坡地势平坦，没有山，没有值得开发的观光资源，但新加坡积极探索打造旅游吸引力。1967年，新加坡开始了"花园城市"运动，有计划地种树并进行城市公园的建设，逐渐使新加坡成为一个绿树成荫、鲜花遍地的城市，也成为世界上最出色的花园城市。此外，新加坡增设了许多创意性的旅游项目，鱼尾金狮公园、圣陶沙小岛和滨海金沙等都是热门景点。新加坡旅游呈现持续增长的态势，每年接待的国外游客量高达几百万人。

（2）发展特点

① 花园城市打造

a. 绿化建设全域覆盖

新加坡有各类树木1200万棵，有20公顷以上的公园60多个，游园、绿地等邻里公园有300多个，每个镇区都有一个10公顷的公园，居民住宅每隔250米建有一个1.5公顷的公园；道路两侧实施绿化，人行道两旁种灌木和乔木，成为林荫步道；立交桥、过街天桥、楼顶区域有立体绿化；灯杆采用开花的攀藤类植物进行美化；围墙和挡土墙都进行绿化；停车场必须种植花草树木，停车位铺设透气砖，使树木根系能够通气。可见，新加坡的绿化几乎遍布了每一寸土地。

b. 绿化建设全民参与

新加坡有"全民种树节"，每年民众都积极参与植树运动，同时所有的绿化工程实施需要向市民征求意见和建议；推行全民管理，鼓励市民对公共绿地、花木、公园设施等进行承包或租赁；1990年，新加坡发起了"清洁与绿化新加坡运动"，小区的绿化由物业管理部门负责，并编制《绿化须知》《住户手册》等规章制度；新加坡的"纪念1963植树计划"，呼吁公众在全岛各处种植1963棵树，并鼓励领养，领养费用是每棵树200元，收到的所有领养费都将捐给"花园城市基金"。

c. 绿化管理政策保障

1990年，新加坡开始建立树木电子信息档案，录入每棵树的地点、种类、树龄、修剪、施肥、喷药的时间以及责任人等相关数据，成立了"育木师"队伍，每18个月对树木进行一次"体检"，并将"体检"结果录入电子信息档案；1992年，政府颁布了树木保护法令，对于破坏绿化的行为实施严厉处罚，毁损一棵树最高可罚5万元。新加坡政府要求任何部门都要承担绿化的职责，任何工程的开工都要有绿化规划；任何人都不能随意砍树，即使是自家土地上的树；住宅小区的绿化率要达到30%~40%。

② 产旅融合

新加坡政府十分重视旅游观光业的发展，但新加坡的旅游观光业不仅仅是与旅游观光有关的业态，而是把零售业、餐饮业、艺术文化代理等相关行业都放在旅游观光产业的位置上，积极整合内部资源，大力推进航空、宾馆、酒店等服务设施的建设，形成一体化的旅游服务体系。新加坡的旅游产业链涉及多个领域，从业人员占当地劳动力总量的7%，对GDP的直接间接贡献率达到10%。

新加坡还注重开拓新兴领域。一方面，新加坡积极发展会展旅游业。新加坡目前有众多先进的会展设施，新加坡博览中心、新加坡新达城国际展览会议中心及莱佛士城会议中心是新加坡三大会展中心。每年，吸引着多达150万世界各地的旅游者来新加坡参加各种主题的国际性会议和展览，占国外旅游总人数的20%。另一方面，新加坡还积极发展医疗旅游，大力推行"保健旅游计划"，将医疗保健旅游作为振兴经济的引擎。

③ 旅游交通网络建设

新加坡的交通网络包括普通公路、快速公路、地铁和轻轨，道路只有车行道和人行道，没有慢行道。由于完善的交通网络体系，虽有926000万辆车，但车速都很快，几乎看不到堵车的现象。新加坡有四条地铁线，覆盖了新加坡的大部分区域，还有轻轨线作为地铁线的辅助支线。新加坡有观光车和夜间巴士，满足游客的观光需求。新加坡实行公共交通优先策略，限制私家车的数量，大力发展巴士、地铁等公共交通，努力为公共交通创造条件，设置了巴士专用道、十字路口巴士优先等，形成了以公共交通为主导的城市综合交通体系，能够充分满足居民及游客的出行需求，实现居游共享。

④ 免费旅游Wi-Fi服务

新加坡部署了7500多个热点，也就是说每平方公里有10个公共热点，酒店、餐厅、机场等区域都提供无线上网服务。新加坡的Wi-Fi建设实际上是一种PPP模式，也就是政府与企业合作进行Wi-Fi建设，具体是政府将Wi-Fi项目外派于供应商，并支付一部分启动资金，之后根据供应商的基建开支和实际的用户使用量来支付费用，最终实现免费Wi-Fi覆盖。

⑤ 市容环境优化提升

新加坡市容整洁，几乎没有乱扔垃圾的现象，树立了良好的形象。主要有三方面的努力：其一，法律法规健全。新加坡有关于城市管理的相关法律383种，对城市建筑物、园林绿化等作出相关规定的同时也对一些不文明行为如随地吐痰、闯红灯等作出了明确的处罚规定。其二，严格执法。新加坡成立了"花园城市行动委员会",建立了执法队伍和监控网络。在新加坡乱扔垃圾要被罚200元新币,累犯要处以3~12小时的劳役,并在媒体上曝光。其三,强化市民的环保意识。1990年开始,新加坡每年开展"清洁绿化周"活动,鼓励每个人都参与到环境保护中并对环境负责,还出台了"新加坡2012绿色计划""无垃圾行动"等来强化居民的环保意识。

(3)经验总结

新加坡从一个毫无资源特色的城市发展为东南亚旅游的标杆,有如下经验可供借鉴。

① 新加坡发展旅游业不仅仅注重旅游项目的打造,同时也注重城市景观的塑造,实施全域绿化、全民参与,将自身打造成一个花园城市,同样也塑造了城市品牌,成为一大特色吸引力。

② 新加坡旅游发展非常注重基础服务设施建设,完善的交通网络、免费Wi-Fi的全域覆盖、市容环境的提升,在为居民提供便利的同时又提升了游客的游览体验,为旅游发展提供了基础支撑。

③ 新加坡的政策体系为旅游的发展提供了强力后盾。新加坡的政策可以说是覆盖到了方方面面,对很多细节都作出了相关规定和引导,能够真正做到"有法可依",使各项工作都能够有序推进。

5.3 BES实操:杭州——"旅游城市"向"全域城市旅游"转型

杭州是中国首批全域旅游示范市之一,是国家全域旅游发展的示范样板。大地风景通过《杭州市旅游发展总体规划》(2003年)和《杭州城市旅游专项规划》(2012年)两个规划,最早对杭州全域旅游发展提供了顶层设计支撑。

《杭州市旅游发展总体规划》最早提出了杭州旅游空间外扩、城旅一体、景区时代向目的地时代转变的发展理念，构成了全域旅游开发的重要元素和理念。《杭州城市旅游专项规划》率先提出泛景区概念，并提出产业融合、产城融合理念和构建完善的公共服务体系，这是推动杭州从旅游城市向城市全域旅游转变的重要顶层设计支撑。

（1）发展背景

杭州，一座享誉中外、积淀深厚的历史文化名城，有着博大、丰富的自然、人文资源。经过数十年的不懈努力，其旅游业的发展一直处于国内领先地位。如今，杭州正朝着打造"东方品质之城"、创建"重要的国际旅游休闲中心"的目标迈进。

但杭州旅游发展也存在一些亟待解决的问题，如旅游需求多样性与旅游产品供给相对单一性之间的矛盾，城市潜力资源如何转化为旅游产品，游客对城市公共交通的依赖性与杭州城市交通发展问题间的矛盾，散客游成为杭州旅游发展大趋势与自助游公共服务体系发展滞后性间的矛盾，核心景区旅游需求井喷式增长与其他城市旅游景点遭冷遇间的矛盾，等等。

对杭州而言，从"旅游城市"主动向"城市旅游"进化升级，是杭州作为中国首屈一指的旅游城市现阶段发展的迫切需要，有利于破解杭州面临的上述难题，从城市整体甚至全域范围，寻求城市文旅产业发展之路。

（2）发展特点

杭州在城市旅游全面转型之际，坚持城市资源的全面激活、深度挖掘，致力于城市旅游与城市发展的共享共荣。

① 城市旅游发展要素全面激活

杭州城市旅游规划以城市各类资源为依托，在研究传统旅游六要素"吃、住、行、游、购、娱"的基础上，特别针对杭州旅游发展大势，提出新增加三大要素"文、会、E"，从而最大化激发城市各类基础设施及业态的带动力，以期形成相对完善的城市旅游服务支撑体系（图5-1）。

② 历史文化街区复兴

以展示"最杭州"的城市文化、体验精致慢生活为核心，依托河坊街、南宋御街、五柳巷等六大街区，打造以杭州城市文化为主要特色的都市休闲特色街。

食	住	行
主题美食街区 美食主题旅游产品 杭帮菜系列 老字号系列 大排档系列 国际品牌餐饮系列 ……	星级宾馆 青年旅舍 主题客栈 家庭旅馆 主题度假地产 第二居所 养老地产 ……	公共汽车 地铁 旅游巴士 出租车 自行车 ……
游	购	娱
旅游景区（点） 文化遗迹 社会资源点（学校、医院、社区……） 城市公园、广场 主题街区 产业园区	大型 Shopping Mall 主题购物商店 商业街区 创意品商店 旅游纪念品店 夜市 ……	主题公园 酒吧 茶馆 KTV 娱乐会所 ……
文	会	E
表演 博物馆 演艺厅 剧场 戏楼 节庆 ……	会议 会展 会奖	智慧杭州

图 5-1 杭州城市旅游全要素系统

a. 河坊街——杭州市井风俗体验街区

重点发展杭州精品旅游购物，引入休闲业态，提升街区软环境，将杭州市井风情集中在此展示、演绎，以吸引大众游客为主，使其成为游客体验杭州市井文化的集中地。

b. 大井巷——青年品质生活集中地

重点引入青年旅社、书吧、咖啡馆等产品，以吸引年轻人与自助游游客为主，增加"文艺范儿"。

c. 二十三坊——杭州传统生活体验地

将散落在二十三坊中的杭州众多历史遗痕集拢为一体，通过历史节点、传统建筑和居民老社区穿插的方式，将二十三坊改造成活的杭州传统生活体验地，特别是临主街的十五奎巷等街区，将传统、现代的小吃汇聚于此，开发杭州特色小吃一条街，同时加入杭州民俗文化元素，开设特色店铺，展现杭州地域文化，以吸引自助游客为主。

　　d. 南宋御街——老杭州文化体验地

以南宋御街的历史建筑为基底，恢复杭州原有休闲类老字号，同时，增加品牌体验店、旗舰店，提高新店入驻的品牌门槛，以吸引大众游客为主，使其成为品质型的老杭州文化集中展示、体验地，成为宜商、宜游、宜居的"中国品质生活第一街"。

　　e. 五柳巷——杭州慢生活体验地

以真品质、慢生活为核心吸引，以中高端消费人群为主，展现杭州精致、闲适的慢生活态度，把五柳巷打造成品质杭州的浓缩体验地。

　　f. 尚城1157——杭州潮流新标杆，时尚不夜城

通过建筑语言的运用、商业业态的选择与组合，旨在打造能引领"潮"、展现"潮"、汇集"潮"，以"潮人"为目标市场，集餐饮、娱乐、购物、休闲、住宿、演艺、时尚发布等于一体的旅游消费综合体，使之成为杭州"潮人目的地、夜场新地标"。

　　③城市潜力资源开发创新

从2005年起，杭州市就向国际市场陆续推出100个社会资源国际旅游访问点，涉及社会文化、政治、工农业生产点、市民生活等多个方面，将杭州丰富的社会资源连点成线，形成社会资源特色之旅（表5-2）。但杭州现有潜在旅游资源点主要以参观、观光形式为主，普遍缺乏游客体验性及参与性，可游性较差。

杭州城市潜在旅游资源　　　　　　　　表 5-2

城市公共服务设施	工农业旅游示范点	社会文化		社会政治	市民生活
古荡农贸市场 东山弄农贸市场 杭州市中医院 清河坊历史文化街区 南山路艺术休闲特色街区 丝绸城特色街区 武林路女装街 信义坊商业步行街	娃哈哈下沙工业园 下沙工业城 杭州钢铁集团 滨江高新工业园 东方通信 万事利集团 杭派精品服装市场 王星记扇业 都锦生（丝织工艺品） 张小泉集团有限公司 佳音乐器厂 正大青春宝药业公司 美通家居集团 浙江省农业高科技示范园区 浙江（中国）花木城 杭州华隆电子技术有限公司 玫琳凯亚太生产中心 梅家坞茶文化村	浙江大学 中国美术学院 下沙大学城 杭州高级中学 学军中学 文澜中学 杭州二中 杭州市旅游职业学校 中策职校 采荷中学 绿城育华教育集团 保俶塔实验学校 崇文实验学校 天长小学 学军小学 安吉路实验学校 新华实验幼托园 求是教育集团 市府机关幼儿园 东园婴幼教育中心 杨绫子学校 紫荆花学校 杭州艺术学校	陈经纶体校 杭州老年大学 杭州青少年活动中心 朱炳仁铜雕艺术博物馆 少儿图书馆 青上阁石雕艺术馆 刘小平根雕工作室 西泠印社 杭州日报社 广兴堂国医馆 杭州萧山图书馆（文化中心） 杭州西湖创意谷	下城区长庆派出所 西湖区法院 杭州市社会福利中心 萧山区社会保险中心 12345市长公开电话	武术协会（太极拳） 木兰拳协会 上城区小营巷社区 下城区东新园社区 西湖区德加社区 拱墅区珠儿潭社区 下城区灯芯巷社区 萧山区宁围镇 萧山区瓜沥镇航民村

杭州市创新推出社会资源点"三合一"开发新模式，选取现有100个社会资源访问点中具有行业示范性，在旅游服务及游客体验方面具有打造潜力的典型性资源点，进行集中重点打造，使其具有规模性，从而达到真正以"点"带"面"的发展，树立杭州社会资源点品牌（图5-2）。

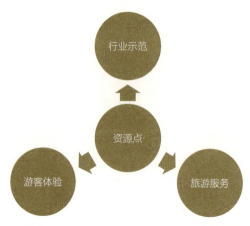

图 5-2 杭州"三合一"社会资源点开发新模式

④ 城市旅游自助服务体系构建

据统计,杭州自助游客已经占游客总量的近七成,自助游已成为来杭州旅游最主要的方式(图5-3)。

随着自助游游客数量的增加和信息化技术的提高,杭州围绕打造"中国国际自助游体系示范城市"的目标,从服务国际旅游团队为中心向服务国际旅游散客转变,整合包括旅游基础设施类服务、旅游公共信息类服务、旅游行业指导类服务及旅游安全检测类

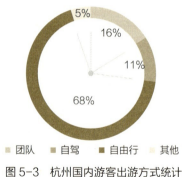

图 5-3 杭州国内游客出游方式统计

服务等多个体系,构建杭州自助游公共服务体系平台,初步建成国际旅游休闲目的地自助无障碍体系,成为国际散客旅游自助服务的全国示范城市(表5-3)。

杭州城市自助游公共服务体系　　　　表5-3

自助游公共服务体系内容		具体包括
旅游信息服务	旅游信息咨询服务	旅游咨询设施、旅游资讯平台

续表

自助游公共服务体系内容		具体包括
旅游信息服务	旅游信息网络建设	旅游信息网络服务供给、旅游公共区域 Wi-Fi 服务
	旅游公共标识	—
	预订服务	城市旅游预订网站、各大旅游电子商务网站
旅游交通服务	旅游集散中心	—
	旅游公共交通	地铁、公交、出租车、观光巴士等
	租车系统	汽车、自行车租赁
旅游公共服务	旅游智能卡	—
	无障碍旅游服务	无障碍标识系统、无障碍交通服务、无障碍旅游景点、无障碍信息服务指南
	志愿者服务	旅游咨询服务、观光导游服务
	公共服务设施	厕所、无线网络
旅游安全保障	公共安全	安全管理部门和管理人员
	检测保障	定期组织安全自查工作
	紧急救援	旅游应急预案、紧急救援机制、专业旅游应急救援队、专项应急救援资金等
	投诉结案	旅游投诉受理和处理机制、专门的投诉点和处理人员
	保险覆盖	旅游意外险和责任险
旅游游憩设施	核心游览设施	景区景点、社会资源点
	配套设施	酒店、餐厅、商店、娱乐场所、节事会展场所
旅游环境氛围	自然生态环境氛围	城市绿化、城市公园、公共卫生等
	社会人文环境氛围	居民语言能力、居民好客程度、兑换支付便利程度等
旅游管理服务	政策法规	国家行政法规、地方法规
	行业规范和指导	国家、地方的行业规范和指导以及行业自身的标准规范
	消费促进	旅游优惠券、旅游一卡通
	教育培训	建立培训机制，开展旅游安全知识宣传教育

（3）经验总结

杭州在"旅游城市"向"全域城市旅游"转型升级过程中，坚持"全面互动、多向融合"策略，积极推动城市旅游和城市发展共享共荣。可资借鉴的经验如下。

① 城市旅游与城市发展融合

实施城市旅游与城市发展一体化战略，旅游发展更加注重与城市功能的对接与连通，打造市民与游客共享的旅游环境；在城市发展过程中，充分考虑游客与游线对接。

② 创新发展模式，路径突破

在实现城市全域旅游化的过程中，通过多途径科学规划，实现旅游城市向城市旅游的转变，多途径将城市产业、城市业态、城市景观、城市资源、城市文化等与旅游业进行充分对接，从而最终全面激活城市全域旅游要素，促进城市旅游化发展。

③ 产业融合，幸福共享

以产业融合为核心，推动旅游与城市融合发展，以旅游业统筹杭州城市发展，促进区域旅游业协调，扩大城市旅游的外延和内涵，实现"旅游城市"向"城市旅游"的转变。注重旅游功能设施的综合效能发挥，通过旅游综合保护工程、基础设施建设、自助服务设施等提升城市生活和游览环境，引导建立一个游客市民共享的高品质空间。

第6章

全资源整合之乡镇发展路径

6.1 乡镇：全域旅游的排头兵

6.1.1 乡镇是全域旅游实现的重要载体

（1）乡镇是全域旅游实现的重要片区

全域旅游，顾名思义是要实现全区域的旅游覆盖，那么，乡镇作为区域范围内重要的组成部分必然是全域旅游建设中的重要一环，是实现全域旅游的重要载体。

全域旅游中的"域"，所指范围可以是乡的层面、县的层面抑或市的层面，而全域旅游的实现应该是一个从小到大逐步实现全域覆盖的过程。乡镇可以说是全域旅游的基本单位，任何一个层面的全域旅游都离不开乡镇，所以乡镇是全域旅游实现的重要组成部分。此外，乡镇所拥有的丰富的农业资源、民俗文化资源以及生态资源可以为全域旅游的实现提供重要依托，通过资源的有效整合、产品的创新开发以及项目的合理布局，首先实现乡镇范围内的全域旅游，并将其作为更大层面上的全域旅游实现的重要一步，为后续全域旅游的全面实现奠定重要基础。

（2）乡镇是全域旅游最易实现的地理空间

全域旅游是资源的整合、产业的融合、体系的覆盖、社会的参与等多方面的组合，而乡镇地区所处的空间范围较小，更有利于全域资源的整合，统筹全局，把握产业体系、服务设施、参与主体等全域旅游各个方面的协调有序发展，从而更好地实践全域旅游。

在全域旅游的背景下，乡镇可以通过资源整合、产业融合、体系构建、全民参与等率先实现乡镇的全域旅游，作为区域全域旅游的先行试点，提升全域旅游建设的经验与自信，为区域全域旅游的实现作铺垫。

（3）旅游特色小镇和美丽乡村是乡镇旅游发展的重点

乡镇作为全域旅游实现的重要载体，也就是说乡镇旅游的发展离不开乡镇，但是目前乡镇旅游发展面临着诸多的发展困境和限制，如用地政策、产业发展以及村民素质等，这都限制了乡镇旅游的发展，而旅游特色小镇和美丽乡村为乡镇旅游发展提供了突破口。旅游特色小镇和美丽乡村的建设能够形成与周边资源的整合以及带动作用，促进旅游与乡村的深度合作，推进农旅融合，带动乡镇产业转型升级，促进基础设施建设，推进区域旅游向综合性旅游目的地转变，从而形成乡镇旅游产业的可持续发展，进而助推全域旅游实现。

6.1.2 全域旅游是乡镇发展的重要机遇

（1）全域旅游打破传统壁垒，乡镇纳入发展空间

在全域旅游理念提出之前，乡镇旅游发展在政策、资金、人才、配套等方面都存在一定限制，造成乡镇在发展空间和发展模式上存在很大局限性。一方面，乡镇的资源空间小，呈散点布局，虽然外围空间对其有很大影响，但却不在其统筹范围之内，造成乡镇在发展空间上的局限性；另一方面，由于乡镇自身资源和能力的限制，乡镇旅游的发展模式以农家乐居多，也就是最简单的吃农家饭、睡农家炕，要想发展高端乡村度假只能通过引进投资方这个途径，单靠乡镇自身是难以实现的，实际上是很难将村民和高服务品质的乡村度假联系在一起的，这就造成了乡镇在发展模式上的局限性。

全域旅游的提出在很大程度上破解了乡镇发展的困境。乡镇成为全域旅游重要的发展空间，政府会给予很多政策上的倾斜，提供资金上的支持，使乡镇的基础设施得以完善，环境质量有所提升，积极提供村民参与乡村旅游的路径，比如，以村民为单位，形成乡村旅游发展联盟或合作社进行乡村旅游的开发建设，村民能够以不同途径参与到乡村旅游中，村民获得就业机会，最终实现脱贫致富。

（2）全域旅游为乡镇发展增添活力

首先，全域旅游促进乡镇产业结构调整。乡镇旅游中的产业融合主要涉及农业与旅游业的融合，盘活乡镇景观、田园、动植物、蔬果、民俗等资源要素，拓展农业功能，促进农业与旅游业的融合发展，实现种植业、林果业、养殖业以及文化产业、体育产业、特色商贸业、特色农产品加工业等多元产业的复合发展，延展乡村产业链条，延伸新型乡村产业业态，构建以旅游为核心的新型乡村旅游产业体系，最终实现城乡产业统筹发展与融合共兴。

其次，全域旅游促进乡镇资源整合。目前，"农家乐"形式的乡镇旅游产品形式盛行，这种"农家乐"确实有一定市场，但是随着发展的不断深入，农家乐在全国热潮的掀起，很容易造成同质化现象发生，各地乡镇旅游"撞脸"，游客在不同地方体验到的都是相同的乡镇旅游内容，很容易造成游客的审美疲劳，最终不利于乡镇旅游的可持续发展。而在全域旅游的发展背景下，能够转变传统的发展乡镇旅游的思路，整合乡镇范围内一切可用的资源，进行统筹规划、全面布局，构建特色乡镇旅游产品体系，对游客形成可持续的吸引力，助推全域旅游的最终实现。

再次，全域旅游促进乡镇居民脱贫致富。全域旅游的发展，促进乡镇旅游转型升级，拉动区域经济增长，带动现代农业、餐饮住宿等相关产业发展，能够为当地居民创造更多的就业机会，增加居民收入，通过扶持居民开展特色观光、特色种植等项目，实现稳定脱贫。同时，还能通过为居民免费培训、上课指导等，使其具有一技之长，为其就业搭建平台。全域旅游的发展，能够使居民积极参与其中，通过就业实现脱贫致富。

最后，全域旅游促进乡镇基础设施完善。全域旅游所强调的是旅游要素和服务的全域覆盖。按照全域旅游的要求，乡镇基础设施在交通体系、卫生设施体系、信息化设施建设体系、旅游公共服务中心等方面都会有所提升，基础服务设施的改善能够为游客提供更加满意的乡镇旅游体验，进而提高乡镇旅游的接待能力和形象，为乡镇旅游的可持续发展提供保障（图6-1）。

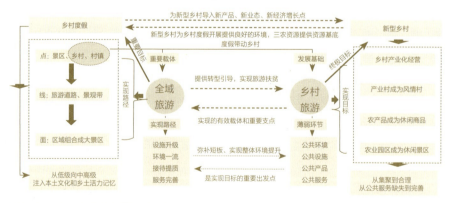

图6-1 全域旅游视角下的乡村旅游

6.1.3 全域旅游下的乡镇发展类型

（1）城市依托型

城市依托型乡镇是指那些位于大城市周边，拥有较好的交通区位条件和城市居民客源的乡镇。城市依托型乡镇依托区位优势和市场优势，在城市周边形成较好的乡镇旅游形态。这些乡镇主要是为城市居民提供一个休闲放松的场所，由于位于大城市周边，拥有较大的市场腹地作支撑，所以能够做的项目较多，并且能够建一些相对较大的项目。

北京的蟹岛是城市依托型乡村旅游的典型代表，打造了环城市乡村旅游发展的"1+3"模式，也就是乡村观光度假、现代农业和乡村商业围绕旅游活动开展，采用"前店后园"的经营格局，将农业、农产品加工和农业旅游衔接起来，以循环经济为理念，发展都市现代农业，实现了以一产养三产、三产促一产的成熟发展模式。

（2）景区依托型

景区依托型乡镇主要是指那些位于知名景区周边的乡镇。这些乡镇最初是作为知名景区的配套产业发展起来的，依靠知名景区在资源和市场方面的优势实现自身的发展。它们在发展旅游时受景区的影响较大，根据客源市场及乡镇本身的特征，需要在深度契合景区品牌理念的基础上，在充分调动食、住、行、游、购、娱旅游六要素的基础上，在对乡镇的民俗风情进行阐释的基础上，开发深度体验的乡镇旅游产品，融入泛景区化旅游目的地的发展中，最终成为重要的乡村旅游度假吸引物。

安徽的西递、宏村就是典型的景区依托型发展模式，依靠黄山这一世界双遗产景区的品牌知名度发展乡村旅游，逐渐发展成集古建欣赏、美食体验、特色民宿等于一体的乡村休闲度假旅游目的地。

（3）产业依托型

产业依托型乡镇是指那些农业具有相当规模的乡镇。这些乡镇主要是以其特色农业为依托，将农业景观、手工艺品和产品体验作为旅游吸引物，拓展开发农业观光、农业休闲度假、农业体验等多种旅游产品，同时带动餐饮、住宿、购物、娱乐等相关产业的发展，促使农业向二、三产业延伸，实现农业与旅游业的协同发展，产生强大的产业经济协同效应。

台湾的飞牛牧场就是典型的产业依托型发展模式，它是一家以乳牛养殖为主的休闲农场，主要分为三个区域，即游客游憩区、农业生产区和自然生态区。其中，游客游憩区主要有露营区、烤肉区、纪念品商店等，为游客提供最完备的休闲服务；农业生产区主要是出产乳制品和种植牧草、花草和有机蔬菜，让游客体验农场生活；自然生态区包括乳牛生态区、蝴蝶生态区、可爱动物区、自然步道和水域生态区，为游客提供亲近自然和生态的有效途径。

（4）文化依托型

文化依托型乡镇是指那些具有悠久历史或特色民俗文化的乡镇。这些乡镇主要是依托其背后的文化底蕴、淳朴的民风民俗、古色古香的建筑遗址以及传统的民族文化，将乡镇旅游与文化旅游紧密结合。开发过程中，要平衡开发与保护之间的关系，对文化进行活化利用，开发出多元化的文化体验产品，既能实现文化的保护与传承，又能实现多元效益。

（5）创意主导型

创意主导型乡镇主要是指那些拥有特色民间艺术的乡镇。这些乡镇主要是以特色民间艺术如陶瓷、布艺、木雕、刺绣、泥塑、书画等及其衍生产品作为发展乡镇旅游的主要吸引力，它们具有区域性的特征，能够充分体现一个地方的文化特色。通过将传统的民间艺术进行创意化开发，不仅能丰富游客体验，同时也能使民间艺术得到有效传承。

（6）科技依托型

科技依托型乡镇主要是指那些依托科技园区进行发展的乡镇。我国启动了国家科技园区的建设，促进了一批科技园区的建设。这些乡镇位于科技园区附近，可以借助一些高科技手段对农业风貌进行展示，形成一个集教育、体验、观光、展示于一体的现代农业科技园，满足游客探新猎奇的体验需求。

6.1.4 旅游特色小镇

（1）旅游特色小镇一呼百应

2016年7月21日，住建部、财政部和发改委联合发布了《关于开展特色小镇培育工作的通知》（以下简称《通知》），提出要加强特色小镇的培育工作，到2020年争取培育1000个左右各具特色、富有活力的休闲旅游、商贸物流、现代制造、教育科技、传统文化、美丽宜居等特色小镇。

《通知》的发布，掀起了全国各地建设特色小镇的热潮。据不完全统计，甘肃、西藏、重庆、贵州、四川、云南、海南、陕西、河北、福建、内蒙古、湖北、辽宁、北京、天津、江苏、安徽、江西、浙江等20个省市（自治区、直辖市）都对特色小镇建设作出了探索。特色小镇数量排名前十的为浙江、云南、湖南、黑龙江、海南、陕西、江苏、北京、重庆、安徽，其中浙江省特色小镇数量为315个，处于遥遥领先的位置。

根据"特色小镇网"的大数据分析，与特色小镇相关的微信词频中热度最高的词语除"特色小镇"外，依次是"发展""旅游""政府""规划"等，说明目前特色小镇的建设中，对旅游类特色小镇的关注度是最高的（图6-2）。

图 6-2　特色小镇微信词频分布

（2）旅游特色小镇建设要点

① 政府给予政策支持

旅游特色小镇的建设涉及小镇范围内的集体建设用地、农村承包土地以及农村宅基地等方面的改革，涉及道路、供水、医疗、商业等基本功能的完善，涉及基础设施的建设，这些都需要政府在土地政策、财政政策等方面给予支持。

a. 土地政策

政府对于特色小镇在土地利用上予以政策倾斜，优先保障特色小镇建设用地的需求。如赣州市国土局出台《关于支持特色小镇建设发展用地若干措施的通知》

中明确表示对每个特色小镇各安排50亩新增建设用地指标，并予以优先安排。

b. 财政支持

小镇的建设、管理、运营都需要大量的资金投入，政府应该对小镇在财政上给予支持，助推小镇顺利发展。比如，杭州手机特色小镇在创建期间及验收命名后，对于其规划空间范围内的新增财政收入上交市财政的部分，前3年全额返还，后2年减半返还给当地财政。

② 挖掘特色旅游资源

旅游特色小镇以旅游业为特色产业，在各地建设特色小镇的热潮中，旅游类特色小镇的数量也越来越多，为使小镇能够在诸多小镇中崭露头角，就需要对小镇范围内的特色旅游资源进行深度挖掘，资源可以是当地的特色产业，可以是历史文化、民俗文化，也可以是独有的特色自然景观等，目前创建的旅游特色小镇依托的资源不尽相同，示例如表6-1所示。

旅游特色小镇依托的资源类型示例　　　　表6-1

小镇名称	主要旅游资源类型
十渡	地质景观资源
古北水镇	历史文化
拈花湾小镇	禅文化
嘉善巧克力小镇	巧克力产业
馆陶黄瓜小镇	黄瓜业
诸暨大唐袜艺小镇	袜业
小汤山温泉小镇	温泉资源

③ 明确小镇定位

给特色小镇一个明确的定位是小镇规划建设首先需要解决的问题，小镇定位需要体现出"特"，定位不宜"大而全"，而要"精且强"，着力培育具有行业竞争力的"单打冠军"。其中需要注意的是，特色小镇"特色"的营造要依托小镇的资源条件和实际情况，不能盲目建设一些不符合实际、不可持续的项目，要找准特色，实现"一镇一品""一镇一特色"。

例如，龙泉青瓷小镇依托青瓷产业，打造以体验青瓷文化为主题的青瓷旅游胜地；诸暨大唐袜业小镇是以现代化袜业制造、研发、贸易为基础，实现转型升级，打造以袜业为主题的文化旅游特色小镇。

④ 延伸旅游产业链

在全域旅游的发展背景下，通过旅游与农业、旅游与林业、旅游与文化、旅游与科技等产业融合，以旅游集聚产业，以产业支撑旅游，打破了原有单一的产业发展思路，以"旅游+"带动其他相关产业的发展。

⑤ 注重形态建设

特色小镇的环境形象是对外展示的重要窗口，小镇建设、管理过程中要注重环境美化建设，整治乱贴乱画、乱扔乱倒，提高小镇居民的文明素养，开展环境卫生专项整治工作，动员群众力量参与特色小镇的美化工作，加强小镇临街建筑物外立面特色风貌的改造并实施特色小镇的主干道亮化工程。同时，小镇的形态应该充分体现小镇主题特色，避免千篇一律的形态建设，突出"一镇一风格"。

例如，成都科玛小镇的建筑有着相当浓厚的德国风味，图案鲜明，色彩斑斓，有许多木质骨架的房屋，屋顶多以橘色和绿色的砖砌筑而成，装饰有各种颜色的鲜花，形成独具特色的科玛风格。

⑥ 旅游要素配套

特色小镇除了要有特色产业作为核心吸引力，还要从游客需求角度，配套旅游要素，需要具备住宿、商业、娱乐等功能，但应注意，旅游要素的配套要注重业态配比，从实际情况出发，根据市场引导进行规划建设，不能硬性规划，要素的配套要与小镇整体的主题特色相一致，从细节上支撑小镇特色。

例如，拈花湾小镇商业体系的确定，首先根据对游客规模的测定，提出旅游商业的规模体系，旅游商业由零售、住宿、餐饮、休闲娱乐和文化体验五大业态组成，五大业态体量的确定是根据一套科学的法则计算出来的，以游客规模为前提，根据游客需求和消费能力确定不同业态的规模。

⑦ 完善基础设施

特色小镇的建设要注重旅游基础设施和公共服务设施的建设，完善道路、停车场、厕所、垃圾和污水处理、供水供电、应急救援、信息网络、标识系统等方面的建设；提高小镇旅游从业人员的专业素质和业务能力，提高服务水平和接待能力。

⑧ 文化内涵提升

文化可以说是特色小镇的魅力所在，要把小镇的历史文化和特色民俗文化突显到特色小镇的规划、建设和管理之中，要把文化融入小镇建设的方方面面，形成独具特色的文化标识，在小镇发展的同时能够弘扬优秀的传统文化。

例如，法国的埃吉桑镇在发展葡萄酒产业的基础上，保持完好的中世纪建筑、卢塞恩的教堂桥以及文艺复兴时期的老店，传承着当地悠久的历史资源，提升了小镇的文化内涵。

⑨ 小镇融资模式

特色小镇的建设中，资金投入高、周期长，单靠政府财政拨款是不现实的，实际操作中要在政府政策资金支持的同时，注重引入社会资本和金融机构资金，推进小镇的运营和管理。在小镇建设的不同阶段，可采取不同的融资模式，在小镇的建设期可采取PPP模式、股权融资、产业基金、收益信托、证券资管、政策性（商业性）银行贷款等模式，在小镇建设的中后期可以采取股权或产品众筹、债券计划、售票权抵押融资等模式。

⑩ 注重宣传营销

特色小镇本身建得再好，如果没有宣传出去，没有游客的话，只会功亏一篑。所以，宣传营销是决定小镇成败的关键一步。小镇的宣传营销首先要确定目标市场，锁定客群，实现精准营销，利用新媒体，创建特色小镇官方宣传推广平台，开通官方微信和微博，实现快速分享和传播；同时与主流媒体进行沟通，实现多渠道、多终端的全媒体网络覆盖，多方位多角度刺激消费。

6.1.5 美丽乡村

（1）美丽乡村建设引发广泛关注

2013年，中央一号文件指出要加强农村生态建设、环境保护和综合整治，努力建设美丽乡村。同年，农业部启动了"美丽乡村"创建活动，并公布了1100个乡村为全国"美丽乡村"创建试点乡村。计划"十三五"期间全国建成6000个左右美丽乡村，美丽乡村成为未来几年国家建设重点。

由图6-3可知，自从2013年美丽乡村创建活动启动之后，美丽乡村的搜索指数呈现逐年递增的趋势，美丽乡村建设已经形成了广泛的社会共识。

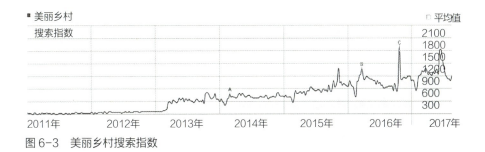

图6-3　美丽乡村搜索指数

"美丽乡村"提出之后，各地都在积极探索具有本地特色的美丽乡村建设路径。对于美丽乡村的搜索指数，各省份有所不同，搜索度最高的十个省份是浙江、广东、北京、山东、河北、江苏、福建、湖南、河南、上海，其中以浙江的搜索指数最高。

（2）美丽乡村不等同于旅游

首先，美丽乡村建设为乡村旅游提供基础。美丽乡村建设注重"五美"，即空间优化形态美、村社宜居生态美、绿色发展生产美、创业富民生活美以及乡风文明和谐美，所以美丽乡村建设只是把乡村建"美"，而要发展乡村旅游还是需要有一个核心吸引力，需要具有"乡村性"，需要体现一个"特"字，否则只会造成"千村一面"的建设局面，不利于乡村旅游的可持续发展。

其次，乡村旅游倒逼美丽乡村建设。乡村旅游发展带动乡村产业发展，乡村旅游促进旅游与农业融合，延伸农业的产业链，提升农业附加值，优化农村的产业结构；乡村旅游通过引导村民积极开展农家乐、休闲农庄等，促进村民就业，增加村民收入，体会到美丽乡村建设的重要性，从而积极投入到美丽乡村的建设中；乡村旅游的发展能够对美丽乡村起到宣传推广作用，使美丽乡村建设深入人心，推进美丽乡村建设。

(3) 美丽乡村发展旅游的建设要点

① 农业与旅游融合

在全域旅游的发展背景下,美丽乡村的建设轴线要注重农业与旅游业的融合。农业融合首先能促进农业改造升级,实现农业从单纯提供农产品向提供休闲、文化、生态产品转变,满足大众旅游时代游客多元化的旅游需求;其次农业融合能够拓展旅游发展空间,使农作方式、田园风光等原本属于农业范畴的事物变成可被依托发展旅游活动的内容,拓展了旅游资源类型,丰富了旅游活动类型,促进旅游更好、更快发展。

② 突出产业特色

在全域旅游发展背景下,美丽乡村的建设也积极推进,这同时造成了同质化现象的发生,旅游产品形式单一,集中在农业采摘、农家乐等主题形式。为了破除这一困境,美丽乡村建设应该注重产业特色的突出,用特色打造亮点,以"特"取胜,进行差异化发展,打造乡村旅游可持续的吸引力。

③ 注重乡村性

乡村性是发展乡村旅游的核心吸引力,发展乡村旅游离不开乡村性,乡村性是实现乡村旅游可持续发展的必要条件。所谓的乡村性主要包含景观和人文两个方面,其中景观乡村性是指要保持乡村建筑、田园风光以及生态环境的乡村性;人文乡村性主要包含农耕文化、传统生活形态以及民风民俗三方面内容。所以,美丽乡村建设不仅要实现景观的乡村性,还要注重人文的乡村性,才能"望得见山、看得见水、记得住乡愁",才能实现乡村旅游的可持续发展。

④ 基础设施完善

基础服务设施的建设对于乡村旅游的发展有着至关重要的作用,首先,要完善交通网络,提高通达性,使游客进入后能够畅通无阻地游览;其次,住宿体系的建设要充分体现当地特色,提高接待能力的同时打造精品民宿;此外,还要提高旅游服务营销素质,增强"软文化建设",全面提高基础服务设施建设。

(4) 五大工程

实施环境整治工程、设施完善工程、产业培育工程、服务提高工程以及文化提升工程,助推乡村旅游更好发展。

① 环境整治工程

形成"环境整治提升为本"的强烈共识，发挥乡村主体作用，常抓不懈；定期开展环境卫生整治；争取将农村环境卫生整治工作列入年度财政预算，形成长效工作机制。

② 设施完善工程

逐步实现"断头路"全部连通；积极推进农村班线公交化进程，推进邮政快递向农村延伸；推动通信设施建设；建立垃圾收集清运机制，制定卫生管理制度和文明卫生公约。

③ 产业培育工程

突出"优质林果、高效农业、生态养殖"等农业资源特色；将休闲产业与农业发展、旅游、美丽乡村建设等结合起来，为农业发展注入新活力；加强技术指导，提高特色产业经济效益、生态效益和附加值；推进精品乡村旅游产业示范点建设。

④ 服务提高工程

探索省市级示范村服务游线提升，强化基层组织建设，健全社会保障体系。

⑤ 文化提升工程

注重文化的继承与弘扬，发展群众文化活动，繁荣文化体育教育事业。

（5）村民参与途径

美丽乡村建设中，村民是很重要的利益相关者，通过政府引导、旅游企业带动，积极引导旅游区内的村民参与旅游开发，逐步从单纯的农业生产中分解出来，从事农副产品深加工、旅游产品开发和民宿旅游接待等工作，使乡村文化得到有效创新、提升和发展。

村民参与美丽乡村建设的主要途径是为游客提供餐饮、住宿，销售旅游商品等。村民可直接从中获得经济效益，收入将大大增加，生活方式将发生重大改变，村民的生活观念也趋于城市化，更加文明（图6-4）。

村民参与到旅游发展中，发挥他们的智慧和劳动、经验，在不同的岗位和服务中，推动旅游更好地发展，同时可以获取较以往更丰厚的经济利益和更广阔的机遇，是旅游可持续发展、健康发展必不可少的力量。

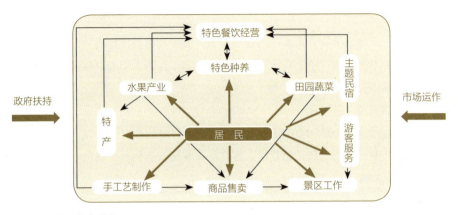

图 6-4 村民参与途径

（6）十大扶贫举措

① 开发特色业态

根据村落资源特色和地域特性，开展针对性、有特色的采摘、展销、民俗文化表演、民俗节庆等业态。

② 开展农家乐

鼓励部分有条件的村民开展农家乐，规范农家乐服务管理，提升农家乐服务质量，增加乡村经营性收入。

③ 借势景区发展

对周边有景区的村落，借助靠近景区的区位优势从事旅游商品出售、文艺表演、特色烧烤等活动。

④ 打造特色民宿

挖掘村落文化特色，进行建筑立面改造，鼓励开发特色民宿业态，提升闲置民居资源的利用率，增加农民收入。

⑤ 企业入驻合作

鼓励各酒店、旅游公司等社会组织利用村落旅游资源开发旅游，农旅融合，增加农民就业、农产品销售。

⑥ 开发旅游商品

开发特色创意产品，使农民从事旅游商品制作和销售工作，收入来源多元化和产业化。

⑦ 文化景观植入

对于具有独特文化特色、良好景观效果的村落，进行整体的文化植入、包装和改造，增强乡土文化氛围。

⑧ 农业产业基地

建设有机农产品基地、高效农业产业化基地，延长农业产业链条，实现农业增收和旅游体验双重收益。

⑨ 人才技能培训

开展村干部和旅游致富带头人培训，进行多次培训并给予现场指导，提升村民参与旅游能力。

⑩ 电商入驻工程

深入落实"一村一电"工程，做好宣传，增强村落自我发展能力，走出一条特色电商致富之路。

6.2 案例剖析

6.2.1 案例一：法国——都市旅游、乡村旅游一体化发展

（1）发展背景

法国的乡村旅游起步较早。20世纪50年代开始，政府实施"领土整治"政策来消除地区发展的不平衡，解决农业面临的农村空心化、老龄化现象。政策实施之初，南方议员欧贝尔就提出了乡村旅游的构想，认为进行农业生产的同时可以兼顾发展旅游业，国家和地区可以在资金上对乡村住宿的改建提供支持，如此一来，农民除了种地外还能接待游客，增加收入。经过60多年的发展，法国乡村旅游日益发展壮大，乡村已经成为家庭度假和休闲旅游的首选目的地。

（2）发展特色

① 产品开发具有特色

法国乡村旅游具有多元化的特色。法国乡村旅游项目主要有九大类，即农场客栈、点心农场、农产品农场、骑马农场、教学农场、探索农场、狩猎农场、暂住农场、露营农场，主要提供美食品尝、休闲参观、知识学习、乡村住宿等旅游产品。不同的农场开展的旅游活动有所不同，本书从旅游六要素的角度对法国乡村旅游活动进行了总结，具体内容如表6-2所示。

法国乡村旅游活动 表6-2

要素类型	主要内容
食	游客可以和农场主人共同品尝乡村佳肴并探讨其制作方式，可以品尝农场生产的农产品
住	农场根据不同需求的游客提供不同的住宿体验，主要分为乡村民宿、床餐出租房、远足者宿营地、户外旅馆等形式
行	在法国农场，交通方式多样，可以选择徒步、骑马或者单车等形式
游	农场为游客提供了丰富多样的游览体验形式，游客可以参观葡萄园、酒窖，参加制酒、品酒、赏酒等活动，了解当地出名的奶酪及其制作过程，观察动植物，接受园艺培训，可以骑马、遛马，学习喂马、照料马、掌控马等技巧，观赏养蜂业线路等
购	游客可购买农场生产的农产品及衍生产品，如牛奶，葡萄酒、蜂蜜、点心等
娱	农场为游客提供游艇、钓鱼、烧烤等娱乐活动

法国乡村旅游具有原真性的特色。为体现原真性特色，法国农场作出了很多努力，例如，在住宿设施上，农场的住宿设施必须要与农场的环境背景相吻合，体现本农场的特色。在农场美食上，首先，餐具必须使用粗陶、瓷器或其他能代表当地特色的材质；其次，农场出售的农产品必须是自家农场的产品，生产原材料必须是农场自己种养的动植物；再次，农产品及其衍生产品的加工程序必须在农场内部完成；另外，农场美食的烹调必须采用本地方法，从而充分体现乡村的美食特色。由上可见，法国乡村旅游从各种细节上充分体现原真性的特点，从而能够保证每个乡村都各具特色。

法国乡村旅游具有体验性的特色。法国乡村旅游提供的诸多旅游产品都可供游客进行互动体验。如游客可品尝农场美食并与主人交流美食制作方法，可参与葡萄酒的制作和品酒活动，以及奶酪制作和骑马、遛马、喂马等活动。以上的互动体验活动，能够使游客的乡村旅游更有趣味性。

② 政府为乡村旅游提供支持

法国乡村旅游之所以能顺利开展，原因之一是政府在乡村旅游发展的各个阶段都起到了重要作用。

1955年，法国政府启动了以繁荣农村小镇、克服农村空心化现象的"农村家庭式接待服务微型企业"计划。为了使农村民居符合标准，政府提供经费促进民居的修缮和维护。政府规定。只要住所业主遵守利益相关者的约定，家庭旅馆在修缮后达到三稻穗（三星级）的标准，在十年中每年向公众开放六个月的时间，就可以得到政府给家庭旅馆的修缮补助津贴，补助津贴大约占总投资额的20%~30%。

1962年，法国政府颁布了《马尔罗法》，要求将有历史价值的区域保护起来，并出台了一系列鼓励政策及规定，对农户开办的乡居进行统一管理。

1972年，法国政府又颁布了《质量宪章》，对乡居的规模、经营方式、硬件设施和服务质量等都制定统一的标准并派专人进行定期检查。

2001年，法国政府成立了乡村旅游常设会议机构来促进乡村旅游发展。

2003年，成立部际小组，开始在全国规划自行车道和绿色道路。

③ 行业协会辅助乡村旅游开展

法国乡村旅游协会的作用主要是协助政府，在政策范围内制定乡村旅游相关的行业规范、制度以及质量标准，从而实现行业自律，最终实现乡村旅游的可持续发展。

法国农会是公共职业联合机构，具有半官方、半民间的性质。农会的主要职责一方面是要代理或协助政府主持农业行政事务，另一方面是为农民提供各种服务，并代表农民与政府进行沟通，是政府与农民进行交流的重要桥梁。

农会常设委员会下成立了农业及旅游接待处，并研发了"欢迎你到农庄来"的组织网络，为居民接待家庭旅游和休闲度假提供各种服务，如，它们会对居民在房屋修缮、经营、定价、财务管理等方面进行指导、培训与帮助，每年对遗产建筑提供的维护和修缮费用达1.8亿欧元。

此外，还有很多与法国乡村旅游有关的协会，如法国农业与渔业协会、全国农民联合会工会、农业商会、国际旅游推广协会、法国友人之屋协会等，都对法国乡村旅游的开展作出了努力。

④ 农民作为经营主体

法国乡村旅游的经营主体是本地所有的农业开发者、乡村居民，而并非外来投资商，主要是由于农民对乡村的旅游资源更加了解，所以更能实现在保护本地特色的基础上开展乡村旅游，实现可持续发展。村民在进行农业生产的同时，可以利用农业资源开发并经营乡村旅游产品。村民在参与乡村旅游的过程中有充分的自主权，居民有权否决居住地的旅游发展项目及其他经营项目，旅游项目经营中，当地居民以各种形式参与乡村旅游发展，如为游客提供农场美食、住宿，为游客介绍葡萄酒的制作方法与过程等。

⑤ 注重乡村旅游营销

法国乡村旅游营销主要有以下几个方面内容。首先，确定目标市场和目标顾客。在选择目标市场时，综合考虑空间因素与地域因素，例如，Chenillé Changé所选的目标市场是所处省份的周边几个省，目标市场的车程最多控制在1个小时左右。其次，建立客户信息数据库，加强顾客信息管理与沟通。通过及时整理顾客留下的联系方式，挑选出经常光顾的客人，通过办理会员卡、免费服务、邮寄宣传单等方式刺激游客再次消费。再次，开拓广泛的销售渠道。一方面积极建立自己的官方网站，游客可进行网络咨询和预订；另一方面，通过中间商进行产品销售；此外，它们还积极参与各种展会，利用大型的节日、活动进行宣传销售。

（3）发展成效

法国乡村旅游已经成为法国人生活中重要的组成部分。法国乡村休闲旅游已经超过3500万人次/年，每年创造的收入达220多亿欧元。

据2014年的数据统计，法国依靠农家乐创造的附加价值占全国GDP的0.4%，占农业附加值的20%左右；法国乡村旅游市场占全国观光销售额19%的份额；法国的观光业占法国GDP的7%左右，其中乡村旅游占全国GDP的1.3%；法国农业比重占全国GDP的2%，由此可以看出乡村旅游产业在法国占非常大的比重。

（4）经验总结

法国乡村旅游的发展具有明显优势，尽管我国和法国在政策环境、经济水平、文化水平、农村环境、村民素质等方面都有所不同，但法国乡村旅游的成功经验可以提供以下借鉴。

① 产品开发要有特色

法国乡村旅游产品的开发具有多元性、原真性和体验性的特点。开展乡村旅游首先必须了解的是游客需要什么，其实，游客进行乡村旅游的首要出发点是对原真、淳朴的乡间生活的向往，对那些现代化、机械化的农场反而没有太大的兴趣。

目前，国内的乡村旅游产品大多存在两个方面的问题。其一，旅游项目单一，主要项目都局限在农业采摘、农家乐等形式，各地乡村旅游的开发存在严重的同质化现象；其二，旅游产品的开发缺乏"原乡性"，不少乡村旅游地大兴土木，建设大型娱乐设施，把城市的现代化元素搬到乡村中，使乡村旅游资源特色消失，这不利于乡村旅游的可持续发展。

所以，法国乡村旅游带来的一大启示就是乡村旅游产品开发的基础是要体现乡村的原真性，在此基础上应该具有多元性的特点。以此使乡村的特色文化、乡风民宿被充分展示，并且不会被轻易复制，进而以各具特色的乡村旅游产品吸引游客，形成可持续的乡村旅游吸引力，助推全域旅游实现。

② 采用多元主体运营模式

法国乡村旅游采用的模式是"政府+协会+农民"的发展模式，其中，政府发挥主导作用，协会发挥协调作用，农民发挥主体作用，多方合作，共同促进乡村旅游的可持续发展。

目前，国内的乡村旅游开发大多是以政府为主导，农民作为经营主体，这种发展模式存在一定弊端。首先，政府对乡村旅游的管理并不能涉及经营管理的方方面面，肯定会存在某些方面的缺失；其次，农民作为经营主体，毕竟在经济实力以及专业素质方面存在局限，不利于资源的整合和品牌的形成。

针对我国村民经济实力和专业素质存在的问题，应该充分发挥行业协会的作用，一方面为村民经营乡村旅游提供指导和帮助，另一方面为乡村旅游的发展制定规范、制度与标准，保证农民能够参与其中，而政府则负责制定各种政策、改善投资环境、协调各方利益，共同促进乡村旅游的可持续发展。

6.2.2 案例二：浙江——旅游产业类特色小镇

（1）发展背景

改革开放以来，浙江省形成了"块状经济"的发展状态，在一个区域内产业高度集中。但是随着发展的推进，产业发展缺乏创新、转型升级不到位使其面临困境，为了适应和引导经济新常态，破解浙江空间资源瓶颈、有效供给不足、高端要素聚合度不够、城乡二元结构等问题，本着改善人居环境，推进产业集聚、创新和升级的目的，浙江在2014年首次提出了特色小镇的概念。

2015年，浙江省委、省政府从推动全省经济转型升级和城乡统筹发展大局出发，作出了加快特色小镇规划建设的重大决策。2015年4月，出台了《浙江省特色小镇创建导则》；同年6月，第一批浙江省省级特色小镇创建名单正式公布。目前，浙江省省级重点培育的特色小镇目前已有三批共114个，包含旅游产业类特色小镇26个，占特色小镇总数的23%，其中第一批8个、第二批9个、第三批9个（表6-3）。

浙江省旅游产业类特色小镇 表6-3

批次	名称	数量
第一批	嘉善巧克力甜蜜小镇、龙游红木小镇、常山赏石小镇、开化根缘小镇、仙居神仙氧吧小镇、武义温泉小镇、莲都古堰画乡小镇、景宁畲乡小镇	8个
第二批	普陀沈家门渔港小镇、杭州湾新区滨海欢乐度假小镇、宁海森林温泉小镇、天台天台山和合小镇、安吉天使小镇、永康赫灵方言小镇、文成森林氧吧小镇、柯桥酷玩小镇、杭州湾花田小镇	9个
第三批	商城南宋皇城小镇、淳安千岛湖乐水小镇、象山星光影视小镇、长兴县太湖演艺小镇、平湖国际游购小镇、嵊州越剧小镇、云和木玩童话小镇、青田千峡小镇、遂昌汤显祖戏剧小镇	9个

2017年8月公布了浙江省特色小镇7月的发展指数。旅游产业类特色小镇中，排名前五的小镇是莲都古堰画乡小镇、龙游红木小镇、普陀沈家门渔港小镇、常山赏石小镇、嘉善巧克力甜蜜小镇。下文将分别对莲都古堰画乡小镇、普陀沈家门渔港小镇以及嘉善巧克力甜蜜小镇进行案例分析探讨，总结其成功经验，为旅游产业类特色小镇的发展提供借鉴（表6-4）。

浙江省 7 月旅游产业类特色小镇发展指数排名前五的小镇　　表 6-4

排名	小镇名称	小镇指数	所在地区
1	莲都古堰画乡小镇	81	丽水
2	龙游红木小镇	80.37	衢州
3	普陀沈家门渔港小镇	79.27	舟山
4	常山赏石小镇	79.17	衢州
5	嘉善巧克力甜蜜小镇	78.79	嘉兴

（2）莲都古堰画乡小镇

① 发展概况

莲都古堰画乡特色小镇位于浙江省丽水市莲都区碧湖镇和大港头镇境内，是"丽水巴比松画派"的起源地，有着丰富的文化和生态资源，2015年成为浙江省首批37个特色小镇之一，2016年12月入选浙江省首批特色小镇文化建设示范点，成为浙江省特色小镇的创建典范。2016年，古堰画乡小镇接待国内外游客159.69万人次，同比增长32%。

② 发展特点

古堰画乡小镇的发展定位是乡愁艺术小镇、中国最美文创小镇、巴比松油画小镇。功能定位是结合旅游发展趋势及旅游市场需求，突出"乡愁与艺术"，以养生度假、湿地观光、文化体验为主导，引入高端养生度假设施与活动，培育文化休闲产业链，将古堰画乡风情小镇打造成长三角地区综合型旅游目的地和休闲养生旅游度假中心。具体做法如下。

a. 培育特色产业

古堰画乡小镇依托优越的文化和生态资源，积极培育油画产业和旅游业，以"旅游+"为导向，通过对农耕水利文化的挖掘和传承、通过对油画产业链的服务化延伸、通过对原乡生态环境的保护和利用，构建了古堰文化体验、艺术文化休闲度假与原乡生态休闲三大旅游产品体系。

b. 体制机制创新

首先，为了破除多头管理、各自为政的局面，莲都区成立了古堰画乡开发建设管理委员会，将两个隶属于不同乡镇的景区都放到管委会下统一管理，实行"景镇合一"的管理模式，实现从封闭管理向开放管理转变，让景区、镇区成为发展"共同体"。其次，在投融资机制上，古堰画乡小镇与浙江省金融控股股份有限公司、丽水市生态经济产业基金有限公司合作，组建了古堰画乡旅游投资有限公司，负责小镇的基础设施建设，文化旅游项目开发、经营、投资、管理、实业投资等。

c. 推动民宿经济

小镇积极引导群众参与民宿经济建设，确定了大港头村、利山村等作为民宿发展示范村，予以重点推进，以点带面推动小镇民宿发展。目前，"画中游""慢生活""隐居画乡""小楼""云上伊人""遇见花开"等一批民宿已"小露头角"，时常一房难求。

（3）普陀沈家门渔港小镇

① 发展概况

普陀沈家门渔港小镇位于浙江省舟山市，是我国最大的天然渔港，开埠至今已600多年，是古代海上丝绸之路的重要通道，具有独特的渔港小镇民俗风情，沈家门渔港是舟山市海洋旅游的一块金字招牌，2016年入选浙江省第二批特色小镇创建名单。

② 发展特点

a. 实现产业转型

沈家门渔港小镇的建设主攻其最有基础、优势和潜力的渔业。渔业与旅游业融合，促进传统渔业向休闲渔业转型，将小镇建设成一个集水产品交易、商贸旅游、文化体验等于一体的多功能复合型城市综合体。

b. 基础设施建设

首先，沈家门渔港小镇对区域内的环境进行改善。如改变滨港路"脏乱臭"的状况，形成干净整洁的街道；其次，注重城市功能复合型布局，商业零售、文化娱乐、休闲美食、办公居住等功能分区既明晰又融洽；再次，注重生态资源的保护和利用，如海港和滨港区是城市的稀缺资源，因此舟山市在渔港边保留大片公共区域，塑造体验型的滨海公共空间，并把原先零星的渔港手工艺品、渔货特产等店铺集中整合到一两条街上，集中展现渔港文化风情。

c. 旅游项目丰富

沈家门渔港小镇开展丰富多彩的休闲渔业旅游项目吸引游客。项目主要有六大类。其一是休闲型，如沈家门夜排档；其二是体验型，如游客可以参与海上捕鱼活动，体验当渔民的乐趣；其三是科普型，小镇通过多媒体投影、LED声光电影像、鱼鳞机械传动装置等现代科技，对水产城发展历程、沈家门渔港史话、东海海洋文化等进行展示和演绎；其四是生态型，借助区域内的海洋与生态资源，开展海岛观光活动；其五是文化型，将渔文化与旅游相融合，让游客借助旅游项目体验渔文化；其六是运动型，开展摩托艇、冲浪等活动。

（4）嘉善巧克力甜蜜小镇

① 发展概况

嘉善巧克力甜蜜小镇位于嘉善县最南端的大云镇，是该县区域面积最小的乡镇，工业总量不大。近年来，大云镇立足小小的"巧克力"产业，做足旅游文章，使江南水乡逐渐崛起一座"甜蜜新城"。2015年，嘉善成为浙江省首批37个特色小镇之一。

② 发展特点

嘉善巧克力甜蜜小镇的发展思路，是以旅游为主线、以企业为主体、以文化为灵魂、以生态为主调，着力整合全县"温泉、水乡、花海、农庄、婚庆、巧克力"等浪漫元素，努力建设一个集工业旅游、文化创意、浪漫风情于一体的体验式小镇，将巧克力的生产、研发、展示、体验、文化和游乐有机串联起来，是一个典型意义上的工业旅游示范基地。主要做法如下。

a. 突出鲜明特色

嘉善巧克力甜蜜小镇的主题定位是"巧克力""甜蜜浪漫"，这一主题在浙江甚至全国都是非常具有特色的，小镇以巧克力为核心，挖掘历史、文化、产业等资源，很容易在特色小镇的建设行列中突显出来。

b. 借助企业力量

嘉善巧克力小镇的建设和培育以政府为主导，企业作为建设和发展的主体。小镇计划投资55亿元，三年完成35亿元的目标，其中歌斐颂集团是小镇的主要投资、建设主体，借助歌斐颂集团的力量，能够顺利推进小镇的投资、建设。

c. 突出文化主题

小镇以巧克力文化为核心，以巧克力生产为依托，以文化创意为手段，充分挖掘巧克力文化内涵，拓展巧克力文化体验、养生游乐、休闲度假等功能，力求通过5年左右的开发和经营，将小镇建设成"亚洲最大、国内著名"的巧克力特色小镇、巧克力文化创意基地、现代化巧克力生产基地、全国工业旅游示范基地、国家AAAAA级旅游区。小镇不但引进了国外成熟的工业旅游模式，还在此基础上着力创新，将巧克力工业生产拓展为巧克力工业旅游、巧克力文化创意、巧克力社区生活，而且还积极将中国传统文化与国外风情文化相结合，令人在浓郁的可可香味中体验迷人的热带风情和西非文化。

d. 打造创业平台

小镇为年轻人提供创新创业平台，让年轻人留在小镇，借助年轻人的力量为小镇建设增添活力。

（5）经验总结

浙江旅游特色小镇的开发已经初具规模和成效，莲都古堰画乡小镇和嘉善巧克力甜蜜小镇的建设实例中有如下经验可供借鉴。

① 旅游特色小镇建设需要突出特色

浙江旅游特色小镇的建立大多有一定的产业基础，如莲都古堰画乡小镇以油画为特色，沈家门渔港小镇以渔业为特色，嘉善巧克力甜蜜小镇以巧克力为特色，并在此基础上进行资源深度挖掘，突出产业特色，延伸产业链，促进旅游与产业融合，使小镇兼具产业、文化、旅游、社区的复合功能。

② 旅游特色小镇建设需要运营创新

浙江旅游特色小镇的运营采用的是政府引导、企业为主体、市场化运作的方式，其中政府制定规划、以政策引领特色小镇建设，企业入驻小镇进行特色产业的经营管理，同时充分发挥市场在资源配置中的决定性作用，共同促进特色小镇的发展。

③ 旅游特色小镇建设需要政策支持

浙江旅游特色小镇建设的成功离不开政府政策的支持，浙江出台了一系列政策。2015年4月出台《关于加快特色小镇规划建设的指导意见》，9月出台《关于加快推进特色小镇建设规划工作的指导意见》《关于开展特色小镇规划建设统计监测工作的通知》，10月出台《浙江省特色小镇创建工作导则》《关于金融支持浙江省特色小镇建设的指导意见》，12月出台《浙江省特色小镇建成旅游景区的指导意见》；2016年3月出台《关于高质量加快推进特色小镇建设的通知》等，这些政策的实施有效助推了浙江全域旅游的实施。

6.3 BES实操

6.3.1 案例一：三亚——从海洋走向乡村，全域语境下的旅游升级路径

全域旅游语境下，三亚市提出创建全国全域旅游示范城市，助力海南国际旅游岛建设提质升级。2016年，大地风景编制了《三亚市全域旅游发展规划》，首倡提出开创全域旅游的"三亚模式"——统筹三亚城区、特色产业小镇、美丽乡村工程建设，驱动三亚"旅游+相关产业"经济协作、融合、旅游化转型，营造"开心、放心、舒心"的全域旅游市场环境，实现三亚旅游从海洋走向乡村、从平面走向立体的全新发展格局。

（1）发展背景

三亚地理位置优越，拥有得天独厚的旅游资源，旅游发展蒸蒸日上。2016年全市累计接待过夜游客1651.58万人次，同比增长10.42%。其中，国内旅游收入305.48亿元，同比增长21.81%；旅游外汇收入25476.09万美元，同比增长50.15%。以旅游业为龙头的第三产业增加值为315.11亿元，相当于全市GDP的66.26%。

2016年，中国开展首批全域旅游示范区创建，海南省是首个全域旅游创建省，三亚提出建设全国全域旅游示范城市。三亚近年来在旅游产品开发、市场整治等方面取得积极成效，但也面临国际化水平不高、部分景区老化、城乡整体建设水平与精品度假区差距较大等问题，加快发展全域旅游是三亚发展的必然要求。

三亚市正在全力打造AAAAA级全域旅游，将美丽乡村与全域旅游相结合，以

生态为基础，以产业为动力，做到村村有特色、处处有亮点。全面推动旅游产品提档升级，丰富三亚旅游产品体系，吸引更多的游客从大海走入山林、走入乡村。

（2）发展模式

① 发展战略

a. 发展思路

以特色旅游小镇、美丽乡村为突破口，构建全域旅游的支点，推进旅游与乡村的深度合作，以休闲农业与乡村旅游为载体，推进三亚农旅融合、旅游扶贫工作，升级三亚旅游档次，缓解城乡旅游发展失衡的矛盾。

b. 总体定位

充分发挥三亚的热带生态、特色产业和乡村文化资源优势，对接三亚"世界级热带滨海度假旅游城市"的定位，创建休闲农业与乡村旅游"三亚模式"，开发热带特色休闲农业与乡村旅游产品，以国际化的标准完善服务设施、规范市场秩序，提升三亚的国际知名度和美誉度，力争将三亚建设成国际热带休闲农业与乡村旅游度假目的地、全国乡村度假旅游发展示范区、全国美丽休闲乡村示范点。

c. 空间结构

从"一带"向"多元"空间转变，从"横向"空间向"网络"空间转变，强力打造绿色三亚品牌，突破"蓝色独大"的格局，实现"一核一带四轴四区五组团"的乡村旅游空间结构（图6-5）。

② 美丽乡村建设

a. 发展思路

对接"建设国际化热带滨海旅游精品城市"总目标，以"双修双城、海绵城市"建设为标准，从优化休闲农业与乡村旅游环境、展现乡村原始生态文化、培育乡村特色产业、提升乡村接待能力、提高游客满意度等方面出发，以点带面，形成精品示范，推动三亚全域美丽乡村建设。

b. 发展目标

根据市住建局意见，计划2020年前打造47个美丽乡村。

c. 建设类型

结合要建设乡村的地域特色和产业特色，将47个美丽乡村划分为八大建设类

图6-5 三亚市乡村旅游全域发展新格局

型,分别是生态保护型、城郊集约型、产业发展型、环境整治型、高效农业型、文化传承型、渔业开发型、休闲旅游型(表6-5)。

三亚市美丽乡村建设　　　　表6-5

建设类型	发展特点	建议村落
产业发展型	自然资源丰富、景观好,通过发展特色产业,培育支柱产业,带动增收致富	湾坡村、抱前村、南山村、雅亮村
休闲旅游型	一般距离景区较近,为旅游区提供购物、餐饮、休闲等配套服务,与景区联动发展	北山村、红塘村、六盘村、博后村、干沟村、中廖村、湾坡村、雅亮村
文化传承型	文化资源丰富,通过文化资源及文化遗产活化,达到文化传承的目的	龙楼村、文门村、过岭村、水南村、赤草村、抱古村、北岭
高效农业型	农业资源丰富,通过农业种植与生产产业化相结合,打造休闲农业品牌,实现效益全面提高	抱龙村、台楼村、海棠村、三更村、凤岭村、大茅村、马亮村、马脚村、那受村、青法村、明善村

第6章 全资源整合之乡镇发展路径

续表

建设类型	发展特点	建议村落
生态保护型	生态资源丰富，资源价值高，通过生态保护和环境整治，打造原生态乡村游	华丽村、拱北村、城西村、南丁村、龙坡村、龙密村、抱安村、雅林村、扎南村
渔业开发型	以渔业为主，通过发展渔业和滨海休闲业增加渔民收入，繁荣农村经济	梅西村、梅联社区、长山村、龙港渔村
城郊集约型	在大中城市郊区，基础设施较为完善，通过农业集约化、规模化经营，向城市提供新鲜农产品，经济效益可观	罗蓬村、梅村、水蛟村、槟榔村、妙林村
环境整治型	在农村脏乱差严重的地区，基础设施建设滞后，通过环境整治，改善村庄环境	雅安村、龙坡村、塔岭村

③ 特色产业小镇

三亚由四大理念指导特色小镇建设，推进供给侧结构性改革和全域旅游下三亚休闲农业与乡村旅游的提质升级。具体做法如下。

a. 旅游与产业融合

以旅游集聚产业，以产业支撑旅游，使每个小镇都有自己明确的产业定位、文化内涵、旅游特色和一定的社区功能，打造"一镇一特色、一镇一风情、一镇一产业"的特色小镇。

b. 突出产业地位

每个小镇只主攻最有基础、最有优势的特色产业，力求"一镇一业"，不求"大而全"，只求"精而强"，着力培育具有行业竞争力的"单打冠军"，通过旅游推动历史经典产业焕发活力。

c. 注重形态建设

小镇的建设风格要突出"一镇一风格"，根据地形地貌做好整体规划和形象设计，要保护好自然生态环境，县镇外形上要与小镇的整体发展理念相一致。

d. 多主体合作运营

按照"政府主导、企业主体、市场运作"的方式，其中政府要做好基础设施配套、资源要素保障等方面的服务，要充分发挥市场在资源配置中的决定作用。

三亚的建设类型按照《全省百个特色产业小镇工作方案》，结合其重点产业，如热带农业、旅游业、互联网业、医疗健康业、海洋渔业、黎苗文化业等，重点打造，逐步推进9个市级及其他特色产业小镇，优化全市产业结构，促进农旅结合（表6-6）。

三亚市特色产业小镇建设　　　　表6-6

类型	小镇名称	小镇产业	发展定位	开发模式
8个省级特色产业小镇	亚龙湾玫瑰风情小镇	玫瑰产业	国际浪漫风情休闲度假地	玫瑰产业+婚庆文化
	天涯兰花风情小镇	兰花产业	全国最大的热带兰花生产基地和世界著名的兰花主题休闲旅游目的地	兰花产业综合体
	天涯小鱼温泉小镇	温泉养生、旅游业	国际康养综合产业园	温泉+疗养+户外拓展
	龙海创客小镇	创业就业、旅游	龙海国际创客基地	精品主题民宿
	海棠水稻公园小镇	水稻特色农业	国家级水稻公园	水稻科研+展示+休闲农业与乡村旅游
	青田黎族风情小镇	黎苗文化产业	全国黎族特色文化体验基地	文化体验+旅游购物
	林旺旅游服务小镇	旅游配套服务产业	林旺·国际健康产业小镇	康复+疗养+旅游服务
	龙江手工创艺小镇	文创产业、旅游	中国手工创艺示范小镇	特色创意手工艺
9个市级或其他特色产业小镇	水南历史文化小镇	文化产业	海南第一历史文化古村落	文化产业+休闲农业与乡村旅游
	抱安蜂蜜特色产业小镇	蜂蜜产业	抱安蜜蜂体验园	蜜蜂文化+体验+购物
	中华美食文化风情旅游小镇	综合文化产业	现代综合文化旅游商业区	A级景区+旅游商业
	南山文化养生风情小镇	文化产业	南山福寿文化养生基地	养生养老+购物+餐饮

续表

类型	小镇名称	小镇产业	发展定位	开发模式
9个市级或其他特色产业小镇	角头湾渔家风情旅游小镇	滨海渔业	滨海渔业休闲度假地	滨海休闲娱乐
	三亚凤凰谷乡村文化旅游区	高效农业	农林旅结合生态文化体验区	国家AAAAA景区
	育才热带风情小镇	旅游产业	国家高质效产业集聚区	雨林休闲、度假养生、商务会议
	世界热带农业博览小镇	热带农业	热带生态农业展示基地	热带农业全产业链开发
	雅亮运动风情小镇	运动产业	生态户外运动休闲区	户外拓展+乡村民宿

（3）发展预期

① 促进经济增长

到2020年乡村旅游接待游客300万人次，乡村旅游总收入达5亿元；2025年乡村旅游接待游客600万人次，乡村旅游总收入达12亿元；2030年乡村旅游接待游客2000万人次，乡村旅游总收入达35亿元。

② 生态环境改善

到2020年完成环境整治、设施完善、产业培育、服务提高、素质提升等五大工程，至2025年完成乡村生态修复，至2030年完成乡村村落环境整体改造并建立完备的指导管控机制。

③ 村民从中受惠

农村人均纯收入2014年为11285元，至2020年年均增长10%，达到18000元。文教体卫和科学事业显著发展，基本公共服务水平明显提升。村民基本医疗保险参保率均达到99%以上。以休闲农业与乡村旅游为突破口，加快土地集约化进程，引进龙头企业，扶持专业合作社，培训农业人才。

④ 产业规模增长

优先发展天涯区、育才生态区、崖州区、海棠区的休闲农业与乡村旅游项目，争取到2020年各类休闲农业与乡村旅游的产业规模达旅游产业规模的30%。

争取到2020年，打造14个特色鲜明的旅游风情小镇，发展11个国家乡村度假公园，形成47个美丽乡村。

（4）经验总结

在推进全域旅游发展的过程中，三亚通过乡镇旅游发展推进旅游业转型升级，从蓝色的海洋旅游一头独大向蓝色的海洋旅游与绿色的乡村旅游共同发展转变，其中值得借鉴的经验如下。

① 以特色旅游小镇、美丽乡村为突破口，构建全域旅游的支点，推进旅游与乡村的深度合作；以休闲农业与乡村旅游为载体，推进三亚农旅融合、旅游扶贫工作，升级三亚旅游档次，缓解城乡旅游发展失衡的状况。

② 三亚积极培育发展特色产业小镇。特色产业小镇建设努力做到"一镇一产业、一镇一特色、一镇一风情"，每个小镇只发展1~2个具有特色的主导产业，对每个小镇都给出具体的主题和开发模式，指导特色产业小镇建设。

③ 三亚积极推进美丽乡村建设。通过美丽乡村建设，弥补休闲农业与乡村旅游发展在资金、政策等方面的不足，加快休闲农业与乡村旅游的发展，将三亚的乡村建设成宜居、宜游、宜业的海绵化美丽乡村。

6.3.2 案例二：芮城——发展乡村旅游，打造芮城旅游全新吸引物

为了响应落实山西省提出把文化旅游打造成战略性支柱产业的号召，芮城县以全域旅游观念统领，积极整合资源，大力推动旅游产业发展。2017年，大地风景编制了《山西省芮城县全域旅游发展总体规划》，提出"文化为魂、极核带动、分级提升、全域共享"的全域旅游发展的"四大战略，十六字方针"，加快芮城县全域旅游格局构建。

（1）发展背景

芮城拥有良好的生态环境和悠久的历史文化底蕴，旅游资源相当丰富。2016年全年旅游接待460.5万人次，同比增长32%；旅游总收入实现32.1亿元，同比增长23%。芮城虽然旅游发展态势良好，但是与周边县市相比，旅游发展仍处于中

等偏下水平,全域范围内A级景区及旅游核心吸引物供给不足,旅游发展亟待转型,全域旅游成为破解芮城旅游发展困境的关键。

2016年11月,芮城入选第二批全域旅游示范区创建单位,积极探索全域旅游建设。在芮城乡村旅游市场初现之时,积极探索发展路径,试图将乡村旅游建设成芮城旅游的重要支撑。

(2)发展模式

① 发展思路

充分发挥芮城的生态农业、黄河文化以及乡土民俗文化资源优势,秉承"居游共享"的发展理念,提升优化乡村人居环境、完善基础服务设施,培育彰显芮城风情特色的旅游新业态,推动乡村产业融合,把乡村旅游打造成芮城旅游业的重要支撑,力争将芮城建设成黄河沿线生态田园休闲标杆、晋陕豫知名的乡村旅游目的地、民俗风情休闲胜地(图6-6)。

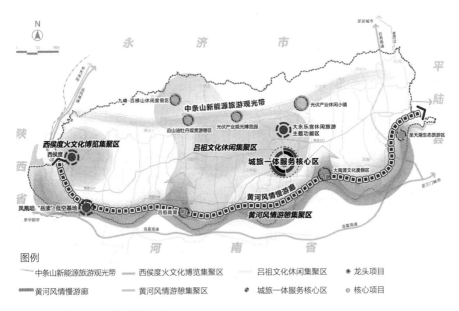

图6-6 芮城县乡村旅游发展格局

② 旅游特色镇

以优势产业培育为主，促进旅游与产业融合，注重小镇形态建设，采用多元主体合作运营的模式，打造旅游特色镇，延伸旅游产业链，推动城乡一体化，实现全域统筹发展。

根据芮城的资源特色，主要打造5个旅游特色镇，如表6-7所示。

芮城旅游特色镇　　表6-7

小镇	发展定位	发展思路	核心功能
风陵渡镇	黄河金三角古渡文化体验高地、重点旅游特色镇	依托风陵渡镇晋陕豫咽喉要道区位，重点改善镇内的基础设施以及服务接待设施，恢复其商贸、集散的核心地位，重新梳理古渡文化、历史文化、民俗文化等，打造黄河金三角古渡风情体验高地	古渡文化体验+生态景观+商贸集散+农家乐
陌南镇	晋南民宿风情园、芮城东部门户	发挥陌南镇作为芮城东入口的地理区位优势，深度挖掘芮城乡土文化、民俗特色，以乡土民俗旅游为主线，导入展示、体验、休闲、服务功能，打造集传承本土文化、展示、旅游集散等功能于一体的综合服务区	民宿文化体验+形象展示+入口服务
阳城镇	休闲农业示范样板、主题美食	依托当地规模化农业种植、生态资源基底、深厚的文化底蕴，以全产业链发展模式为主攻，以特色生态农业为基础，以休闲度假、生态观光、特色美食体验为补充，推进"旅游+农业+文化"发展，打造美食特色小镇	农业观光+美食体验+旅游购物
永乐镇	吕祖主题研学胜地	以吕祖故里为核心吸引物，结合永乐镇生态清幽的环境，以养生文化科普为核心体验，引入文化养生、修学教育等业态，并以文化养生为延伸，打造独具特色的康养目的地	道教养生+生态度假+修学体验
南磑乡	光伏旅游领跑小镇	依托山地自然优势及"熊猫光伏基地"，结合干部重要先进理念和事迹，深入挖掘地窨院等地区特色旅游资源，打造集高科技观光游、先进文化教育、特色民宿体验游等于一体的新产业、新风尚、新特色生态乡村体验地	光伏观光+民宿体验+教育研学

③ 主题村落

开发模式是根据村落情况，差异化实施5种乡村旅游开发模式，为乡村发展注入新的活力，推动旅游富民。具体做法如下。

a. 企业+村庄

政府引导，鼓励较大的企业或景区进行"一对一帮扶计划"，包含订购产品、提供就业岗位、帮助提高思想文化水平等。

b. 公司+农户

政府指导，引入公司与农户合作，公司租赁农户土地，承担管理和市场开发；同时，公司招募农户为其工作，农户通过劳动换取报酬。

c. 股份制+景区托管

国家、集体和农户个体进行合作，将资源、技术转换为股本，按股分红与按劳分红相结合，景区运营采用职业经理人的景区托管形式。

d. 政府+公司+乡村旅游合作社

政府负责规划编制和基础设施建设，公司负责资金筹集、管理和商业运作，乡村旅游合作社主要负责组织村民参与乡村旅游事务，同时协调政府、公司与村民的利益。

e. 个体农庄

通过改造和旅游项目建设将乡村建设成一个旅游景区（点），通过个体农庄的发展，吸纳周边闲散劳动力，形成以点带面的发展模式。

f. 主题村落策划

依托村落原有的产业形态，打造10个不同主题的村落，村落的发展定位、发展思路以及核心功能如表6-8所示。

芮城主题村落建设　　　　　　　　表6-8

村落	发展定位	发展思路	核心功能
朱吕村	芮成民俗文化展示窗口	发挥朱吕村的地理位置优势，深挖特色，整合资源，创新乡村旅游业态，为游客打造一处保留和传承本土乡村文化之地	农家乐＋乡土文化展示＋民俗体验、历史文化博览＋特色购物＋乡村美食

续表

村落	发展定位	发展思路	核心功能
东风村	红枣风情旅游村	以红枣产业为基础,多元化发展红枣主体产业、配套产业、衍生产业,打造集红枣观光、文化体验、休闲娱乐、主题游乐等于一体的红枣主体风情旅游区	红枣观光、文化体验+休闲娱乐+主题游乐+旅游购物
匼河村	民俗文化体验休闲度假地	挖掘匼河村的民宿文化,打造集农业观光旅游和深度民俗体验于一体的旅游度假区	农业观光+民俗体验+乡村民宿
柏树沟	民宿避暑度假胜地	依托生态原乡环境,以民宿、田园、垂钓为亮点,打造生态化的生态避暑目的地	乡村民宿+避暑度假
桥头村	影视创意公园	依托现有的影视拍摄设施,进行建筑、景观的改造提升,打造集影视拍摄、晋南生活体验、影视制作、创意于一体的旅游基地	影视拍摄+民俗体验+影视创意
王窑村	红色文化体验园	依托现有的红枫广场和纪念碑资源,建设红色革命展馆、会议室、红色文化餐厅,打造一处"体验式"的红色文化传承基地	红色文化体验+红色餐饮
阴窑村	军旅情景体验博览园	以军旅文化为基础,设置实景体验区、军旅文化3D展示馆、军营宿舍等项目,打造一处集军旅文化体验、观光、科普于一体的旅游目的地	军旅文化展示+军旅文化体验
汉渡村	乡村休闲农业体验高地	以葡萄资源为依托,建设亲子娱乐设施、主题民宿、酒窖等,打造集生态文化、观光采摘、植物科普、品酒娱乐等于一体的自然教育娱乐基地	观光采摘+科普宣教+品酒娱乐
李家湾村	特色养生度假村	以良好的山林生态以及油牡丹种植为基础,设置花海、精油养生民宿等项目,打造一处远离尘嚣、静心、避世、生态慢养的"忘忧"空间	田园观光+养生度假
水峪村	创意休闲苹果产业园	依托优良山水生态环境和苹果种植基础,建设各种创意性景观、休闲空间、动漫体验项目,让游客获得全感官的游憩体验	创意景观+动漫体验+休闲游憩

（3）发展预期

①促进经济增长

按照规划实施后，预期芮城乡村旅游经营收入年均增长20%以上，2021年乡村旅游总收入在2016年基础上实现翻番。

②扩大乡村旅游产业

将乡村旅游作为芮城发展的新热点。到2021年，培育五大旅游特色镇、10大主题村落。

③生态环境改善

预期到2017年底完成环境整治、设施完善工程，至2018年底内完成乡村生态修复，至2021年底完成村落环境整体改造并建立完备的管控机制。

④旅游惠及民生

农民通过各种途径参与乡村旅游，转变农民的农业生产依赖性，预期农村居民人均可支配收入年增长15%。到2021年培育新型服务人员5000人，旅游从业人员达10000人。

（4）经验总结

根据旅游资源特色和旅游发展现状，芮城有发展全域旅游的必要性和可行性，借助芮城发展全域旅游的契机发展乡镇旅游，试图将乡镇旅游打造成芮城旅游发展的全新吸引物，增加芮城旅游产品供给，促进芮城旅游升级。有如下经验可以借鉴。

①将乡镇旅游作为芮城旅游升级的重要突破口，以旅游特色镇和主题村落为抓手，打造特色乡镇旅游产品，丰富芮城旅游产品供给。

②特色小镇的选取和建设依托小镇的地理位置以及资源特征，深入挖掘资源，充分体现当地特色，差异化打造特色小镇。

③针对芮城乡村产业不突出的现象，积极发展景区依托型乡村，依靠景区的品牌和人气，带动周边乡村的发展。

④开展主题村落建设，进行主题化开发，促进农旅融合，延伸产业链，根据村庄的不同条件采用不同的开发模式，积极引导村民参与其中，并实施十大扶贫举措，以乡村旅游带动村民脱贫致富，促进旅游业健康发展。

第 7 章　全域语境下的全产业联动路径

当前，旅游业与其他产业的跨界融合日渐成为发展趋势，旅游业从封闭的自循环的发展方式向"旅游+"的全新融合方式转变，市场上涌现出诸多新型旅游产品、旅游业态，如低空旅游、乡村旅游、自驾露营等。以全域视角审视我国旅游产业融合现状，目前旅游产业融合的格局初步形成，但产业融合的深度和高度有待提升。进一步深入探究"旅游+"的全新融合模式和路径，对全域语境下产业的发展意义深远而重大。

7.1 全域语境中产业联动模式

全域旅游倡导旅游产业从封闭的自循环向开放的产业融合发展方式转变，由此出现了"旅游+"和"+旅游"两种产业融合模式。"旅游+"是实现全域旅游的重要方法和路径，是以旅游产业为主体，在旅游产业的主导下，通过与农业、林业、工业、商贸、金融、文化、体育、医药等产业融合发展，形成综合新产能，创新产业业态，最大化发挥旅游产业在拉动其他产业发展、区域产业结构转型、区域综合发展中的引领作用。而"+旅游"是全域产业联动的高阶模式，是全域旅游产业融合发展的终极目标，它强调各产业主动融合旅游产业。而在全域旅游阶段更重要的是做好"旅游+"的文章，因此本书对"旅游+"的产业发展模式进行重点剖析。

7.1.1 "旅游+"发展的两大诉求

（1）产业综合价值升级

"旅游+"指的是充分发挥旅游产业的综合拉动力、融合力和催化、集成作用，为所"+"产业和领域发展提供旅游机会，形成新的产品业态，丰富和延伸产业发展内容，提升产业本身的综合价值。在"旅游+"的融合发展过程中，一方面，充分发挥旅游行业的拉动力，为相关产业提供产业发展的新平台和新领域，放大和提升产业综合价值；另一方面，通过"旅游+"，旅游产业也得到升级丰富和全新发展，二者相辅相成，相互促进。

（2）新业态的丰富和提档

旅游新业态是产业融合发展的产物，是旅游与其他产业相互渗透交融的市场呈现。因此，新业态的培育要注重深化产业融合，推进旅游产业与一二三产业之间的深度融合发展。一方面，以旅游业引领其他产业转型，拓展旅游新业态发展的范围类型，积极培育商、养、学、闲、情、奇等新型旅游业态；另一方面，推进旅游产业与现代技术等对接融合，提升旅游新业态的技术含量和体验高度。

7.1.2 "旅游+"产业融合模式

（1）模式操作要点

"旅游+"产业融合模式的发展，建立在旅游产业升级和旅游产品业态的丰富、所"+"产业形成新的内生动力促使产业增长和产品增值的基础之上，不以单纯的旅游经济发展为目标。处理好旅游产业和所"+"产业之间的关系，促进二者的良性发展，是产业融合的关键所在。

① 梳理产业资源

系统梳理所在地区产业资源，并通过科学系统的评估，明确各类产业资源的融合适宜程度，筛选出适合与旅游产业相融合的产业资源，在此基础之上，进一步明确相融合产业的开发先后，以此确保产业融合的效果。

② 构建融合模式

不同产业与旅游产业的融合，要根据各类产业的特性，找到与旅游产业相融合的合适切入口，合理设计产业间的融合模式，并进一步明确产业相融合后的开发重点和核心产品。

③ 培育发展主体

推进产业融合发展的关键，是培育多元化、市场化的融合主体。一般情况下，产业融合主体为企业。在全域新形势下，根据融合产业发展情况、涉及的利益方，通过规划引领、补贴奖励、搭建平台等多种方式，联合政府、企业、行业组织、个人等资源力量,培育多元且有龙头的融合主体,有效推动产业间的深度融合和发展。

(2)"旅游+"产业融合模式

"旅游+"是实现全域旅游的重要方法和路径,旅游产业与所加产业之间在资源、技术、市场、功能等方面多重融合,并以此形成内生动力,促使产业发生嬗变和升华,产品获得增值。

"旅游+"产业融合过程中,因为所加产业具有不同特性,所融合的方式也有所差异,有的侧重于产品融合,有的侧重于产品融合,有的侧重于技术融合,有的侧重于市场融合,有的综合多方面融合。本书在研究和总结国内"旅游+"融合方式的基础上,对不同产业融合方式进行了归纳总结分类,提出了以下四种产业融合模式:旅游基础关联产业内部重组的产品融合模式、旅游与核心关联产业间交叉的功能融合模式、旅游与关键产业间关联的市场融合模式、旅游与现代技术产业渗透的技术融合模式(表7-1)。

"旅游+"产业融合模式　　　　　　表7-1

序号	模式	特点
1	旅游基础关联产业内部重组的产品融合模式	涉及食住行游购娱六要素的餐饮业、住宿业、交通业、旅行社、商贸业,是六大产业内部要素之间的融合重组,优化原有产业产品结构,并产生新的集合多种功能的业态产品,如可以"吃"的博物馆等复合型商业业态
2	旅游与核心关联产业间交叉的功能融合模式	旅游与所融合产业之间交叉融合,在使原来的产业保持原有产业形态的基础上,具备全新的旅游功能,产生全新的旅游产业类型,如农业旅游、工业旅游、体育旅游等
3	旅游与关键产业间关联的市场融合模式	旅游产业与所融合产业关联融合,给原先的产业赋予旅游功能,如会奖旅游、旅游地产等……
4	旅游与现代技术产业渗透的技术融合模式	旅游和现代技术产业之间的渗透融合,更多的是旅游产业的转型升级和产品创新,如VR体验项目、虚拟旅游项目等

7.1.3 "旅游+"产业融合路径

全域发展语境下，旅游产业的发展打破传统边界，融合农业、文化、工业产业，创新发展休闲农业、工业体验、文化创意等多种业态，做大做强以旅游产业为引领的复合产业经济，以旅游产业带动区域实现全产业链的提质增效和创新升级，形成泛旅游产业引导下的产业发展新格局、新常态。

（1）"旅游+农业"——农旅融合

农旅融合是当下乡村经济发展的热点，是推进乡村脱贫扶贫的关键所在，也是城市旅游消费的重要组成部分。近年来，我国乡村旅游发展迅猛，农业和旅游的融合也迈向了新高度，市场上出现了农业公园、休闲农场、乡村营地、休闲庄园、艺术村落、市民农园、教育农园、乡村民宿、乡土文化园等诸多新业态。北京市旅游局在对全市乡村旅游的发展实践进行深入调研的基础上，总结出8种乡村旅游新业态，分别是乡村酒店、国际驿站、采摘篱园、养生山吧、养生水吧、生态渔村、山水人家、民族风苑。乡村旅游热点目的地也层出不穷，有浙江莫干山裸心谷、北京长城脚下的公社、陕西袁家村、江苏盐城"七彩阜宁"国家农业公园、深圳太空作物园等。

旅游产业和农业产业的融合发展，可以通过旅游化手段，挖掘农业产业资源的旅游价值，使传统农业的生产过程、生产工具、劳作场景、耕种习俗、景观田园、乡土农产品等都成为农业旅游的价值资源，并通过旅游开发将其转化为资本。农业本身也因旅游发展，其产业链得到延伸，产业价值得到拓展。同时，二者的融合对带动乡村经济、改善乡村基础服务设施、增加村民收入等方面也发挥着重要作用。中国农家乐的发源地郫县农科村以苗木产业为基础，通过与旅游产业融合发展，从传统苗木花卉产业向乡村旅游产业转型，并发挥苗木花卉产业基础优势，打造风景园林式乡村旅游目的地。旅游的发展有效带动了当地居民收入增加，仅2013年，农科村的人均收入达到3万余元，旅游核心区的人均纯收入更高达8.5万余元。

（2）"旅游+文化"——文旅融合

文化产业和旅游产业有着天然的互补性和融合性，文化是旅游的灵魂，旅游是文化的发展载体，文化可有效提升和丰富旅游的内涵和品质，旅游可有效推动文化价值的彰显和实现。同时，旅游也是文化消费的重要途径、文化传播的重要渠道。

旅游的发展和文化密不可分，在我国早期的旅游目的地中有相当一部分是文化型旅游景区，如故宫、长城、兵马俑等，主要旅游形态为文化型观光体验产品。而在全域旅游新形势下，新一轮的"旅游+文化"发展过程中，更多的是推动旅游产业与文化产业深度融合，推动文化旅游由基础观光体验向多元化、深体验的文化消费类产品形态转型，推动文化消费从门票经济向产业经济转型。近年来，旅游市场上出现了一批深度融合的业态产品，如文化演艺、文化节庆、主题文化公园、文化创意空间、影视旅游、文化研学等。

在推进文化产业和旅游产业融合的过程中，首先，应系统梳理、挖掘和整理文化资源，建立文化资源数据库，为文化旅游的开发和保护工作提供基础资料；其次，应明确各类文化资源所具备的旅游价值，并对文化资源进行分级分类，对重点和优质文化资源优先融合、优先开发；再次，通过挖掘和提取价值文化元素，对文化资源进行包装打造，拓展文化资源的旅游市场空间，并通过文化和旅游的融合，形成新的旅游业态，如文化体验、文化研学、文化休闲、文化节庆、主题演艺、旅游购物等；最后，实施文化旅游品牌化战略，塑造系列文化旅游品牌，包括旅游景区景点品牌、旅游节庆品牌、文化演艺品牌、文化旅游商品品牌等。

（3）"旅游+工业"——工旅融合

最早的工业旅游发生于20世纪50年代的欧洲，大致上伴随第三次工业革命的发生而兴起。据相关资料统计，欧美发达国家15%以上的大中型企业都有参与发展工业旅游，我国的工业旅游则发生于20世纪90年代。2004年国家旅游局公布首批工业旅游示范点，标志着工业资源正式以旅游资源的新身份，出现在旅游资源的范畴之中。

工业旅游资源主要包括工业历史遗址、现代工业遗址、现代工业园区、现代工业企业四大类。工业和旅游产业的融合发展，对工业遗址而言，是注入了新的生命力，为工业企业开辟了全新的增长空间和展示窗口。推动工业与旅游融合发展的融合路径因工业资源的不同特征而采取不同的融合发展方式，主要包含原体活用、旧体新用、新体活用三种类型（表7-2）。

工业资源的旅游融合路径 表7-2

序号	融合路径	资源特征	思路	案例
1	原体活用	拥有较高历史文化价值的工业遗址	依托工业遗址，挖掘文化内涵，展示工业遗址的历史和艺术价值，主要产品有工业景观展示、工业历史文化展示、工业历史和文化科普教育等	重庆工业博物馆
2	旧体新用	历史文化价值较为一般，且遗存体量较大	工业遗址注入超脱工业本身的新功能，如旅游度假、城市游憩、商业休闲等，通过创新利用，可打造为景观公园、商业空间、创意产业园、旅游度假区等	北京798艺术区、北杜伊斯景观公园
3	新体活用	仍在运作的工业企业、工业园区	工业生产技术、工业生产过程即为旅游吸引物，产品主要包括观光、科普和商务旅游等	康师傅工业旅游

对于现状闲置或者废弃，且拥有较高历史文化价值和纪念意义的历史工业遗址，采用原体活用的融合发展路径，通过潜在文化价值的挖掘和释放，打造工业遗址博览区，展现工业历史文化、工业历史精神，开发遗址观光博览、历史文化科普、文化交流等多样化旅游业态产品。对于历史文化价值一般且具备一定规模体量的工业遗存，采用旧体新用的融合发展路径，在遗址本身的基础上，注入现代超脱工业本身的新功能，如旅游度假、城市游憩、商业休闲等，通过创新利用，可打造为景观公园、商业空间、创意产业园、旅游度假区等，如北京的798艺术区就是通过旧体新用发展路径，通过旅游与文化的融合，从工业废墟摇身变成艺术的乌托邦、北京旅游吸引物之一。对于现代工业园区和现代工业企业，融合重点则在于发挥企业生产过程、生产技术等资源的旅游价值，开发工业生产观光、体验、科普、购物类旅游产品。

工业与旅游的融合除了在旅游产品开发方面发挥了重要作用，对传统企业的转型升级同样意义重大。工业和旅游的融合发展，可以有效引导特色旅游商品制造、户外用品等旅游用品装备制造，推动工业延伸产业链，引导工业转型升级。

7.2 全域旅游中的新业态开发

7.2.1 全域旅游中的新业态开发

全域旅游中，通过"旅游+"模式的发展，发挥所融合产业的优势，已然发展成若干旅游新业态。

（1）文化创意

文化创意类业态的开发主要依托当地特色人文历史背景、遗存的历史文化资源，通过创意点亮，一方面开发体验类、演艺类、节庆类、购物类旅游产品，丰富旅游地的产品内容；另一方面打造文化创意类集聚区，如依托工业遗址打造的北京798艺术产业园，引入绘画产业、结合文化创意发展起来的大芬油画村。

（2）研学教育

研学教育是由学校根据区域特色、学生年龄特点和各学科教学内容需要，组织学生通过集体旅行的方式走出校园，在自然与人文环境中拓展青少年儿童的视野、丰富知识，加深与自然和文化的亲近感，增加对集体生活方式和社会公共道德的体验。研学旅行继承和发展了我国传统游学、"读万卷书、行万里路"的教育理念和人文精神，成为现代素质教育的新内容和新方式。

目前，比较流行的研学教育依托大学城、博物馆、科技馆等文化资源与旅游体验，开发新的游学业态。

（3）房车露营

房车旅游在欧美国家已经风行了一个世纪之久，拥有广泛的爱好者和相当规模的成熟基础。对于国内消费者而言，房车露营是一种新型的户外度假休闲理念和全新的生活方式。

目前，欧美的房车营地、房车旅行比较普及，其配套的营地设施非常完善，囊括了住宿、游乐、休闲度假、汽车保养与维护、汽车租赁等诸多功能。国内目前只有天津、河北、昆明、乌鲁木齐、深圳、杭州等地根据当地旅游景点的特色和发展趋势，建设了一些房车营地和相应的娱乐设施。

（4）健康养生

随着人口老龄化与亚健康现象日渐普遍，以及全球整体健康理念带来革命性影响，人们对健康养生的需求成为市场主流趋势和时代发展热点。而养生资源与旅游休闲度假活动的交叉渗透、融合发展，衍生出新的业态形式，满足人们对身心健康的全方位需求。很多国家都形成了具有核心竞争力和独特卖点的产品，可谓异彩纷呈、各有特色，如国内文化养生、日本温泉养生、泰国美体养生、法国庄园养生、瑞士抗老养生、美国养老养生、韩国美容养生、阿尔卑斯高山养生等，这些健康养生活动与当地旅游资源共享、密切融合。

（5）旅游演艺

居民旅游消费升级，旅游进入休闲度假时代，游客对休闲度假产品的品质要求不断提高，多重因素叠加促成了"旅游+文化演艺"的新业态发展，如《印象·刘三姐》实景旅游演出、宋城主题公园旅游演出的成功，就掀起了旅游演艺的发展热潮。目前，旅游演艺对于旅游景区、旅游目的地来讲，俨然已经成为标配。

（6）商务会奖

商务会奖旅游目的地一般具备会议会展和商务交流的产业集群优势或某产业在行业发展中的领先优势。商务会奖通过与文旅产业融合，延伸会展产业链，开发了会奖（比赛、沙龙、讲座等）、会训（拓展、培训）、会研（研讨会、论坛、会议）等多类旅游新业态产品。

（7）低空旅游

《国务院关于促进旅游业改革发展的若干意见》（国发〔2014〕31号）首次将低空旅游列入国家重点支持的旅游产品，低空旅游作为国家重点支持的新兴旅游业态，因其独特的"新、奇、特、高"特征，正逐步成为旅游产业投资的重点和消费的热点，成为未来旅游产业转型发展的新增长点。

目前，我国已形成一批以城市及景区空中观光为核心的低空旅游项目。具有代表性的有北京密云机场低空旅游示范基地（全国首个示范基地），天津、西安、武汉、株洲、海口、中卫等旅游城市也开通了观光为主的低空旅游项目。

（8）体育旅游

随着全民体育运动浪潮的兴起，以及旅游休闲时代的到来和各项体育旅游发展利好政策的出台，旅游产业和体育产业的跨界融合势不可挡，并呈现空前的快速发展趋势。

体育产业融入旅游，新业态有不同的开发模式：依托自然环境，如漂流、登山、跳伞、滑雪、徒步穿越等生态型体育旅游业态；利用体育节事或热点赛事进行体育旅游新业态开发，如世界杯足球赛、奥运会；基于民族民俗特色体育项目，如龙舟、舞龙、武术等；基于现代大众型体育设施的体育旅游业态，如体育主题公园、运动拓展场所等。

7.2.2 新业态构建路径

（1）旅游创客

旅游需要创意，创客需要土壤，旅游创客在旅游业态创新中发挥着中坚力量。目前，各地通过搭建创客平台、人才培育和引进等多项措施，积极培育和推动旅游创客项目落地。

① 文旅创客空间

由一批对旅游感兴趣的人聚集在一起，提供旅游产业规划策划、旅游产品开发设计、旅游营销宣传等服务。

②乡村文创基地

一般是由接受过高等教育的返乡大学生或是熟悉都市人群生活、消费方式的返乡农村青年发起，能够更精准地定位乡村旅游产品和服务，从而推动乡村旅游产品与时俱进发展。2015年，国家旅游局已经启动"百村万人乡村旅游创客行动"，计划三年时间在全国创建100个乡村创客示范基地，组织引导10000名大学生、返乡农村青年、青年创业团队等各类创客投身乡村旅游发展。

（2）旅游型服务业创业公司

多项举措培育和打造旅游型服务业创业公司，如鼓励广告公司、影视公司、设计公司、摄影机构创新旅游服务新业态等。

尤其是在互联网时代，互联网和旅游服务业产品体系与服务体系结合，新的创业和创新机会不断涌现。旅游大数据、VR、AR、AI等在旅游产品和服务中得到应用，旅游服务内容和科技深度融合衍生出诸如娱乐化、旅游直播和"VR+旅游"等多种新型旅游业态。

7.3 案例剖析：黄山——"旅游+"模式

（1）背景分析

黄山市古称"徽州"，已有2200多年历史，地处皖浙赣三省交界处，自古就是"三省通衢"。黄山市既是徽商故里，又是徽文化的重要发祥地。市内拥有11处国家级重点风景名胜区、自然保护区、森林公园、地质公园，55处A级以上景区，境内的黄山为世界自然与文化双遗产，皖南古村落西递、宏村为世界文化遗产。旅游资源的密度约为全国平均水平的40倍。市内气候温润、植被茂盛、生态一流，是华东地区重要的生态屏障。

2015年6月，黄山市通过公开征集，推出"梦幻黄山、礼仪徽州"的城市形象主题宣传口号，标志着黄山旅游由"景点旅游"转向"全域旅游"。从2016年开始，黄山市首设旅游产业发展基金，设置5000万专项基金，用于助推全市旅游产业发展。2016年2月5日，国家旅游局下发了《关于公布首批创建"国家全域旅游示范区"名单的通知》，正式将黄山市列入创建"国家全域旅游示范区"计划。2016年12月，由安徽大学旅游规划与研究中心编制的《黄山市全域旅游发展规划》通过了专家评审。2017年5月，黄山市被评为"全国十大全域旅游目的地"。

（2）发展模式

①"旅游+"理念

以"旅游+"为引领，按照产业融合理念，积极探索旅游与其他相关产业的深度融合，使旅游业态不断丰富，延伸旅游发展的产业链，推动旅游产业向观光、休闲、度假复合型转变，从而推进黄山市全域旅游发展。

a. 旅游+农业

黄山市把全市作为一个乡村旅游目的地进行整体打造，深入实施乡村旅游富民工程，深化"四级联创"工作，开展乡村旅游创客行动，打造旅游强县、旅游强镇、旅游示范村、星级农家乐四级梯队，大力培育农事参与、民俗体验、赏花晒秋、摄影采风、研学修学等多元业态，推出休闲观光农业基地，形成环黄山风景区乡村旅游圈、沿新安江乡村旅游带、古徽州乡村旅游片的空间格局，推出特色旅游村镇。

b. 旅游+文化

深入推进皖南国际文化旅游示范区建设，以创建古徽州文化旅游区为核心的"中国徽文化国际特色旅游目的地"为契机，在做深、活化、延展徽文化方面下功夫，积极推广《徽韵》《宏村阿菊》等旅游文化演绎产品，加大对非遗文化传承人、乡土文化能人的扶持力度，开发"非物质文化遗产贷""手艺保""徽艺贷"等信贷产品，打造以徽墨、歙砚、徽州四雕等非遗项目为主的生产、传承、展示基地，挖掘整理目连戏、叠罗汉、轩辕车会、徽州祠祭等民间艺术，形成系列文化旅游产品，巩固提升古徽州文化旅游区AAAAA创建成果，启动屯溪老街历史文化街区综合提升工程，以及宏村艺术小镇、西递文化小镇申报建设工作。

c. 旅游+工业

开发特色旅游商品。以"旅游+"助推新型工业化进程，培育旅游商品龙头企业和专业村、专业户，持续推进徽州四雕、徽墨歙砚、茶叶等特色旅游商品产业化、规模化发展，打造徽州艺术品交易市场、徽墨歙砚一条街等旅游商品市场；拓宽旅游商品销售渠道，境外旅客购物离境退税政策正式实施，黄山机场免税店投入运营。

d. 旅游+体育

充分利用黄山市优质的山水本底资源，推进旅游与体育融合，打造"运动天堂"。成功举办国际山地车节、黄山国际登山大会、新安江龙舟赛、黄山168商界精英徒步越野挑战赛等60余项国际性、区域性品牌赛事，把各具特色的赛事活动办成一个个"流动的景点"，带动吸引百余万人次来黄山参赛观赛、旅游观光。在全市规划建设集生态、环保、自然、低碳于一体的慢游系统，打造徽州绿道骑行、东黄山户外拓展等10个户外运动基地，推广徽开古道、箬岭古道等10条徽州古道线路。

e. 旅游+休闲度假

加快重点项目建设，适应旅游消费结构变化，积极开发多元化、个性化、体验式产品，建成运营齐云山自由家营地、奇瑞露营地、丰大温泉浩瀚天下等休闲度假项目；加快推进齐云小镇、168徒步探险基地、金盆湾综合开发等旅游新业态项目；提升旅游景区品质，深入实施黄山东部开发、屯溪老街历史文化街区综合提升等牵动性工程；持续推进"旅游厕所革命"；大力发展徽州民宿，涌现出御前侍卫、澍德堂、不舍美宿、驿境等一批精品徽州民宿。

f. 旅游+扶贫开发

以市政府名义印发《黄山市乡村旅游扶贫工程实施方案》，按照"宜游则游"原则，确定并重点扶持16个省级旅游扶贫重点村，15个市级旅游扶贫村，建档立卡，争取旅游专项资金，用于扶持和助推重点旅游扶贫村发展乡村旅游，实施扶贫重点村旅游公共服务设施项目；加大宣传力度，组织乡村旅游重点扶贫村参加全省旅游扶贫推介活动；落实结对帮扶，制定帮扶计划和帮扶措施，建立3个省级乡村旅游扶贫观测点，组织旅游企业与7个旅游扶贫村建立结对帮扶，分期分批组织乡村旅游重点扶贫村32名村干部和乡村旅游带头人，参加全省乡村旅游扶贫重点村村干部培训。

g. 旅游+互联网

加快智慧旅游应用，启动市旅游大数据中心建设，推动AAA级以上旅游景区和3星级以上宾馆实现无线网络覆盖，完善旅游综合信息数据库，改版升级微网站，应用高铁旅游咨询中心自助查询系统，开发"棒导游公共服务平台"，线上发布导游信息，方便散客自主选择导游服务；深化新媒体平台，建立黄山旅游Facebook（台湾）中英文媒体网页，在客源城市社区网站推出四季主题产品；优化市旅委官方微信在线服务功能；策划开展"春满黄山摄影大赛"等主题活动。

h. 旅游+国际化

加强境外市场营销，坚持山上山下一体，整体联动，组织旅游企业参加境内外旅展、开展小分队促销，与境外骨干旅行商签订宣传输客合作协议；巩固首尔、釜山、清州、台北、高雄等直航（包机）航线；突出整体形象宣传，在央视热点栏目、北京南站等高铁枢纽站场、上海地铁迪士尼专线、杭州市区公交等热点区域开展城市形象宣传，着力塑造"梦幻黄山 礼仪徽州"城市品牌。举办黄山旅游节暨第五届安徽国际旅行商大会、第二届联合国教科文组织名录遗产黄山对话等系列活动。

② 发挥黄山龙头带动作用

黄山风景区作为中国山岳景区的代表，是黄山市旅游的最大品牌，要做大做强黄山市的旅游就必须发挥黄山的龙头带动作用。黄山市全面实施黄山旅游"二次创业"，坚定不移"走下山、走出去"，在旅游接待、综合效益、经营管理、资源保护、体制创新等各方面再提升，努力成为"名录遗产地典范、旅游目的地标杆"。以国际化标准推进大黄山国家公园创建，高起点实施黄山东部开发，将山上东海景区打造成黄山旅游新的增长极，将山下谭家桥国际小镇打造成与班夫、茵特拉肯相媲美的独具魅力的集散地，实现提升旅游品质、增加经营效益、促进资源保护、带动山下发展的多赢目标。

③ 旅游服务水平提升

互联网、大数据的广泛应用，深刻地改变了旅游业。借助互联网途径，立足行业，实现"看得见、连得上、呼得应"的管理，加快全市智慧旅游布局和应用，完善智慧旅游平台建设，推进旅游景区、饭店、车站、机场等重要节点无线免费网络覆盖，实现旅游线路查询、应急救助、景观体验、餐饮住宿、租车服务、特产购买等导航、导游、导购服务智能化。

提升城市旅游功能，大力推进旅游厕所、旅游标识牌、旅游集散中心、自驾车营地等公共服务设施建设，着力构建"快旅慢游"体系。加强旅游市场监管，以问题为导向，深化依法治旅，加强旅游市场联合执法，突出重点区域、重点领域的专项整治，大力倡导"文明旅游"，巩固提升全市游客满意度。强化协会的行业自律和服务作用，促进旅游行业诚信经营、规范执业。

④ 整体形象宣传

抢抓高铁时代机遇，整合山上山下的旅游资源，在北京、天津、济南、徐州、合肥、福州、厦门高铁站，推出"梦幻黄山 礼仪徽州"主题形象和"乘高铁游黄山"产品宣传，实现京福高铁全站、全线、全覆盖。

创新旅游市场营销方式，完善产品推介、资讯发布、在线预订功能，充分运用旅游新媒体平台，进一步扩大旅游官微、官博影响力。积极拓展入境市场，支持现有定期航班和旅游包机稳定执飞，组织小分队赴东南亚开展点对点促销；邀请境外骨干旅行商和媒体来采风踩线；巩固、扩大境外销售渠道，落实与韩国、台湾、马来西亚等客源市场骨干旅行社的输客协议。

以乡村旅游为载体，将黄山旅游作为整体品牌进行推介，努力实现山上山下联动发展、景点与非景点地区同频共振。深化长三角区域一体化合作，对接杭州打造"山盟海誓"特色旅游品牌、"新安江旅游"区域线路产品，联合东南亚、日本、韩国等重点境外市场开展宣传。深化与携程、去哪儿等旅游电商的合作，实现线上线下立体营销。

（3）发展成效

① 黄山市旅游经济态势良好

2016年以来，黄山市积极推进"国家全域旅游示范区"创建工作，全市旅游经济呈现良好发展态势。2016年，全市共接待游客5187.07万人次，同比增长11.17%；旅游总收入450.1亿元，同比增长12.33%；入境游客215.19万人次，同比增长10.32%；创汇6.72亿美元，同比增长11.26%。

② "旅游+"融合效应不断显现

"旅游+农业"使乡村旅游不断壮大；"旅游+工业"使特色旅游商品得到开发；

"旅游+文化"使徽州文化内涵得以发掘;"旅游+体育"使体育产业得到发展;"旅游+休闲度假"使新兴业态不断丰富;"旅游+扶贫开发"增强了山区的造血功能;"旅游+互联网"发展智慧旅游,使旅游服务水平不断提升。

(4)成功经验

黄山市借助其突出的区位优势、优质的生态环境、富集的旅游资源、背后的文化底蕴和丰富的农业资源,积极推进"旅游+",促进旅游供给侧改革,加快旅游业的转型升级,旅游业实现了增长。其成功之处主要体现在以下几方面。

① 黄山市深入贯彻"旅游+"发展理念,将自身作为一个大景区进行打造,推动旅游业与工业、农业、文化、体育、休闲度假等产业深度融合,使旅游产业向观光、休闲、度假复合型转变。

② 黄山市借助黄山的品牌影响力,发挥其龙头带动作用,打造黄山旅游新的增长极,实现旅游品质提升,增加旅游效益,促进资源保护,形成山上山下互动发展的多赢局面。

③ 黄山市大力完善旅游公共服务设施,加强市场监管,提升旅游服务水平,为全域旅游发展营造一个良好的大环境。

④ 黄山市注重其整体形象的宣传,将黄山旅游作为整体品牌进行推介,创新营销方式,实现线上线下的立体营销。

7.4 BES实操

7.4.1 案例一:中国(宁夏)贺兰山东麓葡萄文化长廊——全产业链模式

(1)发展背景

贺兰山葡萄种植基地处于银川平原西部边缘,贺兰山屏障于西,黄河流经其东,形成"山河相拥,山川夹廊"的地理格局。其葡萄种植已有一千多年的历史,在隋唐时期已有记载,但在20世纪80年代之前,葡萄集中种植面积小,基本上为分散经营种植。90年代后期,在自治区党委和政府的重视下,葡萄酿酒业被确定为自治区农业六大区域性优势之一。2003年,贺兰山东麓获得国家地理标志委员会的"葡萄酒国家地理标志产品"保护区认证,成为继河北昌黎、山东烟台之后,第三个获得葡萄酒原产地保护认证的产区。

截至2010年,以青铜峡市、银川市、农垦系统、红寺堡区四大葡萄产区为主体的贺兰山东麓酿酒葡萄产业带初步形成。2010年,全区葡萄种植面积达37.6万亩,葡萄总产量达到14.6万吨,葡萄产值达到10.6亿元,并形成了"西夏王""广夏""御马"等葡萄酒品牌和"加贝兰"等高端酒庄酒品牌,成为促进产业良性发展的新亮点。

随着我国人均GDP增长,葡萄酒需求与日俱增、消费结构升级,且国家加大了对酿酒行业的调控力度,葡萄酒酿酒业得到了国家政策的大力扶持。2004年,宁夏回族自治区出台《自治区人民政府关于加快我区葡萄产业发展的实施意见》,明确规划葡萄事业发展,贺兰山葡萄酒酿造业迎来了发展的重大机遇。

(2)发展模式

① 整体发展思路

树立以葡萄产业集聚区为核心的产业发展平台,同时以打造世界品质葡萄产业长廊为出发点,以"产业集聚、资源整合"为核心战略,闯出一条中国式的葡萄酒产业及区域发展又好又快的发展模式,大力发展葡萄产业和与其相关的文化旅游经济、体验经济及会展经济等综合产业。通过文化打造、生态引领、产业推动,把贺兰山东麓建成竞争力强、辐射面广、影响力大、国内最大、全球知名的葡萄产业集聚带及葡萄文化长廊。

② 产业开发模式

依托葡萄种植基础与优势,通过建设大投入、包装大项目、引进大企业、开发大地块、延伸大品牌五大策略,实现商业盈利、产业构建、品牌塑造、资本运营四大进阶目标,形成贺兰山东麓葡萄产业开发模式。

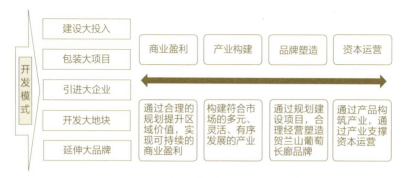

图7-1 贺兰山东麓葡萄产业开发模式图

③ 产业体系构建模式

本着城乡统筹、协调发展的理念,抓住大旅游发展背景下的历史机遇,以旅游导向型发展的思路,发展葡萄主体产业、葡萄配套产业和葡萄衍生产业。同时融合原有宁夏文化和葡萄产业的文化体系,培育葡萄种植业、葡萄酿造加工业、酒庄、酒堡业、物流贸易业、文化创意产业及葡萄主题公园、葡萄主题小镇、葡萄酒博览会等产业形态的产业集群,形成贺兰山东麓葡萄文化区的产业竞争优势。

图7-2 贺兰山东麓葡萄产业体系图

(3) 产业体系梳理

贺兰山东麓葡萄产业体系细分表　　表7-3

四大综合产业	编号	产业细分	产业规划
葡萄综合产业	1	葡萄种植业	5大种植基地、100万亩种植规模
	2	苗木研发培育产业	6大培育基地、高科技研发中心、育苗基地
	3	葡萄酿造加工业	各产业片区规划大型酒厂
	4	酒庄酒堡产业	5大酒庄集群、百座重点酒庄

续表

四大综合产业	编号	产业细分	产业规划
旅游综合产业	5	旅游景区产业	整体形成全新旅游体系,产业带动效应明显
	6	景区带动相关产业	
葡萄主题地产	7	旅游地产业	旅游地产土地增值
	8	葡萄主题地产(小镇)	10大葡萄旅游小镇开发建设,经营收益
服务综合产业	9	文化贸易产业	以葡萄为核心的文化产业基地
	10	物流创意业	建设6大物流中心相关产业带动
	11	相关教育产业	建设葡萄酒大学、教育产业配套
	12	金融、资本业	8大上市公司上市融资,相关银行、保险、证券等金融资本产业
	13	服务产业	相关产业服务体系及科技支撑体系

(4) 发展预期

① 平衡区域空间产业格局

葡萄产业关联度非常高,是涵盖一、二、三产业的复合型产业,是农业中最具有"多元结构"的产业。其集种植业、加工业、服务业及旅游业于一体,有效拉动商贸业、金融业、旅游业、葡萄主题地产、教育培训产业等多产业一体化发展,平衡区域产业格局。

② 促进经济发展

至规划末期(2020年),实现规划区域内(100万亩)各产业相互协调发展,形成相对完善的产业链体系后,区域国内生产总值(GDP)约为1000亿。

③ 推进城乡一体化建设

通过贺兰山东麓葡萄产业的建设与发展,有效推动农村的产业化与城镇化,促进区域的农业发展、农村进步和农民增收,有效吸纳农村富余劳动力,提高土地生产力。

④ 提升区域品牌知名度

打造百万亩优质葡萄生产基地,使其成为贺兰山和宁夏的知名品牌和区域新形象,提升区域凝聚力、竞争力,构建和谐宁夏。

（5）经验总结

宁夏回族自治区根据贺兰山东麓葡萄种植基础条件、国家地方政策支持保障、旅游资源特色和发展现状，积极推进贺兰山东麓葡萄产业及文化长廊发展，通过葡萄产业的发展平衡区域空间结构，带动区域经济发展，提升区域品牌知名度与树立新形象。其中有如下经验可以借鉴：

① 全产业链发展

以葡萄产业为核心，通过"产业集聚、资源整合"战略，大力发展与葡萄酒产业相关的文化经济产业，延伸产业链，扩大葡萄产业在本区域的产业辐射影响力。

② 差异化发展

在世界及国内葡萄产业发展格局中找到差异化的定位，在整个长廊中分片区寻找到特色地域发展定位，在产品主题开发过程中以特色化、主题化结合基地特质形成差异化产品体系。

③ 大项目带动多产业联动发展

以大视野塑造大格局，以葡萄产业这一核心产业推动形成系列大项目，通过大项目带动相关产业共同发展的产业格局体系。

7.4.2 案例二：洋河酒文化旅游

（1）发展背景

江苏洋河酒厂股份有限公司（以下简称"洋河股份"）下辖洋河分公司、来安分公司和双沟酒业股份有限公司3个基地。2011年洋河酒厂接待参观团1167批次，接待总人数超过2.4万人，其中高峰接待月，集中在6~8月和10~12月。高峰日每日约接待27、28批次。2012年共接待2032批次、49281人次，比去年增加682批次、24721人次，增幅分别为50.5%、100.7%。

洋河股份近年来持续高速成长，在行业内外，"洋河"已经成为一种现象。在企业奔向世界500强的过程中，夯实企业软实力、培育文化品牌力成为洋河股份当前刻不容缓的重要任务。在中央提出并倡导"中国梦"的社会大背景下，以"旅游也是生产力"为指导思想，发挥酒文化旅游的平台功能，服务于企业软实力打造，洋河股份酒文化旅游也提上日程。以酒文化旅游为平台，在实现洋河股份企业文化、品牌形象二次传播的终极目标指引下，洋河股份酒文化旅游总体规划呼之而出。

（2）发展思路

站在企业软实力平台打造的高度，顺应中国旅游业转型发展趋势，贯彻"旅游也是生产力"的指导思想，以洋河基地为核心，以来安基地为辅助，以双沟基地为高端突破，立足酒文化旅游基础，大力提升酒文化、企业文化和品牌文化内涵，通过整合厂区内外资源集聚打造，建成为以苏酒文化为特色的旅游目的地。

（3）发展模式

构建出一个与企业战略动态耦合，且能不断实现产品孵化创新的"五个手指、一个拳头"的酒文化旅游模式，将酒文化旅游深度嵌入环境提升、文化再造、品牌重塑、营销创新和公共关系经营等企业软实力培育战略当中，助力企业转型突破发展。

① 与园区风貌建设相结合

改变目前园区建设过程中存在的破坏性建设行为，办公大楼、接待中心、厂房建设等重点建筑要着重突出形象化、人性化、生态化要求；尊重历史肌理，重新梳理园区水系、景观格局和形象体系，对园区进行整合，奠定园区未来几十年的空间发展框架，塑造与企业地位相匹配的园区形象。

② 与企业文化建设相结合

围绕企业文化战略，加强文物、传说、档案及故事的整理收集，加强遗产保护、环境艺术和标识系统建设等工作，提升园区工作与生活环境的人性化设计，营造员工文化娱乐与活动场所，设置厂区优秀员工人物雕塑设置与荣誉墙、光荣榜，建设企业精神与企业文化教育阵地。

③ 与企业品牌塑造相结合

通过产区旅游整合、科学工艺展示、旅游体验设计等手段，整合三大基地及周边资源，塑造中国酒都整体品牌形象，强化"好水出好酒""好酒必酿自佳泉"的环境特色，全面展示绵柔苏酒的工艺特性及品质内涵，为游客创造感动和愉快的品牌体验追求。同时，通过国家A级景区创建、工业遗产申报、大运河世界遗产捆绑等旅游品牌运作，提升企业品牌价值。

④ 与营销宣传创新相结合

实施"引进来"战略，重点打造以参观生产工艺为核心的体验营销平台、以酒庄休闲度假为代表的社交休闲平台、以博物馆旅游为代表的文化营销平台、以智慧旅游为代表的新媒体营销平台、以定制酒旅游购物为代表的定向营销网络，并做好点子创意、慈善旅游、节事活动等营销创新。

⑤ 与公共关系维护相结合

采取积极主动的姿态，以酒文化旅游为平台，重点针对投资者和股东、行业媒体和专家学者、代理商和销售商、普通消费者和其他受众等不同群体，分别设计科学之旅、文化之旅、品牌之旅，休闲之旅等主题产品。同时，针对重大的行业性事件或突发事件进行体验式公关活动。

（4）空间结构

一个整体、三大基地：以洋河为龙头，全景展示苏酒文化内涵；以双沟、来安为辅助，分别突出苏酒历史文化古韵、现代化工业规模，共同提升宿迁"中国酒都"品牌形象。

① 洋河基地——洋河新城一体发展

洋河基地坐落于洋河新城中心，洋河新城是依附于洋河酒厂发展起来的工业经济主导型新城，洋河股份是洋河新城建设的重要支撑和力量，是洋河新城打造"中国白酒之都"支撑极的关键，二者融为一体，共同发展。

② 双沟基地——双沟新城融入发展

双沟基地位于淮河与洪泽湖交汇之滨的双沟镇东北3.5公里处。双沟镇因酒兴，酒以镇显，厂城共荣，构成整个双沟发展的两大核心。双沟酒文化旅游充分整合双沟新城、洪泽湖湿地、徐淮新河风光带等资源，共同打造生态苏酒文化遗产休闲旅游基地，共筑双沟品牌。

③ 来安基地——泗阳县互动发展

来安基地位于泗阳县城东南13公里处的工业园区，是洋河股份的新基地，也是泗阳县新型工业示范体之一，未来将会成为泗阳工业旅游对外形象展示的窗口，成为驱动泗阳县经济发展的重要力量。

（5）发展预期

① 促进工业旅游发展

到2025年，实现游客量达到80万人次、旅游总收入约7300万元，且保持适度稳定的增长幅度。

② 打造成以苏酒文化为特色的复合型旅游目的地

以洋河基地为核心，整体进行提升。近期申报国家AAAA级景区；中期申报国家AAAAA级景区；远期通过捆绑京杭大运河、洪泽湖、项王城、乾隆行宫、洋河新城、双沟古镇等区域优势资源，联袂打造以苏酒文化为特色的休闲度假旅游目的地。

③ 培育品牌市场影响力

采取以核心产品为重心的大品牌塑造战略，提高洋河品牌在消费者心里的地位，对企业发挥持续性增长作用。

（6）经验总结

① 立足有形载体，实现工业资源的旅游活化利用

加大对洋河基地、双沟基地中历史遗迹资源与现代工厂的保护，立足有形载体，通过文化引领，植入旅游业态，传播非物质文化遗产，弘扬酿酒文化，形成工业旅游资源活化利用示范地。

② 结合企业战略、形象品牌塑造进行工业旅游化开发

通过以酒文化旅游开发为基础的全面深化，使工业旅游开发紧密结合企业的战略品牌、文化建设与营销手段，将溯源文化、酿酒文化、品酒文化、品牌文化四大文化底蕴融为一体，建设特色文化品质园区。

③ 三大基地错位发展，实现整体复合发展

三个基地在立足自身特色的基础上，差异化发展旅游，共同服务于洋河股份企业形象塑造和品牌建设。其中，洋河基地要突出绵柔、梦想和规模；双沟基地要突出湿地生态、遗产文化主题；来安基地要突出规模和运河文化。通过三大基地错位发展，实现整体复合发展。

第 8 章 全域语境下的全流程保障

随着旅游模式的转变，传统的景区景点旅游模式的体制、机制、政策已不能适应现在全域旅游的发展状况与需求，且全域旅游是国家发展旅游、发展国民经济的重要战略。为促进全域旅游的持续、健康发展，本章将从领导机构、综合执法、市场监管、安全应急救援方面，从标准化、人才、合作方面，从土地、资金、税收等方面，对全域旅游发展全流程保障进行分析。

8.1 全域旅游发展体制创新

8.1.1 旅游领导体制创新

（1）旅游领导体制存在的不足

① 缺乏统筹领导机构

在传统景区景点旅游阶段，旅游发展具有规模小、影响范围小、与相关行业融合度不高等特征，在此特征之下，对景区景点的管理采取旅游部门领导负责制。随着人们物质生活水平的提高，传统景区景点旅游已不能满足人民大众的旅游需求，传统景点景区旅游逐渐扩展为全域旅游，全域旅游所涉及的地域范围扩大，涉及的主体、要素增多，旅游部门与其他相关部门之间关系密切，旅游业与其他行业融合度加强，故在发展全域旅游过程中，旅游业的综合性加强。传统旅游景区景点阶段的旅游部门领导机构因权责有限，领导全域旅游所涉及的主体、综合各要素较为困难，对全域旅游体系进行的整体指导与布局存在不足，因此在全域旅游发展阶段，缺乏统筹领导全域旅游发展的机构。

② 综合管理协调较差

不同的旅游发展阶段，根据不同需求设置有不同的旅游部门，但各部门之间可能存在职能的模糊地带，如职能重叠或职能空白，造成各部门的管理资源浪费或者一些旅游现象无部门管理的状况。在全域旅游发展阶段，不只存在同一区域内不同部门之间的管理合作问题，还存在因旅游资源所属区域不明确、不同区域各部门管理职能不明确、不同区域相关政策有差别等问题,从而造成更深一层的旅游相关部门管理协调配合性较差的现象。上述问题会导致旅游资源重复开发、闲置浪费或竞争不当等负面影响,不利于全域旅游的规范、有序发展。

(2)旅游领导体制的创新策略

① 构建政府为领导主体

随着全域旅游的推进,为更好地促进全域旅游工作的开展,全域旅游发展地应积极改革创新旅游领导机制,由全域旅游发展属地党委、政府成立由全域旅游属地政府领导兼组长的旅游工作合作领导小组,统一指导属地全域旅游的发展。

旅游领导小组需从全域旅游的战略定位、整体规划、法律法规、综合执法等各方面对属地全域旅游进行领导统筹。首先,明确全域旅游在属地的发展地位。根据国家战略与地区现状,将全域旅游作为属地政府的重大战略和重点工程加以推进,且明确责任分工,构建新的绩效考核体系,将全域旅游作为党委、政府绩效考核的指标。其次,根据2017年6月12日国家出台的《全域旅游示范区创建工作导则》,且在此基础上分析发展全域旅游属地的现状,编制创建全域旅游属地的全域旅游发展规划及标准等文件。其次,针对全域旅游在发展中存在的执法需求,因地制宜进行旅游综合执法体系的改革与构建,推进设立旅游发展委员会、旅游警察、旅游巡回法庭、工商旅游局等执法机构。最后,从资金政策方面给予属地全域旅游发展支持。制定符合国家政策的属地全域旅游发展优惠政策、设立全域旅游发展专项资金、加强全域旅游相关人员培训,支持属地全域旅游的全面发展。全域旅游涉及面广、带动性强、综合性高,只靠旅游部门的单薄力量不能统筹领导,有政府作为全域旅游发展的领导主体,全域旅游才能规范、有序发展。

案例:浙江省全域旅游的蓬勃发展就得益于以政府为主体的领导体制改革。浙江省在分析全域旅游发展的领导体制需求之后,进行了领导体制改革创新,成立了以浙江省省长兼组长的旅游工作领导小组,该旅游领导小组对旅游业的地位给予了明确定位,提出要将旅游业打造成浙江未来发展的支撑产业之一,并针对这一目标,提出了具体的要求,如将旅游发展作为区域政绩考核指标之一,出台了相应的支持政策,如加强旅游用地供给与管理、根据具体情况给予部分免税政策、成立全域旅游发展专项基金等。浙江省旅游领导小组反复强调发展旅游就是发展经济,不断强化发展旅游的重要性,引起浙江省、各地区政府对发展全域旅游的重视,有浙江省政府的重视与"撑腰",浙江各地区政府针对地区情况,积极发展全域旅游,促进区域经济综合发展。

② 构建综合协调管理体制

全域旅游不同于传统景区景点旅游,它的发展范围扩大且并不局限于同一行政区域内,所涉及要素增多;管理不只局限于涉及旅游景区的要素,而是整个大区域内的资源、环境、设施、公共服务体系等,通过对整个区域所涉及各方面进行管理,使全域旅游实现区域内处处是旅游景区的目标。而要实现这一目标,需要同一区域各部门、跨区域各部门之间良好的综合协调合作管理,故为更好地推进全域旅游的发展,全域旅游属地各部门以及跨区域各部门之间需构建综合管理协调机制。

一方面,进一步明确不同部门之间各自的分工职责、协作制度,完善原有管理体制中出现的管理漏洞。如构建"1+3+N"综合协调管理模式,"1"代表旅游发展委员会,"3"分别代表旅游警察、旅游巡回法庭、工商旅游局,"N"代表因地制宜设立其他机构,这些管理机构的设立和转变,是完善旅游综合管理体制的具体表现,增设的旅游综合执法机构可以弥补传统景区景点出现的管理漏洞并解决效率低下的问题。另一方面,打破行政藩篱,加强不同区域内相关部门之间的协调合作。通过协调合作,充分利用区域内旅游资源,加强资源的有效利用,减少管理成本以及因行政区域划分导致的地方保护弊端,以期实现旅游省、市、县、乡、镇、村的协同与一体化发展。构建综合协调管理机制对于全域旅游发展起着重要的作用,应将综合协调管理机制推进到全域旅游发展的各个环节。

案例:位于甘肃省西南部的甘南州,在全域旅游发展需求之下,积极构建、完善旅游综合执法机制,如将甘南州包括的七县一市的旅游局改为旅游发展委员会,增强甘南州旅游部门统筹甘南州全域旅游发展的职能;同时,在坚持执法主体不变的原则下,抽调原甘南州旅游执法队伍中的优秀队员,成立甘南州旅游综合执法局,并出台文件明确提出甘南州各执法部门的具体职责与奖惩制度,促进甘南州全域旅游发展中执法管理工作全面开展。

8.1.2 旅游综合执法体系

（1）旅游执法体系存在的不足

① 依法治旅意识薄弱、执法机构有待完善

在传统景点景区旅游阶段，旅游的治安、管理、执法等工作都是由景区内着保安制服的员工担任，治理范围仅局限在景区景点之内，旅游的法治含量很低。在景区外围，游客发生意外事故或旅游纠纷，因旅游执法机构不够完善、关于游客事件各相关部门职能分工不明确，很难得到实际的解决，影响有效执法进行。

② 执法机构协调配合性有待提升

旅游综合执法体系中，相关旅游部门承担组织协调其他部门的主要职责，是旅游综合执法的主体。由于旅游部门在职责与权限方面都处于相对弱势的地位，故在统筹领导其他部门执法的过程中具有一定的难度，各部门之间不能很好地进行协调配合，且旅游执法工作人员的频繁流动，对于旅游综合执法的稳定进行也会产生不良影响，这些因素最终会影响旅游综合执法的效果。增设旅游执法机构会处理游客旅游过程中产生的事故与纠纷，但是，要彻底、有效解决全域旅游在发展过程中存在的执法问题，还需提升旅游执法机构间的协调配合。

（2）旅游综合执法体系提升的措施

① 完善旅游执法的法律法规

全域旅游突破了传统景区景点旅游的地域范围，在旅游的治理过程中需要以法律作为主要依据，提升全域旅游治理的法治含量。首先，在法律上，明确旅游综合执法的法律地位，为全域旅游发展所属地改进创新旅游综合执法体系提供强有力的法律依据与支撑。其次，各区域在国家关于旅游综合执法体系的基础上，积极完善自身旅游综合执法体系的法规、政策，但在此过程中要注意避免出现旅游法律法规在执法方面的空白或与其他法律法规相抵触的情况。最后，各区域要从执法机构设立、执法人员组织、经费、后勤等各方面制定具体的保障措施，确保旅游综合执法顺利进行。

② 完善旅游综合执法机构

针对全域旅游的发展需求，在构建"1+3+N"的旅游综合管理机制之下，设立相应的旅游执法机构，如旅游警察、旅游巡回法庭、工商旅游局等，取代传统景区景点旅游阶段时"民团式"的旅游执法队伍，提高旅游综合执法的系统性、规范性、法制性，发挥设立的旅游执法机构的职能，为全域旅游的发展提供执法保障。

旅游警察，是旅游综合执法机构之一，因全域旅游发展需求而设立，在全域旅游发展中发挥着重要作用。首先，旅游警察为全域旅游所属地游客带来"安全感"；其次，旅游警察可以对表现不良的旅游从业者或旅游商家进行罚款、吊销营业执照、吊销从业资格等行政处罚，通过采取这些行政处罚手段起到惩罚与约束的作用，促进其规范、有序经营；最后，旅游警察要给予游客及时有效的帮助，如帮助游客尽快恢复丢失的身份信息等，尽可能减少游客因在异地不方便办理而造成的损失。海南省三亚市于2015年10月，率先成立全国首支旅游警察队伍，之后，很多城市跟进设立，如厦门、丽江、秦皇岛、西双版纳等。截至2017年3月，全国已有旅游警察队伍90家，分布在22个省市，其中，省级1家、市级20家、县级69家。随着全域旅游的推进以及现有旅游警察执法作用效果显现，越来越多的地区需要根据现有状况与需求设立旅游警察执法机构，不断完善区域旅游综合执法体系。

旅游巡回法庭，兼具旅游主管部门的行政执法和人民法院的审判、调解等职能，对调解游客纠纷矛盾、保障游客权益、整顿旅游秩序、确保旅游活动的顺利进行等方面发挥着重要作用。增设旅游巡回法庭是发展全域旅游的需要，各区域政府应重视人民法院和旅游相关部门在全域旅游发展中的作用，充分合理利用、整合二者的职能，维护游客合法权益、保障市场规范有序，为全域旅游的发展发挥作用。目前为止，全国很多区域已创建或正在筹建旅游巡回法庭，主要针对游客集中区域、景区进行旅游巡回审判工作、知识普及工作、旅游巡回法庭宣传工作等，为全域旅游的发展贡献力量。如秦皇岛市根据国家法律与现实需求，已设立12个旅游巡回法庭和26个消费者服务点，为秦皇岛全域旅游发展提升解决旅游纠纷能力，规范旅游市场秩序，促进全域旅游健康有序发展。

工商旅游局，是将旅游市场发展需求与工商局职能相结合，充分发挥工商局在旅游市场监管中的作用，如引导旅游企业诚信、合法经营，畅通旅游者投诉渠道，加强游客维权意识，提高游客维权效率，通过工商局在全域旅游中针对旅游需求发挥的职能作用，加强对旅游市场的综合监管，为游客在旅游过程中产生的消费纠纷提供一条快速、有效、专属的解决渠道，提升全域旅游游客的满意度。目前，各地已成立一批工商旅游分局，充分利用工商旅游局作为治理旅游市场秩序的"利器"，为全域旅游的发展创造良好的市场秩序。

③ 整合旅游综合执法职能

在全域旅游发展需求的基础上，完善旅游综合执法体制，增设旅游执法机构，进一步明确参与旅游执法的各部门的执法依据、职责、范围，加强旅游执法部门的分工与合作，提升旅游综合执法的效果。通过不断强化、提升各旅游执法部门之间的协调与配合，积极推动旅游综合执法由传统景点景区时对独立景区景点的执法向对全域旅游目的地综合执法转变。

案例：黄山市作为安徽省首个国家全域旅游示范区、国家改革创新先行区，为有效解决原有执法体系中存在的执法交叉、执法空白等问题，进行了旅游综合执法体系改革，启动了旅游管理综合执法试点工作。经过黄山市政府的决议、部署，黄山市旅游管理综合执法局黄山风景区分局于2016年12月30日挂牌成立。到2017年6月，黄山旅游风景区的旅游综合执法试点工作取得了较大的进展，构建了"3+2"的旅游综合执法体系，设立汤口旅游管理综合执法大队、景区旅游管理直属综合执法大队、旅游警务支队和旅游咨询投诉办理中心、法制监督科。2017年，黄山市又积极探索旅游管理综合执法的新模式，在全省率先实施旅游管理领域相对集中行政处罚权试点工作，取得了良好的效果。随着黄山市不断探索新的执法模式、完善旅游综合管理机构，黄山市旅游市场秩序良好，游客投诉处理效率大大提升，游客满意度提高，旅游综合执法体系改革促进了黄山市全域旅游的发展。

8.1.3 旅游市场监管机制

（1）旅游市场监管机制创新需求

旅游业是一个以满足游客的精神需求为目标的行业，不断提升游客在游览过程中的满意度与幸福度、满足游客在游览过程中的个性化旅游需求与追求旅游环境的优质与舒适是发展旅游业的根本,这是旅游业获得持续健康发展的动力。全域旅游范围大、涉及主体多,要打造全过程的游客满意度,就要综合"吃、住、行、游、购、娱"这些基本环节和游客深度体验需求的满意,要做到游客对旅游全过程的满意,对旅游市场进行严格、有效的监管至关重要。但目前,旅游市场监管中存在着很多问题,如旅游质监与相关部门在职责上存在交叉、对旅游市场的监管力度不够、监管程序不规范、各涉旅主体责任不明确,存在着很多"能管看不见"与"看见管不了"的现象与问题,这些都严重影响了旅游市场监管行政效率的发挥,影响了游客对全域旅游所属地满意度的评价。针对上述存在的问题,应从涉旅主体着手,明确各自的职责分工,加强各主体之间的配合协调,共同致力于提升旅游市场监管效率,促进全域旅游市场规范、有序发展。

(2)旅游市场监管机制提升措施

①落实属地政府的监管责任

全域旅游市场监管需要参与者共同作用。在众多参与主体中,政府应当发挥主导作用,负责统筹、指导、协调、监督全域旅游市场监管的全过程,为全域旅游市场监管贡献力量。

首先,强化政府的领导地位,严格落实全域旅游属地政府的监管职责。地方各级人民政府要根据国家以及上级政府整体部署,协调配合,完成各自任务,明确各自责任,依照法律法规,展开综合监管工作。如四川省九江县在旅游领导小组之下设立旅游综合监管办公室,负责旅游监管工作的统筹、指挥。其次,完善旅游市场综合监管的标准化体系。为政府监管责任的落实提供便捷的流程,为政府与其他部门的协调工作提供依据,促进全域旅游市场综合监管结构调整与改革。最后,加强上级政府对下级政府的监督督办,促进政府更好地发挥各自应尽的职能,为旅游市场的综合监管工作贡献力量。

②落实相关部门的追责制度

在全域旅游市场监管中,既要落实政府的主导监管责任,也要重视其他相关部门的作用。

首先,明确各部门的分工与职责。通过明确列出各部门的分工职责与制定相应的奖惩制度,提升各部门在全域旅游市场监管中发挥的作用。其次,加强各相关部门之间的合作。全域旅游发展涉及事物众多、领域交叉，单个的部门难以独立负责监管工作，会使监管工作出现空白、无人监管等现象，故部门之间需要合作协调、共同监管。最后，完善合作机制。因各部门在共同监管中，可能会出现职能交叉、协调配合较差等现象，故需完善监管机制，针对各部门职能之间存在相似或矛盾的地方，给予明确的规定，使每一个监管部门清楚自己所负的责任，同时明白如何进行监管与怎样做好监管工作，最终提升旅游市场的综合监管效率。

③ 督促旅游企业履行社会责任

旅游企业是全域旅游发展的参与者，在全域旅游发展中扮演着重要角色，承担着为游客提供全过程服务的重要责任，旅游企业需积极主动承担角色所赋予的责任，为全域旅游的良性发展奠定基础。旅游企业要依法经营，按照国家、地方政府及有关部门设定的法律法规合法经营，并为确保旅游企业提供的设施及服务达到质量标准，在旅游企业内部建立三级质量管理体系，即旅游企业、部门、岗位，综合对质量进行把关，使旅游企业的经营达到标准化与规范化要求，杜绝发生扰乱旅游市场秩序的行为。如旅行社不得在旅游过程中强迫游客消费、不得采用"不合理低价游"招揽游客，旅游购物店要自觉抵制通过商业贿赂的手段欺骗游客购买；旅游交通部门、娱乐企业要保障游客的出行安全、游玩安全，餐饮企业、住宿企业要保障游客的食宿安全与服务质量；在线旅游企业应制定在线交易的诚信、公平制度，建立旅游者权益保护、旅游交易安全保护、不良信息处理等制度。同时各旅游企业应始终坚持游客第一的经营、服务理念，维护旅游市场秩序规范、稳定发展。

④ 强化舆论媒体监督机制

在信息时代，社会大众与媒体对市场的监督发挥着越来越重要的作用，在旅游市场监督机制中亦是如此，要通过充分利用社会大众、舆论媒体，加强对全域旅游市场多方式、多渠道的监管，畅通监管渠道，利用现代电话、网络等信息传播平台，鼓励社会大众、媒体提供信息，积极参与监督。聘用"通法律、懂旅游"的旅游服务质量监督员开展旅游服务质量暗访工作、侧面了解旅游市场现状，提高监督的时效性，如海南省为加强对旅游环境的监督，聘请10位来自各大报纸、杂志的工作人员作为媒体监督员，且加强与媒体之间的协作沟通。建立文明旅游长效工作机制，加强对游客不文明旅游行为的监督，做好针对"游客不文明行为"

的信息采集工作，对旅游者提高文明旅游行为起到积极作用。要善于利用媒体的舆论监督作用，如实报道旅游企业诚信经营与游客文明旅游行为，起到正面的宣传与示范的作用，同时也要曝光严重扰乱旅游市场秩序的典型事件，起到警醒监督、净化市场的作用。通过社会大众与媒体舆论的监督，不断净化旅游市场，维护旅游企业之间的公平竞争。

⑤加强部门间的信息沟通、监管合作

要使全域旅游综合监管成效显著，必须加强各监管部门之间的信息沟通与交流。要创造信息沟通交流的平台，如通过召开旅游市场综合监管专题会，在专题会上各部门可提出在监管中存在的问题以及自己的解决方式，供大家讨论参考，通过讨论交流，使各部门树立统筹兼顾、全盘考虑的解决问题的思路。同时，各部门要做好每一阶段的工作总结，发现工作中值得延用与有待完善的地方，对未来在旅游市场监管中可能出现的问题，做好预防工作。

案例：丽江市，云南省地级市，近几年屡次发生欺客宰客等旅游乱象，针对市场秩序出现的不规范现象，丽江市采取措施加强对旅游市场的监管。一方面，完善旅游市场监管机构。成立由丽江市长担任总指挥官，常务副市长、相关分属副市长担任副总指挥官的旅游市场监管综合调度指挥中心，指挥中心工作人员为公安、质监、工商等部门工作人员，充分发挥该指挥中心对丽江市旅游市场的监管作用。另一方面，明确提出各部门的旅游市场监管责任与奖惩措施，且向社会公开，通过严格的制度与媒体大众全方位督促各部门积极加强监管工作，确保旅游市场监管有效执行。

8.1.4 旅游安全应急救援体系

（1）旅游安全应急救援的需求

旅游安全应急救援体系是旅游业基本且重要的保障体系，但是，目前中国旅游安全应急救援体系仍存在很多问题，需要逐步解决。首先，关于旅游安全应急救援的法律法规建设滞后于旅游业的发展。旅游安全应急救援法律法规是旅游安全保障系统构建的基本依据。目前，我国涉及旅游安全应急救援的法律法规依然不健全，缺乏系统性、全面性、权威性，仅散见于法律法规及地方行政立法与规章。其次，缺乏统一联动的救援机制。旅游业具有产业关联度高、综合性强的特征，而通过构建、完善旅游安全救援体系，可以将涉旅主体及各救援组织、机构团结起来。但缺乏统一联动的救援机制就难以在社会形成联动，难以发挥集体的力量展开救援。

（2）旅游安全应急救援的体系构建

① 前期旅游安全救援预警防范体系

凡事预则立，不预则废。预警防范可以提高人们关于安全忧患的意识与警惕，降低旅游事故发生的概率，提升各部门以及旅游人员应对旅游突发事故的能力，可见预警防范在旅游安全应急救援中占有重要地位。故政府在构建旅游安全应急救援体系时，要转变处理日常事务的管理思维，对预防体系的构建与完善给予足够的重视，依据事务性质特征的不同，处理好临时紧急救援管理与日常事务管理，处理好各部门与相关救援机构、社会群体组织之间的分工与合作的关系，建立适应旅游安全事故特点的前期预警防范体系。

构建前期旅游安全事故预警防范体系，做好前期预警防范工作，需要做好以下工作。

首先，构建、完善关于旅游安全应急救援的法律法规体系。目前，我国的法律对旅游综合协调部门在应急救援中还没给予明确的地位，对于处理旅游安全事故的指挥协调体系，主要依靠领导权威与行政协调，缺乏法律保障，使旅游综合协调部门在旅游安全应急救援中处于十分尴尬的处境和地位。因此，要改变这种在旅游事故发生后救援中所发生的状况，需要积极参考国外关于旅游安全应急救援体系法律法规完善的地方，借鉴适用于我们国家的地方，构建适应我国旅游安全应急救援的一套法律法规体系，使旅游安全应急救援有法律保障，在救援过程中有法可依，对旅游安全应急救援起积极有效的指导与协调作用。

其次，完善旅游信息的发布及通信保障机制。各部门加强对旅游安全信息的搜集、分析、提前发布，这都会对旅游者起到提示作用，引起出游者对于潜在危险的注意并预防。要整合、完善信息保障机制，需要建立快速、灵敏、准确的信息监测平台，各部门要充分利用现代信息技术，对信息进行采集、分析，并对信息的分析结果，通过通信设施、平台发布给相关人员，施行相应的旅游安全应急救援措施，一旦有事故发生，可及时、快速、有效地进行救援。

再次，完善旅游应急救援预案，加强旅游应急救援预案演练。通过练习旅游应急救援预案，可提高事故在发生时各部门旅游应急救援的能力与效率。旅游应急救援演练应包括：了解事故发生的准确地点、发生原因、应急等级、需派遣力量等；明确各救援机构及组织的职责分工与行动要求；熟悉旅游应急救援的基本程序、联络方式、所需设备、供给渠道等；分析旅游应急救援的道路情况、救援现状、相关类似资料等。

② 中期旅游安全应急救援处置体系

前期预警防范体系最主要起提示与预防的作用，可减少旅游安全事故发生的概率，但并不能完全避免旅游安全事故发生，故在预防之外，还应针对没有避免的、已经发生的旅游安全事故构建中期旅游安全应急救援处置体系，提高在应急救援过程中及时、有效的处理能力，尽可能减少事故的危害与损失程度。应成立由旅游发展地政府牵头，旅游局、公安局、消防队、武警部门、卫生防疫等各部门综合的一个旅游救援指挥中心，负责在旅游救援过程中进行指挥、统筹、协调，要展开快速、高效的救援。首先，通过处于事故发生现场的一线救援部门以及现场人员获取旅游事故的信息，主要是旅游安全事故的具体内容、受伤情况、严重程度等；其次，根据所获取的信息，对旅游安全事故展开分析，根据分析结果，拟定实施旅游应急救援的方案；再次，积极组织、派遣救援机构与人员前往现场实施针对事故情况的专业救援；最后，派遣工作人员进行现场监督、协调救援，便于依据现场情况及时调整救援方案，达到最好的救援效果。针对重大灾难突发旅游事故，还可借助国际性救援机构，亦可聘请专家成立安全救援专家委员会，给予相应的救援指导。

③ 后期旅游安全应急救援善后体系

在旅游安全应急救援体系中，前期的预警防范和中期的救援应急处置对减少旅游安全事故带来的损害都有重要作用，但是在中期事故处置之后，旅游安全应急救援尚未彻底结束，因事故已经造成了一定的影响，故针对旅游安全事故的善后处理依然很重要，也是旅游安全应急救援体系中的一部分，如果不重视善后工作或处理不当，可能引发更多问题，甚至导致新的安全事故危机。因此，在中期应急救援结束之后，还应及时展开善后处理工作。

首先,设立专门处理善后工作的机构或个人,针对旅游安全事故,制定相适应的善后工作方针与对策;其次,注重对旅游安全事故中受伤害的人员进行心理恢复与治疗;最后,政府应针对此次旅游安全事故进行分析与总结,并借助此次事件的影响力对年度重大旅游安全事故与相应的应急救援工作进行总结,通过网络媒体进行事故跟踪报道与旅游安全知识科普,加强社会机构与大众对旅游安全的认识,提升各救援机构和个人的救援能力,减少旅游安全事故发生的概率与造成的损失。

案例:杭州市旅游委员会通过利用政府、企业、组织、个人的综合力量,构建了上下部门协同、同级部门合作、救援设施共享的杭州旅游安全应急救援机制。机制主要包括:完善旅游安全应急救援机构、明确各机构的职责、旅游安全事故等级划分标准、明确旅游安全应急救援的程序、落实旅游安全应急救援所需设施设备、定期组织旅游安全应急演练,完善的机制为杭州市旅游安全应急救援的展开带来基本依据与保障。杭州市委在杭州旅游安全应急救援体制之下,针对不同的旅游安全事故展开相应的应急救援训练,联合上城区、富阳区、淳安县、临安市,共同举办了旅游车辆安全逃生、水上应急逃生、龙井峡漂流、新沙岛水上安全逃生四场应急救援演练,通过定期的旅游应急救援预案演练,及时发现在应急救援中可能存在的漏洞与不足,针对漏洞与不足研究制定相应的解决措施,不断提高旅游应急救援能力,尽可能减少旅游事故带来的伤害与损失。

8.2 全域旅游发展机制创新

8.2.1 标准化机制

(1)标准化机制创新需求

在传统景点景区阶段,封闭的旅游景区景点与景区景点所处的区域二者之间,其管理、建设、经营等都是相互独立分离的。正因为这一治理模式,产生了景区景点与其之外区域"两重天"的形象，景区内环境卫生整洁、治理井然有序、建筑布局合理，而景区外围则与之形成鲜明的对比。全域旅游这一战略的实行，对旅游公共目的地的建设经营提出了更高的要求，要做到动员全部涉旅部门、利用区域全部资源、开发区域特色产品、满足游客全方位需求，推进旅游目的地整体发展。而在这一发展过程中，如何利用好资源、要素、产品、项目等使外围环境与旅游景区景点一致，是推进全域旅游发展的一个难题。要解决这一难题。就需构建全域旅游环境之下标准化的工作机制，而构建标准化工作机制主要需从以下三方面着手：优化标准体系、推动标准实施、强化标准监督。

（2）标准化提升措施

① 优化标准体系

全域旅游是把整个区域作为大景区发展，故原有的景区与公共目的地的标准化体系不利于全域旅游整体发展，需要对全域旅游的标准化体系进行优化提升。优化提升全域旅游属地标准化体系，必须建立在实事求是的基础上，没有调查就没有发言权。首先，全域旅游发展所属地应在逐条解读《全国旅游标准化试点地区评估表》的基础上，组织力量，针对本区域旅游标准的制定展开调研分析。全面了解区域旅游标准化工作现状，深化全域旅游标准化工作改革，把目前单一的景区标准体系与全区域现实状况相结合，构建新的全域旅游标准化体系。其次，各区域要重点分析区域现有的基本特色和产业特色，了解区域现存的劣势和薄弱环节，综合区域现状，优化现有的标准化体系。最后，根据国家政策、法规与自身情况，制定适合当地的全域旅游标准化体系。

② 推动标准实施

完善标准实施推进机制。对全域旅游属地标准化体系进行优化提升之后，需健全标准化体系的解释机制，出台针对标准化体系内所含具体内容、要求的解释，且对标准化体系进行发布及推广。选取试点对优化后的标准化体系进行示范，展示标准化体系带来的效益与成果。建立完善关于标准化统计的制度与数据收集中心，将衡量旅游要素是否达标的指标数据列入法定年度统计报表，作为评价标准化实施成果的依据。

强化政府在标准实施中的作用。在构建、优化标准化体系后，全域旅游发展属地政府与部门在制定政策与规定时，要积极引用已有的标准，利用标准与政策相结合的方式，开展宏观调控、行业管理、市场准入和质量监督，推进全域旅游的发展；且在发展过程中要运用行业准入、生产许可、合格评定、认证认可、抽查监督等方法促进全域旅游属地标准化的实施；还要利用评价标准对发展结果进行检验，针对检验结果进行奖励或惩罚。通过政府的作用，推进标准化工作进行，规范涉旅部门的自身管理，提高全域旅游中游客的整体满意度。

充分发挥旅游企业在标准实施中的作用。旅游企业要根据用户需求与经营目标，改进自身技术与工作标准以适应新的标准化体系。旅游企业通过遵守新的标准化体系，为游客提供更为满意的旅游产品与服务，为全域旅游属地树立良好的旅游形象。

③ 强化标准监督

建立标准分类监督机制。构建标准化体系不只需要优化标准体系、推进标准化实施，为使标准化体系达到预设的效果，还需对标准化工作进行监督，监督主要从以下三方面进行。首先，通过行政管理与执法的形式进行强制性监督；其次，通过团体自律和政府规范实施团体标准化监督机制；最后，通过旅游企业主动公开自身的产品和服务标准，以达到自我声明公开的监督目的。如三亚市对全域旅游开展情况进行通报，让相关单位进行自我评分，并自查验收考核结果，针对结果进行督促整改。通过各种形式的标准分类监督机制，以促使全域旅游属地标准化机制严格推行。

建立标准实施的监督和评估制度。全域旅游属地行政主管部门与旅游业主管部门对重要标准实施的情况开展检查与监督工作，对实施标准化后的效果进行评价，并对评价结果进行反馈，对反馈之后的信息进行分析、处理，不断完善标准化机制的监督与评估。

加强标准实施的社会监督。充分利用社会大众、新闻媒体、旅游消费者加强对标准化体制实施的监督，畅通针对标准化的投诉渠道，调动社会大众参与监督的积极性，强化全域旅游各参与主体的标准化意识，共同推动标准化监督的实施。

案例：淳安县，位于浙江省的西部。为促进县域旅游的发展，淳安县政府加强旅游标准化建设工作。一方面，淳安县委、县政府在国家关于开展旅游标准化工作的基础上，分析县域实际情况、特色优势与现有劣势，制定《淳安县创建全国旅游标准化试点县工作实施方案》，在方案中，明确各部门的职责、工作要求、扶持政策等一系列问题，并将目标细化分配到20多家事业单位和80多家相关企业。另一方面，根据实施方案中对各部门、各企业等标准化工作的细化目标，动员全社会成员积极参与旅游标准化建设工作，并从资金、土地、技术等方面给予政策倾斜，如对淳安县高级旅游酒店、旅行社、A级旅游景区等给予扶持奖励资金5000多万元，通过明确的奖惩制度，推动对淳安县旅游标准化建设工作的推进与监督。

8.2.2 合作机制

（1）合作机制创新的需求

全域旅游作为全国旅游业发展的总体战略，在发展过程中涉及众多旅游要素，要促进全域旅游的发展，需要在更大范围内共享和整合旅游发展要素，使旅游要素的利用率达到最大化。全域旅游发展中旅游要素的整合可能存在于同一区域，也可能存在于不同区域，故在整合旅游要素时要坚持区域联合、优势互补、互利共赢的原则，加强全域旅游中的区域内合作和跨区域合作，打破行政区划不同和利益矛盾造成的发展合作屏障，通过区域内或跨区域的合作实现产品的联合开发、宣传营销的特色化，避免区域内或区域间出现恶性竞争，实现整体互利共赢。因此在发展全域旅游过程中，加强区域内或跨区域合作都至关重要。

（2）合作机制创新措施

① 创新合作机制

针对全域旅游对资源高度整合的需求，旅游合作机制的创新对于资源的规划、利用、配置起着重要作用。要想创新合作机制，首先，建立由全域旅游发展所涉及区域政府的主要领导牵头成立区域旅游合作委员会，并构建全域旅游合作协调机制，加强区域旅游合作，实现资源的合理优化配置，提升全域旅游所属地的整体竞争力；其次，在对全域旅游进行规划与执行规划时，注重区域内或区域间可共用的市场、信息等领域，在可共用领域形成发展合力，合作推进旅游带的建设，同时加强对旅游资源与其他领域资源的合理开发与配置，开发多种旅游业态的合作模式；最后，增强相关行业的合作，注重行业之间的交流沟通，促进旅游业与其他行业合作，推进"旅游+"发展，调动全民、全行业参与全域旅游发展的积极性，同时推动相关部门之间的合作，为全域旅游创新合作机制提供保障。

② 创新合作制度

传统旅游发展阶段到全域旅游发展阶段，实现了从小景区的建设、运营、管理到整个区域的旅游建设、运营、管理的转变，而整个区域的旅游建设、运营，涉及多方面的要素，故要发展好全域旅游，就需要创新合作制度。首先，整顿和废除妨碍区域旅游合作的制度与政策，制定新的促进区域旅游合作的制度与政策；其次，针对各参与全域旅游发展的主体，重视对各利益相关者的利益分配，构建合理的利益分配机制，促进对旅游资源与设施的利用效率最大化；再次，铲除区域之间的旅游行政壁垒和障碍，制定无差异的旅游政策，打破行政藩篱，推动不同区域间旅游一体化的建设，真正实现无障碍旅游。

③ 创新合作路径

全域旅游发展既是对资源的全域化，也是对旅游产品开发、运营的全域化，这就要求各地在发展全域旅游过程中推进创新全域旅游的合作路径。首先，在挖掘区域特色产品的基础上，区域内各部门联合开发旅游产品，形成完整的产品体系，提高区域整体旅游市场的竞争力；其次，破除行政界线，合力开发旅游功能区、设计旅游精品线路、打造特色旅游目的地、创新全域旅游新业态，促进全域旅游在景区、线路等方面的合作开发；再次，各区域应加强团结、形成凝聚力，共同举办旅游节庆、博览会、产品推介会等大型旅游活动，提高全域旅游所属地知名度，为打造全域旅游所属地旅游形象贡献力量；最后，各区域政府应倡导、支持成立跨行政区域的大型旅游企业，通过大型旅游企业的运营实现跨区域旅游市场信息的合作共享。

④ 创新合作环境

全域旅游的发展需要合作发展的环境。因此，首先，借助现代信息与技术，构建智慧旅游合作体系，打造针对整个发展区域的旅游服务信息平台，利用平台进行数据信息搜集，对区域旅游业的发展进行实时监测，加强对数据的管理与分析，推动区域之间旅游信息共享与区域之间旅游合作再升级；其次，在信息共享合作之外，应加强对旅游基础设施的合作利用，如服务设施、环保设施、公共休憩设施等，通过旅游基础设施的合作，降低成本，提高设施利用率，优化旅游基础设施体系；最后，在进行全域旅游及其他规划时，要注重旅游交通线路与标识的共享和利用，通过交通与线路的共享，增强区域之间旅游市场的共享，减少行政区域划分带来的影响，实现区域间旅游发展的共赢。

案例：2016年3月31日，湖南省张家界、湘西自治州、怀化签订了旅游发展合作战略协议，开启了湖南旅游合作的发展道路。首先，通过湖南省政府牵头，湖南省构建了旅游综合协调机制，并加强湖南省与周边省市在资源、市场、设施、信息等方面的合作，借助"一带一路"、长江经济带等发展战略，共同推进长江国际黄金旅游带建设；其次，湖南省政府大力整合省域内各区县的资源，针对实际情况制定无差异的政策，打破行政区域不同造成的合作障碍，推动湖南省省域旅游一体化的建设；再次，湖南省通过区域联合举办旅游节庆、博览会、产品推介会等大型旅游活动，提升湖南省旅游知名度，树立"锦绣潇湘，快乐湖南"全域旅游品牌形象；最后，湖南省利用现代技术手段以及旅游企业之间的合作，形成区域之间的信息合作路径，进一步促进湖南省全域旅游的发展。

8.2.3 人才机制

（1）人才机制创新的需求

全域旅游的发展受到各方面因素的影响，其中人才在影响因素中占很大比重，区域内参与旅游的人才的数量、结构和水平高低都对全域旅游的发展效果有直接的影响。发展全域旅游需要一批素质水平高、专业能力扎实、实践经验丰富、责任心强、文化程度高的旅游方面的专业人才。而目前，在全域旅游发展中，旅游人才结构比例不协调，旅游高端专业人才较为短缺，全民参与旅游的意识不强，故需要通过人才机制改革创新不断培养全域旅游发展所需的高端专业人才、调整旅游人才结构比例、提高全民参与旅游的意识、提高全域旅游发展所属地旅游服务水平，既为全域旅游发展所属地提供坚实的人才基础，也为全域旅游所属地做好旅游形象代言人。

（2）人才机制创新措施

①改革旅游人才培养机制

发展全域旅游需要加强对高端旅游人才与基层旅游人才的培训，为全域旅游提供良好的旅游人才结构，满足全域旅游发展过程中对各层次、各方面人才的需求。首先，分层实施旅游教育培训。加强对基层工作人员的教育与培训，严格要求旅游从业人员须持证上岗与到岗培训，在基层人员中，重点强化对导游队伍的培训，根据游客评价制定导游星级评定制度，通过提升基层人员的服务水平与素质，直接给予游客良好的旅游印象；针对旅游行政管理机关，要通过成立学习小组建立持续的学习机制。其次，强力打造旅游教育培训基地。政府或企业通过提供政策、资金支持，鼓励各涉旅部门积极开展旅游相关工作的培训，充分利用网络及多种平台，有针对性地打造创造性强、覆盖面广、优势互补的旅游教育培训网络。再次，探索校企人才双向交流机制。人才的培养需要符合社会的需求，旅游人才的培养需根据旅游企业的发展需求而定，培养机制需具有科学性，应积极围绕旅游需求、现有旅游人才结构、旅游行业结构等方面改革旅游教育的培训制度、内容、方法等，实现旅游人才需求与旅游人才供给之间的无缝对接。最后，加强旅游科研建设。旅游研究中心与高等院校应充分利用自身资源，针对旅游业发展的重难点开展课题研究，为旅游业的发展提供具有科学性、实践性的指导与支持。

②引进国际化旅游人才

旅游产业的发展受到世界各国的广泛重视。世界各国在发展旅游的过程中，都培养了不少优秀的旅游业人才，因为人才是发展旅游的一个强有力的竞争力。我国在发展全域旅游的过程中，要重视吸取国外旅游业发展的经验与教训，也要重视对国际人才的引进与利用。首先，推行"人才绿卡"政策。旅游业涉及面广，目前旅游高端人才所缺较多，全域旅游发展所属地应根据自身实际状况出台关于人才引进方面的优惠政策，通过人才的引进既可以吸取外国旅游发展中的经验与教训，也可以充实区域的旅游人才，为全域旅游的发展奠定基础。其次，建立高端旅游人才库。通过建立对旅游人才需求预测、供给监测、需求与供给信息互通的旅游人才数据库与信息平台，为全域旅游发展属地提供所需高端旅游人才提供便利。最后，成立专家咨询委员会。全域旅游发展所属地政府应邀请来自世界各地的旅游方面的专家成立全域旅游发展专家咨询委员会，为属地全域旅游发展中遇到的困难与问题给予指导与建议。

③ 培养国内高端旅游人才

在引进国际旅游高端人才的同时，也要注重国内高端旅游人才培养，使国内外人才结构比例合理，共同促进全域旅游发展。首先，践行实践第一的高校培养思路。高校是旅游人才的主要输送机构，故高端旅游人才的培养，应在源头上进行改革与创新。高校为学生提供充足的理论知识，但理论知识要转化为生产力，实践是唯一途径，因此高校在培养旅游专业人才时，应转换培养思路，在传授理论知识的同时，注重培养学生的实践能力，构建"高校+企业+政府"的旅游培养模式，让学生所学理论通过实践与企业、政府所需相结合，更好地致力于全域旅游的发展。其次，建立一支全能旅游队伍。政府和企业应积极组织人员去旅游发展成熟的地区学习，加强与国内外知名旅游企业、老牌景区的学习、互动、交流，多方面培养全能型旅游人才，为全域旅游的发展贡献力量。

④ 推行旅游人才全民化机制

全域旅游是全民参与的旅游，高端旅游人才为全域旅游发展提供专业的指导与意见，而本区域旅游基层从业者的专业与素养是区域形象的直接展示，因此要加强对全区域旅游人才的培训。首先，推进"银发导游"合法化。导游是最能展示地区旅游形象与服务水平的窗口，可以通过鼓励文化程度高的退休人员积极参与文化类景区的讲解工作，提升全域旅游所属地的旅游形象。其次，加强对其他涉及全域旅游所属地人民的培训。如公交、出租车司机，餐饮、住宿、商店等从业者都是直接接触面对游客的人员，通过加强对他们的培训，不断增强其服务意识、提升其服务水平，可以提高游客的满意度，为游客的再次到来打好基础。通过推行旅游人才全民化机制，整体提升全域旅游属地人民的旅游服务水平与文化素养，为全域旅游的发展奠定良好的基础。

案例：南岳区，位于湖南省衡阳市中部偏东南，为应对全域旅游兴起所带来的人才需求状况，南岳区积极采取多种措施应对。首先，实行人才引进政策。积极引进高层次的旅游规划、营销、酒店等方面的人才，为南岳区全域旅游的发展注入活力；其次，打造旅游人才输送平台。通过政府部门牵线，与湖南工程职业技术学院签约合作，共同商讨制定教学计划、课程设置、实训内容等事宜，培养供给与需求相适应的旅游专业人才；最后，加强对南岳区域参与旅游发展人员的培训，政府加大支持、企业加强力度、各部门积极配合，共同培养服务意识高、专业能力强的旅游人才队伍。

8.3 全域旅游发展政策创新

8.3.1 土地政策

（1）旅游用地存在的问题

从传统景区景点旅游过渡到全域旅游，旅游用地也开始面临新的情况、新的问题。一是全域旅游发展用地需求增加，公共服务设施用地短缺。二是旅游用地政策系统性不够。全域旅游发展涉及众多产业，涉及土地用途和类型复杂多样，根据不同的划分标准有不同的用地类型，这就导致旅游业用地政策难以统一制定，分散于各行各业之中，具体旅游用地政策不明。三是旅游新业态用地政策不明确。很多新业态出现，如自驾车房车旅游、文化旅游、邮轮游艇旅游等，但关于新业态的用地政策还不明确。鉴于旅游用地存在以上问题，亟需对旅游用地进行政策改革。

（2）土地政策创新措施

① 积极保障旅游业发展用地

a. 保障重点旅游项目的建设用地

为保障全域旅游对旅游用地的需求，解决项目衔接不足的问题可以采取以下三方面的措施。第一，对符合国家、地方要求的旅游规划项目，按照审批时间先后及时保障用地，确保旅游项目及时落地；第二，建立有效的规划衔接机制。做好全域旅游规划与城乡规划、土地规划、环境保护规划之间的衔接与合作，为全域旅游用地供给奠定良好的基础；第三，重视对旅游扶贫用地的保障。旅游业能提升区域经济收入、提升区域就业率，故需重视旅游扶贫的重要作用，保障旅游扶贫用地。

b. 加大未利用地、废弃地、边远海岛等土地在旅游项目中的应用

将这类型土地用作旅游时，应根据国家文件、生态文明建设要求，给予细化的政策。第一，旅游项目若建设在荒山、荒地、边远海岛地区时，应对其用地计划给予优先安排；第二，出让在上述类型的土地上开发建设的旅游项目时，出让价可以不低于该项目旅游用地获取成本、该旅游项目前期土地开发成本和按规定缴纳的相关土地管理费用的总和；第三，鼓励复垦土地开发旅游项目。既鼓励土地权利人自行复垦土地开发、建设旅游项目，政府也可以通过招标拍卖政府回收的已损毁土地吸引投资商，用来开发建设旅游项目。

c. 依法实行旅游业用地分类管理制度

全域旅游的发展，涉及的产业众多，涉及的土地类型众多，要保障全域旅游发展用地，需要做好旅游用地分类管理。在旅游项目建设中，若土地被永久性设施占用，则划为建设用地，对其按建设用地进行管理；对于既不变更土地权利人，又不改变土地用途的，一直用作农牧渔业种植与自然景观观光的，按农用地进行管理，若土地权利人发生变更，则由相关当事人依法协商解决；对旅游用地依据一定的标准划分类型，依法进行分类管理，既减轻了管理旅游用地的成本，又可以调动游客参与旅游项目的建设与经营，提高土地的利用效率。

d. 扩大旅游建设用地供应方式

在全域旅游发展中，旅游项目的建设用地涉及多种规划用途，为进一步规范旅游业用地管理，主要有以下对策。第一，针对部分明确的旅游业用地规划用途，按国家标准对其进行供应与管理，如对其进行分类、制定具体的供应方式、价格、使用年限等；第二，通过租赁、租让相结合等方式为旅游项目提供土地，降低旅游项目在开发初期在旅游用地上的成本，鼓励旅游业发展。

e. 重视对旅游厕所用地的保障

目前，国家对旅游厕所的修建高度重视，各级政府也应积极采取政策措施保障旅游厕所的用地。第一，为旅游厕所建设用地给予用地计划指标支持；第二，通过在其他相关项目配套设施中修建旅游厕所，节约土地资源。

f. 明确旅游新业态用地政策

针对旅游新业态的特点与需求，在规范使用土地资源的前提下，制定明确的旅游用地政策。

② 加强旅游业用地服务监管

因旅游业用地用途多样且存在不明确与混合的特点，故应在旅游业用地供应和利用方面加强监管。第一，严禁出让风景名胜区内不可划拨的资源与土地；第二，针对与旅游相关的农业用地、尚未利用的土地，应加强对其用途的管制；第三，严格执行土地价格政策；第四，对因开发旅游设施而改变用途的土地进行严格管理。因旅游项目开发、建设涉及多个部门，故在土地供应与利用监管中，还应坚持部门联动、共同监管，做好旅游用地监管工作。

8.3.2 资金政策

（1）旅游资金政策创新需求

全域旅游的发展是全方位的，涉及旅游发展过程中的各个方面，在此背景之下，游客对旅游过程中各要素的体验性要求越来越高，对与旅游相关的基础设施、服务、旅游项目提出了更高的要求。针对游客进一步的需求，为了更好地吸引游客，为游客提供全方位满意的旅游体验，促进全域旅游的发展，政府、旅游企业需要投入更多的资金在现有的基础上，提升硬件基础设施，优化软件服务。为了有充足的资金运用于全域旅游的发展，需要对全域旅游中的资金政策进行改革创新，主要从政府加大投入与创新融资方式两方面着手，以满足现有的全域旅游发展需求。

（2）旅游资金政策创新措施

① 加大政府投入

要实现全域旅游的全面发展，离不开政府的大力支持。政府应充分利用自身职能，给予全域旅游发展导向性的资金投入与支持，带动企业、社会大众参与全域旅游的积极性，共同推动全域旅游发展。要加大政府投入，第一，由国务院审批，国家财政部设立全域旅游发展专项资金，即每年支出固定数额的资金用于全域旅游发展，主要支持全域旅游公共目的地基础设施建设，旅游特色产品研发、宣传、推介等。专项资金的使用必须有严格的审批程序，确保专款专用，旅游主管部门和财政部联合研究专项资金的管理使用制度，以使全域旅游专项资金得到真实、有效的利用；第二，政府使用激励扶持政策，通过贷款贴息、奖励政策等充分调动企业、大众积极参与全域旅游的发展，不断为全域旅游的发展注入新的活力。

②创新融资方式

全域旅游发展资金既需要政府加强导向性投入，也需要市场发挥基础的配置作用。在政府导向性投入的基础上，通过市场对资源的基础配置作用，创新投融资方式、充分利用市场资金，为全域旅游的发展提供资金保障。第一，促进银企有效对接。银行等金融机构是旅游企业资金来源的主要力量，各区域政府、各相关部门应了解各区域旅游企业发展需要，并结合各区域现实状况，做好金融机构、担保机构与旅游企业之间沟通的桥梁，既需要提供基础信息与导向给金融、担保机构，又需要为旅游企业获得金融、担保机构的支持探索适合的方式，积极为参与全域旅游发展中旅游企业争取资金筹集渠道；第二，推进资本市场融资。区域政府及各级部门要积极转变观念，不断加强与金融、证券等部门的合作，如鼓励企业通过发行股票、债券等方式进行融资，扩大企业融资渠道，并针对这些融资方式出台相应的政策措施，扶持、引导旅游企业进行合理合法的融资，帮助旅游企业发展壮大；第三，推进投资主体多元化。扩大旅游产业在地域上的开放程度与在产业间的关联程度，积极推进"旅游+"，更大范围地吸引国内外资金运用于旅游业的发展，吸引更多投资者参与旅游资源的开发、旅游项目的建设，实现投资主体的多元化。

8.3.3 税收政策

（1）税收政策创新需求

全域旅游相较于传统旅游，其建设管理地域范围扩大，从单一的景点景区建设管理转变到综合目的地的建设管理，在这一转变过程中，涉及的旅游企业增多，旅游新业态增多。而原有的针对景区景点的税收政策涉及范围窄、优惠税种少，形式单一，不利于全域旅游的全面协调发展。

（2）税收政策创新措施

为促进全域旅游的发展，应制定优惠的税收政策。首先，实行差异化优惠税收政策。国家税务总局可根据旅游企业的不同类型，制定有差别的优惠政策。对那些直接面对游客、直接带来很多就业机会的企业，可以采取以直接为主的优惠税收政策；对那些主要业务职能为技术、管理再投资等方面的旅游企业，可以给予间接的税收优惠政策。其次，根据企业产品不同给予不同的优惠政策。对具有地区优势的企业和地区特色旅游产品的企业给予特殊优惠政策，通过适当降低优惠门槛，让参与企业增多，扶持其不断扩大规模、增强实力，使其成为全域旅游所属地的企业中坚力量，打造全域旅游所属地的特色品牌与优势产业。最后，扩大现有税收政策的范围，如目前已有的离境退税政策的实行范围；且在扩大范围的同时优化退税的业务流程、完善异地退税互联互通的程序；扩大旅游优惠税收政策所涉及的旅游企业，给予旅游新业态的企业类型更多的政策扶持，如乡村民俗、文创实体、自驾车俱乐部等。还可实行其他的优惠政策，如对全域旅游发展中符合国家、地方规定，能促进经济文化社会发展的企业和能引进高新技术的企业均可在税收上给予一定的优惠；对能利用各种金融工具、股票、证券等形式吸引外国资本支持旅游业发展的旅游企业也给予一定的税收优惠政策。通过一系列税收优惠政策，调整全域旅游所属地旅游产业结构、壮大旅游企业实力，使全域旅游发展所属地逐渐形成自身的特色企业与产品体系，不断促进全域旅游的持续、健康发展。

8.4 案例剖析：全景栾川

（1）发展背景

栾川县，位于河南省洛阳市西部，曾经是一个国家级贫困县。2000年，全县共有人口32万人，其中农村人口多达25万，该县因地处亚热带向暖湿地带的过渡地带，且地质构造独特，故拥有独特的资源优势。

2000年，栾川县委、县政府根据栾川的现实经济状况与资源优势，提出了"旅游兴县"战略，积极开发旅游资源，大力进行营销宣传，政府积极采取措施，栾川县走上旅游兴县的道路。2004年，"栾川模式"出现在《中国旅游报》上，受到旅游业界一致的肯定与好评。2005年，"栾川模式"被作为典型样板推向全国，成为全国依靠旅游发展脱贫致富的学习与借鉴典范。2008年，栾川在工矿业、旅游业的发展上遇到了瓶颈。第一，随着科学发展观的推行，工矿产业现有的发展方式已经不适应现实的要求，需要改革转型；第二，随着旅游市场需求的变化，栾川旅游业面临转型升级的问题。为此，栾川县必须针对实际情况作出转型，使县域经济与旅游业走上可持续、绿色健康的发展道路。2011年，栾川县委、县政府提出了生态立县和旅游业转型升级的战略，加大对旅游业的支持力度，带动县域经济由"黑色经济"过渡到"绿色经济"的发展思路，并将其写入《栾川县国民经济和社会发展第十二个五年规划纲要》。2012年，随着栾川旅游发展转型升级，"全景栾川"战略应运而生。2013年，中共栾川县委、栾川县人民政府出台了《关于建设全景栾川的意见》《全景栾川建设实施方案》，阐述了"全景栾川"战略的重要意义、总体要求、发展目标、总体布局、主要任务和保障措施以及建设任务的具体分解。

（2）发展成效

在栾川县委、县政府的领导下，栾川县已成为中国旅游强县、全国旅游发展的典范、国家级生态县，河南省内旅游业发展最快、成效最好的县，其发展旅游业的成效明显、享誉全国，已成为全国旅游业借鉴的典范。

在旅游资源方面，栾川县已建成开放12个旅游景区，其中包括两个国家AAAAA级旅游景区——老君山和鸡冠洞；5个国家AAAA级景区——重渡沟、龙峪湾、伏牛山滑雪度假乐园、养子沟、抱犊寨。目前，栾川县拥有的AAAA级景区数量在全国县域排首位。

在旅游经济方面，自提出"全景栾川"之后，栾川近五年旅游经济发展态势良好，呈现稳步增长态势（图8-1）。2015年，栾川县全年累计接待游客数量达1031万人次，实现旅游总收入63.5亿元，同比分别增长8%和20%，大部分景区的接待人次和旅游综合收入都有所提高。2016年，全年累计接待游客和实现旅游总收入同比分别增长9.8%和20.3%。

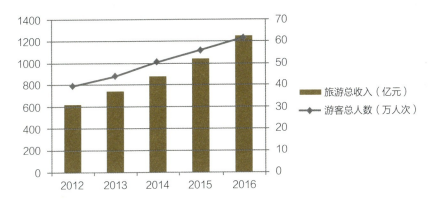

图 8-1　2012~2016 年栾川县旅游总收入与总人数

（3）政府作为

栾川县经济的发展与旅游业发展所取得的成就，与当地政府正确的发展战略与指导密不可分。为促进"全景栾川"实现，栾川县政府采取了一系列改革创新措施，给予了政策支持。

① 改革领导体制

旅游业是一项综合性极强的产业。栾川县政府认识到要发展旅游业必须加强政府的统一领导与各部门之间的协调，故栾川县根据旅游业发展需求，改革创新了领导体制，成立了由政府主要领导组成的"全景栾川"建设小组，由栾川县县委书记、县长直接抓"全景栾川"的建设工作，并从栾川发展改革委员会、规划局、旅游发展委员会、农业局、交通局等部门中抽调优秀员工开展协调工作。栾川下辖14个乡镇，成立了由乡镇党委书记为首的旅游工作领导小组和旅游办公室，各乡长、镇长直接、具体负责"全景栾川"的建设工作，栾川31个县直单位也由"一把手"亲自负责与"全景栾川"建设相关的工作。栾川县自上而下形成了全员参与、全心投入、全力支持的领导机制，为栾川全景建设提供了最强的领导力和执行力。

② 创新旅游执法与市场监管体系

栾川县政府为了打造良好、有序的旅游环境，不断加强与完善栾川县旅游综合执法与市场监管体系改革。构建新的旅游综合执法机构，组建旅游综合执法大队，抽调旅游、工商、公安、交通等相关部门执法人员进驻，合署办公，联合执法。在完善旅游综合执法体系的同时，栾川县政府采取多种措施加强对旅游市场的监管，如成立旅游市场联合整顿小组加强对市场的整顿、组建联合执法大队提升执法效率、开通24小时游客投诉电话为游客提供全天候的服务、不断完善质量监管体系、加强质量监管部门的监督、出台相应的规章制度等，为游客提供一个规范、有序的旅游环境，提升游客的整体满意度。

③ 创新旅游标准化机制

为了全面提升旅游品质，栾川县政府将旅游标准化作为提升品质的龙头，并将标准化工作纳入政府工作计划和年度考核目标。

首先，栾川县制定有关其旅游标准化工作的相关文件。在全国旅游标准化工作相关文件的基础上，栾川县根据县域实际情况，制定和印发了《栾川县创建旅游标准化示范县工作方案》《栾川县创建旅游标准化示范县责任分工》和《栾川县创建旅游标准化示范县考核办法》。

其次，栾川县从各部门，如旅游发展委员会、质监局、安监局等相关部门抽调13名工作人员，组建旅游标准化示范县办公室。同时，栾川县下辖乡镇、景区、宾馆、饭店等试点单位也根据栾川县政府标准化办公室模式，结合自身实际设立旅游标准化领导小组和办公室，并明确主要负责人，将工作安排具体化。通过政府与其他部门的通力合作，栾川县形成上下对应、职责明确、覆盖全域的标准化工作体系，为栾川县标准化工作的实行奠定了基础。

再次，栾川县政府设立5000万元的专项经费以及其他扶持政策，支持各部门、各乡镇、各企业加强对标准化的建设。

最后，加强对标准化工作推进的监督。栾川县政府将旅游标准化工作纳入政府年度考核体系，根据各部门、各单位、各企业的标准化工作承诺与所完成内容，给予奖励或惩罚。县政府每半个月召开一次旅游标准化工作例会，对各单位标准化工作的完成效果进行一次排名，对排名最后的单位的领导进行约谈，了解具体情况并给予指导、批评。通过奖惩措施，加强对标准化工作推进的监管，促进栾川县标准化工作的开展。

④ 人才机制创新

旅游人才是旅游业发展的基石，栾川县在开展旅游工作时也注重对旅游人才的引进与培养。第一，栾川县在自己摸索旅游业发展的基础上，积极引进招揽国内旅游人才，聘请职业旅游经理人、管理团队等合力推动栾川旅游的发展。第二，栾川县人民政府与郑州大学、河南大学等高等院校签订合作协议，双方就旅游发展需要与人才培训教育、旅游科研研究展开合作沟通，使高等院校对旅游人才的培养理论与实践兼备，使栾川的旅游人才所需得到满足；同时，栾川县还提出专项政策，在暑期邀请全国各大高校的学生到栾川开展社会实践，加强各大高校学生对栾川的了解，为栾川县招揽旅游人才奠定基础。第三，栾川县政府号召各相关部门加强对单位人员的旅游培训，提高旅游服务意识、提升岗位技能，为栾川旅游业的发展贡献力量。

⑤ 提供政策扶持

根据现实状况，制定一系列鼓励栾川县旅游业发展的优惠政策，利用各种途径、平台，广泛发布招商信息，为旅游企业筹集资金；给予旅游企业具体的税收优惠政策，扶持其壮大发展；增加财政支出，用于旅游资源的开发与旅游产品的打造等。

⑥ 形成发展合力

积极开展旅游活动，调动各部门、广大群众参与旅游的积极性，使其力量凝聚，促进栾川旅游业的发展。

通过栾川县政府的正确领导与不断努力，栾川县旅游业取得了很大的成功，这种经验是值得被其他发展旅游的地区借鉴与学习的。

第 9 章　全域语境下的全社会参与

全域旅游的全社会参与指的是整个社会各个角色参与全域旅游，在其中作为主体发挥其功能，相互合作，共同发展，而不单单只是旅游相关部门参与全域旅游的发展。除政府、事业单位和企业以外，社区，游客，各协会、组织、俱乐部等都应该作为全域旅游的利益相关者参与到全域旅游的各个阶段中。

首先，政府在整个全域旅游中起主导作用，在决策、调控、营销等方面起主导作用，同时，政府在提供政策扶持，在体系建立、把控与营运过程中的协调与监管作用也相当重要。其次，为了实现全域旅游的资源融合、提升旅游创新与旅游服务水平，企事业单位应作为主体参与全域旅游。再次，全域旅游的发展也离不开社区的参与。在全域旅游中，社区的资源可作为特殊的旅游资源向游客开放，全域旅游的发展也需要社区提供保障、提出建议、提供配合等。最后，全域旅游的发展离不开个人的参与。全域旅游的发展需要全民的配合参与，需要游客的良性体验，需要志愿者的加入。与此同时，政府、企事业单位、社区、个人等也需要借助全域旅游发展经济与寻求机遇。政府需要借助全域旅游扶持产业，进行精准扶贫；企事业单位需要借助全域旅游进行产业升级转型，社区需要全域旅游社区建设提供政策、规划与资金，个人则需要全域旅游提供发展机遇与平台。

因此，建立以"政府为主导、企业为主体、全民参与"的全域旅游格局，形成政府领导、市场运作、各部门联动、全民参与的全社会共建旅游新形式势在必行。

9.1 全域旅游政府全部门参与路径

9.1.1 需要参与全域旅游的部门

为了建立有效的政府合作机制，各级政府、各部门之间应该建立有效的合作机制。参与全域旅游的政府部门应以领导小组为核心，承担指导协调等主要作用；各相关部门制定战略，配合领导小组进行全方位的规划、策划、管理等工作；各级政府担任直接执行人和监督人，承担全域旅游的落地执行等工作。

（1）领导小组

全域旅游是旅游产业发展模式的一种转型升级，在这个升级过程中，领导小组承担着引领转型升级方向的重担。一切工作的出发点和落脚点都是以领导小组的意见和指导为基础的。所以，可以说全域旅游领导小组是全域旅游的"司令部"，需要对全域旅游进行全方位的规划、策划与管理。具体为以下工作：指导全域旅游区管理工作，制定旅游发展的重要方针、政策、措施，协调各部门、动员全社会支持旅游产业发展，促进旅游产业持续健康稳定发展。

（2）相关部门

参与全域旅游的相关部门见表9-1。

参与全域旅游的相关部门　　　　　　　表9-1

序号	相关部门	工作任务
1	旅游局	・统筹协调旅游业发展，开展旅游资源的普查、规划、整合、开发和相关保护工作，研究推进旅游产业结构调整和制定扶持旅游项目的政策措施 ・制定旅游市场开发和营销战略、旅游整体形象宣传计划并组织实施 ・规范旅游市场秩序、监督管理旅游服务质量、维护旅游消费者和经营者合法权益 ・指导和促进地方特色旅游商品开发营销，培育发展休闲、度假等旅游新业态
2	发改委	・提供旅游发展战略的宏观指导、价格策略等 ・拟定具有指导意义的旅游业发展产业指导政策，推动全域旅游发展
3	财政部	・负责落实支持旅游产业发展的财政政策，积极争取旅游项目资金，落实旅游发展专项经费
4	国土局	・明确旅游投资开发土地政策，优先保障旅游用地
5	住建局	・布局建设城镇公园、广场及旅游风光带沿线旅游厕所、停车场等 ・加强市政设施维护管理和环境卫生保洁，旅游区卫生容貌整治力度，做好旅游区的亮化和美化 ・负责文化旅游名城、镇、村的申报和建设工作

续表

序号	相关部门	工作任务
6	农业部	·推进农业供给侧结构性改革，推动农业与旅游结合，着力培育星级农家乐、特色民宿等新业态，改善农村环境 ·规范农资诚信经营体系，确保农产品质量安全，扶持村镇发展特色产业 ·深入开展美丽乡村、特色小镇的创建工作，培训适应旅游业的新型农民
7	工商局	·开展食品安全检查，对旅游区各餐饮、酒店的食品卫生许可证和食品安全进行监督管理，确保旅游者饮食安全 ·打击旅游市场非法经营、欺客宰客和销售假冒、伪劣旅游商品等违法行为 ·负责旅游区旅游企业电梯、压力容器、游乐设施及场内专用电动车辆等特种设备的安全监管，确保设施设备安全运行
8	林业局	·实施道路绿化工程，增加旅游区绿化覆盖率，提升旅游区景观效果 ·实施林相改造工程，建设生态长廊
9	水利	·指导旅游区水利设施、水域及其岸线的管理与保护
10	环保	·监管旅游区空气质量、污染防治、生态保护等情况 ·及时公开数据，确保旅游区环境质量
11	统计	·建立全域旅游统计指标体系，构建数据统计体系 ·结合大数据等信息科技，做好旅游区旅游业增加值、人均旅游收入等统计工作 ·做好游客接待统计，客流量高峰预警等工作
12	交通	·结合全国公路网建设规划，建立合理的旅游公路网，保障景区之间道路的连接以及畅通 ·加快旅游交通基础设施建设，升级旅游交通建设（如高速连线的旅游厕所，停车场，绿化带等） ·发展旅游汽车租赁业务，如旅游出租车等，实现旅游区交通工具无缝对接
13	文物	·做好旅游区的文物保护、修复工作 ·开展"城市考古"等专题旅游项目 ·开展博物馆，考古等志愿者培训
14	宣传	·制定旅游商品宣传推广方案 ·充分利用媒体资源，加大全域旅游宣传力度，提高广大干部群众的知晓率，积极营造人人关心、人人支持的浓厚氛围 ·多种语言推广全域旅游区，提高国际影响力

续表

序号	相关部门	工作任务
15	教育局	·结合全域旅游区特点,开展研学旅游等项目
16	卫生局	·组织旅游企业开展重大疾病综合防治培训,在旅游企业建立疫情、病情处理机制 ·在旅游区设立医疗救护点,为游客与居民提供救助保障 ·监管公共场所卫生安全状况、公共卫生应急处理预案和医疗机构的急救方案落实情况
17	招商局	·制定全域旅游项目招商引资工作总体方案,拟定和分配招商引资工作任务 ·同有关部门设计拟定旅游区招商模式,负责政府招商活动的组织筹备及有关活动

(3)各级行政执行政府

各级行政执行政府是该区域相关政策战略执行的直接行使人和监督人,全域旅游规划的政策落地,具体来说还是要各级行政执行政府拥有高度的执行力,将规划的宏伟蓝图落地成具体的事实。

行政执行政府需要在全域旅游建设中切实执行相关政策和方针,充分理解上级政府的指导意见,结合地区的实际情况,开展全域旅游建设。在此期间,也需要协调各部门的分工,调动社会企事业单位、人民群众等都参与到全域旅游的建设当中来。

9.1.2 政府搭台打造智能化旅游服务平台

(1)打造智慧化旅游产业一体化服务平台TISP(Tourism Industry Service Platform)

旅游业已经进入一个新的时代——智慧旅游时代。针对过去信息滞后导致的政府、企业、社区、游客等旅游参与者信息交流不及时等问题,智慧旅游时代将借助各类智慧化平台实现旅游信息的智能感知、智慧化管理,及时全面地处理旅游信息,增进政府、企业、社区、游客之间的信息交流,使旅游实现智能化。由政府主导，坚持"政府搭台实体化，产业服务集中化"的原则，打造集产业、管理、投融资、项目交易、资金监管、规划设计、人才培训、信息化等多重功能于一体的全域旅游产业服务平台势在必行。

智慧化旅游产业一体化服务平台（以下简称TISP平台）将实现政府、企业、游客等全域旅游参与者以及利益相关者的数据信息交换与交流，以云计算、物联网、人工智能等技术为基础，以旅游行业的整体需求为目标，以应用解决方案为核心，构架政府与各旅游参与者双向信息交互的智慧旅游平台。

① 信息平台

旅游业由传统的旅游模式向全域旅游模式转变，游客对信息化依赖程度越来越高，对信息平台的需求尤为迫切。在全域旅游语境下，游客由传统的报团旅游转向自助游、自驾游，游客更愿意借助网络了解旅游目的地的食宿、交通等信息，并综合各种信息为自己设计旅行路线。搭建全景旅游信息化平台，加快旅游信息化建设，能够引发旅游发展战略、经营理念和运营方式的变革，进而高效推动旅游产业转型升级，有效支撑旅游服务水平提升。能够吸引更多游客，同时容纳游客的数量也不断提升，推动当地旅游业发展，进而带动相关产业的快速发展，实现全域旅游的最终目标。并且，信息平台也是建设智慧城市的重要组成部分，具有投资小、见效快的优势，利用好"互联网+"助推旅游产业的发展，成为切实可行的方案。

在搭建信息平台的基础上，还需要提高信息化水平。第一，加强个性化定制服务能力。除了旅游信息内容一般涉及的旅游目的地、饭店、交通线路和旅游常识等，还应根据旅游者的特点和需求定制旅游产品，提供个性化旅游线路建议，让游客充分享受信息化给旅游带来的便捷，提升客户体验。第二，由政府主导，引导当地旅游企业入驻信息平台，加强旅游信息化基础建设，完成星级酒店、景区、旅行社、旅游部门之间的相互配合，建立起结构合理的网络体系。及时更新旅游信息，让旅游者及时获悉景点、酒店、交通等方面的动态信息。

② 产业平台

由政府部门主导的产业平台，在企业间运行，对旅游产业的促进作用也更加明显。政府主导的产业平台由产业平台系统、加盟企业及组织的行为规则构成，组织的核心架构是产业平台系统。首先应根据组织的目标定位及功能设计来构建产业平台系统，即可以实现全产业参与全域旅游的平台。在构建的具体方式上，根据前述产业平台系统的构建，可以有两种方式：一种是对现有生产经营系统进行改造；另一种是新建，即根据需要，在完成目标和功能设计后，直接投资建立一个新的产业平台系统。

当产业平台系统建成后，就可通过各种招商方式吸引企业加盟，一旦部分相关企业按组织的条件和程序要求加盟产业平台系统后，这些企业就与产业平台系统一起形成一个产业平台组织。企业加入产业平台后，即实现了服务于全域旅游的功能，也能够享受全域旅游带来的经济利益和其他效益。

③ 管理平台

在全域旅游的语境下，要实现全要素、全行业、全过程、全时空、全方位、全社会、全部门、全游客等角度的推进效果，关键在于建立一个管理平台。全域旅游管理平台建构，应该以网络平台为基础，嵌入大数据的应用。以庞大的数据库为依托，对各个旅游景点的各种信息进行采集，利用传输系统把这些数据进行整合后呈现在管理平台上，并且对错误的数据进行及时更新，通过这样的设置，来完成整个全域旅游管理平台的建构。在智慧旅游管理平台建构之后，应该设置专业的管理人员对平台进行管理。实现旅游管理平台的智慧化，提高数据传输的准确性和传递的及时性，为全域旅游服务。

④ 投融资平台

由政府主导搭建投融资平台，为全域旅游建设提供资金保障。政府以市场"协调者"的身份介入投融资平台建设，加入"一行三会"的监管机制，使投融资平台建设透明化，建立合理高效的平台管理机制，即给平台更多的自由权，政府则行使监督权。政府也可整合国有资产资源，增加融资平台的融资能力，将城市公共资源中的存量资产或优质资源注入融资平台公司，以此高效的投融资平台助推全域旅游发展。

⑤ 人才平台

为了助推全域旅游的发展，地方政府必须加大旅游专业人才的引进和培养。人才引进方面，应大力提升高素质的专业技术人才、经营管理人才在旅游人才队伍中所占的比重。加强政策引导作用，工作重点是优化人才层次比例，保持区域旅游中高端人才的比例，促进人才整体素质提高，搞好人才梯队转移工作，由高层次、高素质人才领头，逐步实现中低端人才向高端人才的跨越，进一步调整高层次、中级和初级层次人才结构。以行业发展为指引，构建旅游人才在旅游企业、旅游景区和游客之间的协调配置。人才培养方面,首先,应该加大对在职人员的职业技能培训,提升专业技能和服务水平;其次,应该加大与地方高校的合作关系,强化与地方高校或者全国知名旅游高校的交流,建立人才引进和培养机制,为全域旅游源源不断地输送人才。

⑥ 其他相关服务平台

除了建设以上重点平台,建设全域旅游还应建设项目交易平台、产权交易所、公共服务平台等基础性平台,以实现对全域旅游的全方位服务工作。项目交易平台和产权交易所可为区域内的企业搭建公开、透明的交易场所,实现企业之间的良性竞争。公共服务平台可立足于游客和当地企业的需求,为企业和游客以及当地居民提供便捷服务,实现三方信息共享,打造智慧化、全域化的旅游地点。

(2)建设"多规合一"信息管理平台

建设"多规合一"的政府工作领导小组,整合国土资源、城市规划、经济发展、环境保护、林业、交通、电力、通信等部门空间规划信息数据库,建立"多规合一"信息管理平台,实现部门间信息共享和审批信息实时联动。促进规划体制创新,改革项目审批机制,提升城市管理效能。

"多规合一"并非只有一个规划,而是要强化"系统工程"理念,在制定区域规划时以国民经济和社会发展规划为依据,强化城乡建设、土地利用、环境保护、文物保护、林地保护、综合交通、水资源、文化旅游、社会事业等各类规划的衔接,确保"多规"确定的保护性空间、开发边界、城市规模等重要空间参数一致,并在统一的空间信息平台上建立控制线体系,以实现优化空间布局、有效配置土地资源、提高政府空间管控水平和治理能力的目标。

因为"多规合一"涉及国土、水利、文化、交通等多个部门、多种规划,所以在全域旅游规划中,尝试构建以全域旅游规划为中心,统一涉旅产业相关规划,在旅游规划中囊括其他相关部门的规划内容,体现文化、林业、水利等相关规划要求,实现全域旅游引领相关行业的发展、相关行业的发展促进全域旅游的发展之良性循环,二者统一协调,实现以全域旅游规划统领"多规合一"的目的。

在建设全域旅游区的具体过程中,应该以旅游业发展为主要目标和核心关注点,以项目为载体,以旅游区为重点,筛选出重点旅游投资项目,区分重点旅游开发项目和普通开发项目,各类不同的旅游区域利用不同的开发方式,建立分类的旅游项目库,协同城乡发展、土地利用、环境保护等公共管理导向的规划,整合交通设施等公共基础设施规划,融合工业、农业等产业发展规划。

"多规合一"信息管理平台的建设不仅要从理论角度入手,还需要辅以技术手段,搭建具有强大支撑力的信息管理平台。通过机制创新,实现全域旅游管理的现代化和高效化,促进地区旅游业和相关产业科学化发展,进而促进地方经济快速发展,提高居民的生活水平,真正实现全域旅游的全要素、全行业、全过程、全时空、全方位、全社会、全部门、全游客参与。

9.2 全域旅游企事业单位参与路径

9.2.1 企事业单位参与原因解析

在全域旅游的语境下,旅游活动已从传统意义上的观光、休闲和度假向商务、会展、文化、农业等众多领域延伸,可以带动交通运输、商业零售、金融服务、邮电通信、文化娱乐、住宿、餐饮等多个行业的发展,越来越成为带动区域经济增长的动力之一。而且传统的经济发展方式依靠的是大量资源和劳动力的投入,其牺牲的是生态环境和有限的资源能源,现代社会经济发展方式呈现新的趋势和特点,要求企业转变生产方式,朝着绿色高效、创新驱动的方向发展,借助全域旅游,企业可以实现产业的转型与升级。因此,企事业单位也亟需根据市场需求的变化,积极参与到这一转型升级之中来。现在经济增长速度普遍放缓,经济增长驱动力不足,全域旅游对于市场资源的重新配置作用、对全产业参与的要求和带动企业转型升级等为企业寻求新的经济增长点提供了可能。所以,对于企事业单位来说,也需要借助全域旅游的力量来助推产业转型升级。

并且,近年来,全域旅游已经上升到了国家的战略高度,国家及地方政府相关部门为全域旅游的发展出台了系列利好政策,企事业单位积极投身参与全域旅游,不仅可以享受到市场变化带来的利好,还可以享受到政府相关政策的福利,为企业的发展提供更多的可能。

9.2.2 可参与的企事业单位分类

(1) 事业单位

可参与全域旅游的事业单位众多,包括教育、科技、体育、海洋、文化等多个领域。首先,事业单位参与全域旅游不仅对旅游区的整体居民文化水平提升,旅游区历史文化挖掘、塑造、推广、传承等方面起到不容忽视的作用,还对旅游地的人才培养、政策研究等起到重要作用。其次,事业单位为全域旅游提供科学技术支持,技术力量在推动产业转型升级中的作用不容小觑。再次,事业单位的共同协作对全域旅游区的整体历史文化、自然风景的挖掘、诠释、展示、推广等方面显得尤为重要,为全域旅游区面向外界打开了通道。因此,全域旅游需要事业单位的共同参与。可参与的事业单位类型以及可参与的工作见表9-2。

可参与全域旅游的事业单位与工作任务列表　　表 9-2

序号	事业单位类型	可参与单位	可参与的工作任务
1	教育事业单位	高校	·搭建"高校—旅游"交流平台,建立合作 ·开展高校专项旅游,如科考旅游等,以科技文化为旅游主题吸引青少年、科技爱好者来参加旅游 ·结合当地旅游发展实际情况,培育旅游文化人才队伍,培训旅游区旅游相关企业
2	科技事业单位	天文馆	·举行主题天文展览,开放部分设备,定期向游客开放天文台,打造天文观测旅游等项目,以天文文化为旅游主题吸引天文爱好者来参观旅游 ·举办天文摄影、观测等活动,为天文爱好者提供一个聚集、交流的场所 ·搭建城市或城郊观星台,并向游客开放,可观看旅游区夜景或星空,如登封观星台 ·开设大型3D、4D、球幕等星空电影播放室

续表

序号	事业单位类型	可参与单位	可参与的工作任务	
2	科技事业单位	科学技术馆	· 促进旅游区当地特色文化、艺术与科技融合 · 拓宽科技馆展示手段，促进现实与虚拟展览手段融合，加强与国际科技馆、科学展览馆的交流，提高国际知名度 · 逐步承担起旅游区文化、艺术、科技的教育任务，成为承担旅游区公众非正规教育功能的部门 · 建立第三代科学技术馆，开发第四代科学技术馆。在场馆的设计、科技的展示、科学的普及手段上区别于以往的科学技术馆，从而吸引世界各地的游客	
		海洋科技馆	· 除科技馆本身的内容以外，可添加海洋迪士尼、海洋竞技场、海洋好莱坞、海洋实验室等项目，增加海洋科技馆的趣味性与体验性，拓宽受众人群，增加游客量	
3	体育事业单位	体育博物馆	· 结合旅游区特色与游客兴趣开展特展，如英超期间开设英超著名球队球员物品展等 · 开展体育交流会等，促进会议旅游、体育学校旅游等	
		体育场馆	田径场	· 举办田径赛事、演唱会、展览等活动
			游泳馆	· 举办趣味游泳比赛等活动，调动居民和游客的参与积极性
			武术运动中心	· 开设武术运动课程、比赛等
			射击射箭	· 开设射击射箭体验、课程、比赛等，推广公众射击
			航空运动	· 开展航空运动文化旅游节等活动，参观体验与室外娱乐结合，吸引航空爱好者
4	文化事业单位	博物馆	· 结合新科技展览手段，开拓博物馆展览形式，整合展品，推出特定主题展览馆，增强参观者与展馆的互动，从而吸引游客 · 结合当地特色开拓博物馆主题新类型，从而吸引游客 · 结合建筑设计，使博物馆场馆成为区域新型地标，增加国际知名度，吸引游客	

续表

序号	事业单位类型	可参与单位	可参与的工作任务		
4	文化事业单位	图书馆	·打造旅游区图书馆，打造集休闲、餐饮、购物于一体的现代化综合性图书馆 ·结合建筑设计，使图书馆成为旅游区新地标，提升知名度 ·利用数字媒体等多种手段为到访者提供舒适、便捷、放松的城市阅读空间		
		剧院	京剧院	·邀请国内外高品质剧团演出 ·举办室外露天免费活动，放映电影、歌剧等 ·可作为多功能场地的小型剧场，可用于参观、旅游商务会展、小型演出等	
			歌剧院		
			话剧院		
		画馆	·展现当地美术艺术成就，吸引艺术类相关游客，促进旅游区艺术发展与交流 ·开展绘画互动活动，向游客提供绘画临摹服务，开展与艺术家直接对话等活动，并结合科学技术吸引游客		
		美术馆	·加强与世界各地美术馆的交流，开展交流展，吸引国际游客参观欣赏 ·开设居民和游客作品展，增强展馆与居民的联系，吸引参观者来访		

（2）企业

① 旅游相关企业

为了实现全域旅游的旅游创新与资源融合等，企业应该作为主体参与全域旅游。除了直接涉及旅游基础六要素（衣、食、住、行、娱、购）的企业，与旅游联系紧密的相关产业和企业也可以参与到全域旅游中。表9-3粗略列举了十大旅游关联产业，以及可参与旅游的方式与内容。作为与旅游业联系紧密的发展产业，这十大产业因具有与旅游业较强的关联性和融合性，与其他产业的互动在促进旅游业自身发展的同时，也能反哺其他产业的发展，提升产业的品牌知名度及美誉度，从而实现旅游与其他产业间的良性互动及共生。具体如下：

十大旅游关联产业　　　　　表 9-3

序号	产业类别	与旅游业关联度	可参与旅游内容
1	文化创意	★★★★☆	与文化相关的各种主题旅游，如民俗旅游、艺术旅游、修学旅游、文化休闲度假、文化会展、主题节事活动、文化产权交易等
2	旅游休闲	★★★★★	健康养生、会议会展、旅游商品、运动休闲、乡村旅游，以及与旅游相关的住宿、餐饮、旅游代理、特色交通等
3	金融服务	★★★☆	旅游投融资、旅游产权交易
4	电子商务	★★★★	旅游电子商务，包括携程、艺龙、驴妈妈、淘宝等，实现旅游商品及服务的在线交易
5	信息软件	★★★★	旅游信息化建设，包括行业应用软件、云旅游、智慧城市等
6	先进装备制造	★★☆	现代工业旅游
7	物联网	★★★	智慧旅游、旅游业应用服务及标准化推广，如旅游景区管理
8	生物医药	★★★☆	工业旅游、旅游商品、主题博物馆、医疗养生度假主题旅游
9	节能环保	★★★	旅游景区节能环保设施的应用与示范
10	新能源	★★★	工业旅游、新能源在旅游景区当中的应用、主题博物馆

②旅游新业态的推动者

全域旅游的基本要求是从全要素、全行业、全过程、全时空、全方位、全社会、全部门、全游客等角度推进，因此，全域旅游不同于传统旅游，它是由旅游景区所在行政区域（市、县）整合全区域自然、人文与社会资源，全面满足游客和市民的全方位体验需求。所以，文化、养老、农业、休闲、影视、科技、工业产业等的建设也是全域旅游建设中的重要部分，这些产业的发展，将提升游客旅游的整体感受。

（3）非政府组织（NGO）与非营利组织（NPO）

随着中国旅游业的发展，旅游业逐渐完善，逐渐国际化，非政府组织与非营利组织在旅游中扮演的角色越来越重要，一些国际旅游基金会对中国的旅游业发展也起到提供资金，搭桥专家等作用，如十年前福特基金会对中国云南等地项目的资助给云南旅游业的发展带了学术上与资金上的双重支持。另外，越来越多的共同爱好组织、慈善组织、旅游协会、俱乐部等出现在我们的视野中，这些组织经常带动和影响着一些人的活动，并在一些社区主导的旅游区发挥重要作用，如在Isivuno非盈利公司帮助下建立社区信托基金来管理公积金的南非洛克泰尔湾社区。类似的非政府组织和非营利组织能够推动全域旅游的建设，使全域旅游的建设更加高效，所以，非政府组织和非营利组织也是全域旅游建设中不可或缺的部分。

9.2.3 企事业单位参与模式

（1）事业单位

①高校

地方高校是当地旅游城市重要的文化资源集聚地与知识思想库。在参与全域旅游过程中，高校应该从以下方面助力全域旅游，推动当地全域旅游的发展。第一，在全域旅游中，高校可与当地的旅游部门建立长效的合作机制，搭建一个"高校—旅游"交流的平台。高校科研院所可作为旅游资源点开展专项旅游，如科考旅游等，以科技文化为旅游主题吸引青少年、科技爱好者，从而促进高校的国内国际交流。第二，高校作为人才的培育基地，可根据旅游市场对人才的需求，结合当地的旅游发展实际情况，科学编制文化旅游人才发展规划，培育一支高素质、专业化的文化旅游人才队伍。第三，高校作为科研基地，可在加强自身建设的前提下，提升各项研发能力，通过整合相关研发力量，打破科学专业系统之间的界限，从而为全域旅游提供前沿科技、人才、研究成果等，充分发挥和利用地方高校理工、人文社科方面的综合资源。

② 科技事业单位

科研机构在提供技术力量、突破性科学技术等方面有着重要的作用，因此科技事业机构在全域旅游的发展中也扮演着重要角色，科技事业单位一方面承担着提供技术力量，研发突破性科技等重担；另一方面承担着为公众开展活动、普及科学技术等社会责任。科研机构应充分利用当下技术，在科学技术与技术价值两个方面开发旅游产品，参与到全域旅游中。

③ 文化事业单位

随着旅游区由封闭转为开放，博物馆、美术馆等文化艺术展馆在区域旅游中的作用日渐突出，渐渐成为展示旅游区历史文化、提升区域文化的重要载体。

将发展博物馆事业与发展旅游产业相结合，是博物馆事业可持续发展的需要。我国博物馆、艺术馆等的建设应该打破传统的建筑风格，在建筑风格上大胆尝试，借助国际建筑设计师使场馆本身成为全域旅游区的亮点，成为新地标。此外，博物馆、艺术馆应该展示当地美术艺术成就，为促进国内国际艺术交流，举办居民或游客艺术展。

除了博物馆、美术馆、艺术馆等展览形场馆，图书馆在全域旅游中同样重要。值得一提的是，新一代的图书馆不再仅仅具有藏书、借阅、阅读等传统功能，新一代城市图书馆在逐渐向集餐饮、休闲、购物于一体的现代化综合图书馆发展，是一个具有大量藏书的轻松休闲的阅读空间。

（2）企业

作为旅游产业的强力推动者，企业全面参与到全域旅游的发展浪潮之中，特别是引入文化、养老、农业、休闲、影视、科技、工业等产业与旅游融合发展，在打造全域旅游中充分发挥自身优势。一方面，全域旅游的发展需要全产业的参与，以上产业可以作为当地的特色，供游客游览。但是，当地企业也需要借助自身力量，向旅游产品展示者的角色转变，在一定程度上将企业以及企业的产品转化为可供游览的产品。另一方面，通过参与全域旅游建设，企业的知名度也会得到提升，这是一种宣传的力量，也符合全域旅游全产业融合发展的要求，相互助力产业发展。

（3）非政府组织（NGO）与非营利组织（NPO）

非政府组织和非营利组织在推动全域旅游的过程中，也起着越来越重要的作用。主要有旅游发展基金会、旅游行业协会、旅游俱乐部等。

在全域旅游的发展和建设过程中，旅游发展基金会为旅游的开发提供社会资金支持，有助于全域旅游的充分开发，促进当地的旅游业发展，带动当地经济发展。旅游发展基金的成立和发展，是将社会资本注入旅游开发与建设，增强旅游开发效率。但是，在开发和建设过程中，应该加强基金的利用效率，将好钢用到刀刃上，真正解决全域旅游建设过程中的资金问题。

旅游行业协会在全域旅游中也扮演着重要的角色，对旅游监督、推动旅游产业间合作有重要作用。旅游行业协会能够在一定层面上规范地方的旅游服务水平，切实保护游客的权益。旅游行业协会还能促进行业间的合作，一般是由与旅游相关的不同行业间的组织组成，它也是协会成员交流与合作的平台，对推进全域旅游大有裨益。

9.3 全域旅游社区参与路径

社区是在一个地域范围内，由具有相同文化特征、共同利益关系的人们所组成的生活上互相关联的大集体。虽然因为研究角度不同，社会学对社区的定义还未统一，但国内外多位著名学者的研究显示，社区是区域旅游发展的重要利益相关者之一，是该旅游区可持续发展的重要保障。在全域旅游的背景下，社区更是全域旅游的旅游资源之一。因此社区居民应作为利益相关者参与全域旅游的决策、开发、规划、建设、运营，社区本身也可以作为重要的文化旅游资源在全域旅游中展现其价值。

9.3.1 社区参与是区域旅游可持续发展的保障

传统旅游开发与建设往往对旅游区的社区造成环境的破坏，给居民生活带来冲击，从而引起当地社区文化的变形与流逝等破坏性的后果。由于传统旅游在规划、开发等过程中未将社区作为旅游发展主体纳入其中，导致当地社区居民仅承受了旅游开发带来的恶果却没能得到利益的保障，因此，引起了当地社区居民对旅游开发的抵抗情绪。全域旅游发展如果只从政府、企业或研究学者的角度考虑，很难解决旅游发展现实中存在的诸多具体问题，也很难平衡旅游带来的负面影响与收益。为了实现全域旅游的可持续发展，全域旅游的发展需要依托社区，从社区的角度出发，处理全域旅游与社区发展的关系，从而取得全域旅游发展的新突破。

全域旅游的发展离开不社区的配合与支持。旅游地的可持续发展建立在经济、社会秩序、人民积极参与与自身发展相关的决策上，社区作为社会的组成单位，无论是在经济发展、社会秩序还是参与决策上都有贡献，社区参与全域旅游有助于该旅游区的可持续发展。旅游的受欢迎程度不仅仅取决于传统旅游资源，还会受到当地文化、居民态度、社会文明程度、环境质量等个多方面因素的影响。社区参与旅游发展有助于调动社区居民的积极性，获得他们的认可和配合，极大减少了旅游发展各个阶段的矛盾与阻碍。Ioannides列举了塞浦路斯的阿卡马斯半岛早年间因为不考虑当地社区、只考虑经济利益与物质环境制定的旅游规划与当地居民起了强烈的冲突，导致旅游项目的搁浅。同时，社区发展也需要借势全域旅游。社区通过借助全域旅游的政策扶持、资金注入、资源整合等有利于社区发展的路径发展自身，不仅为全域旅游提供了更好的条件，也为自身社区发展提供了机遇与平台。

9.3.2 社区可参与内容分析

（1）在全域旅游改造建设计划中

社区居民可参与到全域旅游的改造建设计划中，可参与内容主要包含以下方面。

其一，社区居民作为利益相关者参与全域旅游发展目标的讨论与制定、参与旅游区规划的讨论。只有让社区居民充分参与全域旅游建设计划，让居民更加了解全域旅游建设的目标以及实施过程，才能又好又快地建设全域旅游。因为全域旅游不仅仅是景观资源(自然和人文)的改造和建设，居民(他们的素质高低、对旅游发展的态度)也是旅游吸引系统的重要组成部分之一。居民参与全域旅游的建设，更能建设具有当地特色的旅游系统。

其二，社区居民还有辅助政府和开发商开发项目的作用。政府以及开发商虽然在旅游规划、项目开发上有相当的专业水平，但在短期内对社区有深入的了解是不可能的。因为社区是具有一定社会、经济及文化特征的独立社会单元，据此做出的旅游规划项目也往往不太科学，社区居民长期生活于该旅游目的地，他们了解本地风土民情而且对本土充满感情，他们参与旅游规划开发能弥补专家在这方面的缺失。

（2）在全域旅游发展规划中

全域旅游的实际发展，离不开社区居民的参与。全域旅游语境下的游客不再仅仅局限于传统的风景，还有当地的民风民俗、文化特色、历史传统等。社区作为全域旅游的最小单元之一，在体现当地民风民俗、文化特色等方面起着代表作用，居民的整体素质也是吸引游客和影响游客的重要因素之一。

在全域旅游的开发过程中，居民还肩负着监管角色的重担，居民会从自身利于与保护当地环境的角度出发，考虑全域旅游对当地发展以及对其生活的影响，这样对于开发商和政府来说也是一种约束力量，更能督促政府和开发商更好地决策，促进当地可持续发展，更好地建设旅游地质量管理体系。对于政府和开发商在开发过程中存在的问题，要及时提出以便相关单位修正。居民要主动参与到全域旅游的建设中，主动为当地全域旅游的发展贡献力量。

（3）在全域旅游长期发展进程中

全域旅游的开发过程不是一个阶段性和短期的工程，而是一个嵌入社区居民生活的一个常态化工程。在这个过程中，需要社区维护当地生态环境与建设成果，保持自身良性发展，遵守并提升旅游质量管理体系。展示真实的旅游景区生活味道，提升文化自信，营造具有当地特色的旅游生活空间。逐步提升当地全域旅游建设水平，提升当地旅游知名度，促进当地旅游健康可持续发展。

9.3.3 社区参与模式

（1）社会资源旅游点

随着旅游景区从封闭转为开放，旅游资源也逐渐从传统的"名山大川"转为"一街一景"，旅游区中的社会资源包括街道、建筑、学校、市场、医院、体育场馆等普通的建筑或社会资源，它们作为构成"一街一景"的物理组成部分，与当地居民的生活文化等一起构成全域旅游的重要组成部分之一，并转化为独特的旅游产品，成为吸引游客尤其是文化差异较大的国际游客的新型旅游体验。通过挖掘、梳理、整合旅游区各类特色社会资源点，开辟一些独特的社会资源点访问线路（如前面提到的高校科技访问），构建一套成熟的社会资源旅游访问体系，可作为全域旅游的特色旅游产品，帮助旅游区扩大旅游客源市场。社会资源访问体系旅游既有利于丰富旅游区的旅游资源，增加独特性与吸引力，让游客更深入地融入旅游区的常态生活，对旅游区的生活、文化、历史、风俗传统等有直接接触和认识的机会；同时也有利于提升旅游地社区居民的主人意识，从而提升好客度与幸福感，使社区居民的自尊心、自信心得到增加，也使社区居民有更多的机会接受再教育、再培训和再就业。

案例：加拿大St Jacobs社区旅游

从纵向来看，加拿大的社区旅游经历了从关注旅游"产品"到关注旅游"产业"再到关注旅游"理念"的转变，经历了从"旅游者经历"到关注"社区居民经历"的转变。横向来看，因视角的差异，对加拿大社区旅游概念存在不同的理解，但始终都以为社区为出发点，以可持续发展为目标，尊重社区居民的参与，从获得成功。其中有不少值得我国全域旅游社区发展借鉴的地方。

位于加拿大安大略省中南部的St Jacobs拥有肥沃的土地和密布的河网，拥有得天独厚的自然景观和人文风情。仅1600常住人口的St Jacobs小镇，年游客量超过150万。从众多资料上看，St Jacobs小镇旅游的成功主要归功于他的文化独特性与社区资源旅游模式。St Jacobs旅游业起步于20世纪70年代，以"乡村田园"和门诺派宗教的社区旅游形象吸引着世界各地的旅游者。St Jacobs的门诺教徒至今保持着穿黑色衣服、戴宽边黑色礼帽等19世纪穿着风格，出行乘坐双轮单座马车等生活方式保存至今。不仅有门诺教作为社区资源参与到旅游中，从20世纪70年代起，St Jacobs的面粉加工厂还被修葺一番，向游客展示面粉的储存、加工工艺，运输过程等。面粉加工厂成为独特的社区资源、旅游景点颇受旅游者的欢迎。获得一定成功后，在这之后的几十年中，St Jacobs不断开发社区资源，并将其转化为旅游服务项目，促进社区旅游的可持续发展。到21世纪的今天，St Jacobs依然是加拿大受欢迎的旅游地，拥有丰富的社区旅游资源，如20世纪50年代的蒸汽机车、葡萄酒厂、农贸市场、剧院、餐厅、精品店、手工艺作坊、购物中心等，旅游景点已达上百处。随着旅游业的发展，St Jacobs更加注重社区的整体形象，社区的建设、修缮都统一设计，垃圾处理也整体安排，路标、标志牌、指示牌等都与社区风格保持高度统一，使整个社区更加整齐、干净。

St Jacobs旅游几十年不衰是建立在社区参与基础上的，这也是St Jacobs 旅游业的显著特征，从几十年的旅游发展中，社区居民从"受雇者"逐渐变为"自雇者"，甚至成长为"企业者"。社区服务业的经济收入以利润分红和股份制为主，节庆活动筹集的资金和特殊活动中获得的资金（如拍卖等）被作为公共基金，多用在社区的建设和修葺、医疗等其他福利上，充分体现了以社区为主导的旅游发展模式。值得借鉴。

（2）社区居民积极性的调动

根据国内外学者的多年研究，社区参与旅游有多种形式，包括以英国南彭布鲁克为例的非政府组织主导型、以南非洛克泰尔湾为例的社区主导型，以泰国北碧府为例的公司主导型，以浙江松兰山为例的政府主导型，以"厦门岛东海岸区生态旅游资源经营管理新机制——生态旅游股份合作制"的股份合作主导型，以及贵州平坝县"天龙屯堡文化"旅游经营之"政府+公司+旅行社+农民旅游协会"的社区参与模式等。

其中，在旅游目的地的"社区参与"过程中，单靠社区个体或者少数居民群众自发参与是远远不够的，更需要政府决策者、专家学者以及其他组织和群体共同参与、综合决策。共有4类主要社区参与主体，分别是与旅游业相关的政府组织、驻地企业单位法人、中介组织（非盈利机构）、社区居民群众（是指生活在旅游目的地社区中的原住居民，包括个体的和群体的居民）。旅游目的地社区参与的"客体"是指社区内与旅游业发展相关的各种事务，具体包括以社区旅游业发展为中心的整治发展、经济发展、文化发展和社会发展四个方面。旅游目的地社区的旅游业是该社区经济发展的支柱产业，它支撑着整个社区的发展，渗透于社区的各项事务之中。旅游目的地"社区参与"一般具有广泛性、全面性、自觉自主性、平等性、相对性、层次性、动态发展性等基本特征。同时，社区的有效参与也需要自身能力和意识不断提高，需要社区参与机制不断完善，更需要健全的法律制度作保障，以实现社区居民等各类主体参与社区发展决策乃至监督经营管理的合法性、自觉性、自主性和可行性，并从中获益。

（3）提供良好的医疗救助等保障

医疗是旅游的基础保障，也是重要保障。随着医疗改革进程推进，社区医疗服务水平逐步提升。虽然受医生水平、硬件设施等方面的限制，其医疗条件不能达到大医院水准，但在医疗卫生、疾病防治、急诊等基础医疗领域却有很大发展空间。可以提供旅游过程中需要的基础医疗服务，能为全域旅游提供医疗救助和保障。同时，社区医疗也可以借势全域旅游的相关鼓励政策，发展社区医院，提高社区医疗水平，缓解大医院的就医压力。

9.4 全域旅游个人参与路径

9.4.1 个人参与原因解析

（1）居民身份参与配合全域旅游

① 旅游区域代言人

居民是全域旅游区的代言人，可通过对全域旅游区的宣传代言参与全域旅游。居民的整体素质、言行、生活状态都是旅游区的形象体现，是全域旅游区文化、生活的重要代表。

② 生活化城市氛围营造者

居民可作为城市氛围营造者参与全域旅游。中国游客经历了由"名山大川"等核心景区的吸引转变为受城市生活吃、住、游、购、娱等多元的吸引。全域旅游景区不应仅仅使景点具有吸引力，在生活化的城市氛围营造上也应同样具有吸引力，生活化的城市氛围具有独特性、舒适性、现代性、文明性等特点。居民是构成城市生活的基本单位，是城市生活化氛围的营造者，是重要的组成部分。

③ 城市精神传承者

居民可作为城市精神传承者参与全域旅游。城市精神是城市历史、传统、文化特色、地域特征、市民综合素养等综合形成的，承载了在这座城市或这个区域生长生活的人群共同的文化根源。展示城市精神有助于游客了解这个区域的文化根源，从而理解这个城市的一切表象特征，如建筑、街道、文化等。

④ 城市服务志愿者

居民可通过成为城市服务志愿者参与全域旅游。志愿者服务是旅游公共服务的重要组成部分，规范、有效的城市志愿者服务可以提高城市的形象，创造经济收益，为游客提供方便，增强居民文旅游意识等。居民可直接参与志愿者服务或者作为社会力量支持资助志愿者服务机构。

（2）以旅游者身份参与配合全域旅游

全域旅游语境下的旅游者不仅仅局限于外来的观光者，还包括当地的居民，全域旅游要求游客以参观者、体验者身份参与旅游过程，在享受当地全域旅游建设成果的同时，也要体察当中的不足，提出合理化的意见和建议。主要体现在以下方面。

① 全域旅游消费者

旅游者是全域旅游的消费者。无论是游客还是居民，都将在旅游区进行消费，为当地经济作出贡献。以消费者的身份参与全域旅游，亲身感受全域旅游的建设成果，在消费的同时享受旅游带来的心情愉悦之感，放松身心。

② 全域旅游隐形建设者

旅游者是全域旅游的隐形建设者。旅游者作为旅游的参与者，也是全域旅游的建设者，每一位游客都有义务为当地全域旅游建设的不足之处提出改正的意见或者付出实际行动去改善不良之处，使全域旅游建设更加美好。

③ 全域旅游隐形宣传者

游客是全域旅游的隐形宣传者。游客可以充当旅游的隐形宣传者，对于美好的景物，人们除了赞不绝口，还会口口相传，这样，无形中就扩大了旅游区的知名度，也是旅游区宣传的途径之一。

④ 全域旅游隐形投资者

游客是全域旅游的隐形投资者。全域旅游为各行业的交流提供机会，搭建了长久的交流平台，可实现更多的交流和商业经济往来，所以，游客也是全域旅游的投资者，对于全域旅游的长久发展有着长久的影响。

9.4.2 个人参与模式

（1）旅游志愿者服务

志愿者服务是个人参与全域旅游的一个重要途径。旅游志愿者服务作为旅游公共服务体系的组成部分，通过向自助游客提供向导、咨询、讲解等服务，让游客宾至如归，对促进旅游业发展、方便游客起着重要作用。

由国家旅游局制定的《中国旅游志愿者工作实施方案》计划用三年时间，招募超过100万名志愿者，并基本建立旅游志愿者制度体系，打造畅通的志愿者参与旅游服务的渠道，实现"人人愿为、人人能为、时时可为"的旅游志愿者服务环境。

① 志愿者服务内容

a. 观光导游服务。构建旅游信息咨询台，为游客提供全方位服务与多语言服务。

b. 定点志愿者讲解服务。在城市的主要交通地点、景区点、主要社会资源点、博物馆、艺术馆、历史建筑等场所提供定点志愿者讲解服务。

c. 公共场所志愿者服务。在人流集中的商业街、马路、车站、地铁等场所提供志愿者服务，为游客提供信息咨询、指路带路、拍照等服务。

②志愿者服务长效机制

旅游志愿者服务体系作为旅游公共服务体系的一部分，是旅游服务体系和志愿者服务体系的综合体，具有公益性、系统性、规范性、长效性、志愿性等特点。

目前国内旅游志愿者服务系统存在以下问题：

① 在社会层面，我国旅游志愿者存在社会认知不足、功能定位不明确、保障机制不健全等问题。

② 在组织层面，旅游志愿者系统存在缺乏规范的管理组织，旅游志愿者来源渠道单一，没有建立完善的培训机制，缺乏评价机制和激励机制，服务点分布不合理等问题。

③ 在活动层面，旅游志愿者的服务内容比较单一，志愿者的临时性高（国内的旅游志愿者服务活动多局限于大型活动与节假日），服务活动长效性不足，志愿者流失率高，志愿者服务与游客需求吻合度不高。

根据上述旅游志愿者服务体系存在的问题，在建立全域旅游志愿者服务体系时，应该完善旅游志愿者服务体系，主要应采取以下措施。

① 提高社会各界对旅游志愿者的认知。吸引政府、高校、游客、景区等对旅游志愿者服务进行理论研究与实践。可效仿美国、欧洲等教育体制中的公民义务体系。

② 建立旅游志愿者相关法律，给志愿者提供法律保障，规范运作程序，给予相应的政策倾斜，提供资金保障。

③ 完善旅游志愿者的管理机制、招募机制、培训机制和激励机制。实现管理机制的规范化、制度化、长期性和稳定性；实现招募机制的科学性，并准确地对志愿者的条件或特长进行考核；加强对志愿者的服务礼仪、服务能力、服务职责等方面的培训，提高服务质量和游客满意度；建立激励机制，调动公民参与旅游志愿者服务活动的积极性、主动性和创造性。

④ 引入有效的志愿者反馈机制。其一，志愿者活动主体即义工、游客、景区、旅行社等建立相互的反馈机制，增加服务方与被服务方之间的沟通，避免志愿者提供的服务与游客、景区需求脱节等现象。其二，建立志愿者与志愿者机构之间的反馈机制，保证志愿者机构管理制度的完善、培训、招募等制度的科学

性，提高服务质量。

案例：澳大利亚墨尔本——旅游志愿者服务机制

澳大利亚的旅游志愿者服务开展得非常活跃。澳大利亚从南端的塔斯马尼亚岛到北部的凯恩斯，全国各旅游景点景区、旅游商店、旅馆都遍布着非营利机构建立的旅游咨询服务中心，为游客提供旅游线路及吃住行等方面的咨询。提供旅游咨询服务的大多是旅游志愿者。澳大利亚的旅游志愿者拥有十分广泛的群众基础和社会声誉，相对国内的旅游志愿者服务体统，澳大利亚的志愿者服务已进入组织化、规范化、系统化的轨道，形成了一套比较完整的运作机制，值得我国旅游志愿者借鉴。

以维多利亚州州府墨尔本为例，墨尔本市政厅为了给旅游者提供一个舒适的环境从而使当地的旅游产业经济效益，墨尔本市政厅设置了四项核心旅游服务，这些服务大多由志愿者完成。其中包括，由志愿者组成的、为游客制定2~4小时主题之旅，免费带游客游览墨尔本的迎宾服务中心；为游客提供全方位、多国语言免费服务的墨尔本游客服务中心；由穿着标有城市大使（City Ambassador）鲜明制服的旅游志愿者组成的、在城市各区域或景点为游客提供带路、咨询、拍照等协助的城市服务中心。值得一提的是，随着澳大利亚旅游业的发展，红色马甲和热情的服务成为城市旅游的一部分，保留在游客的记忆中；具有鲜明特色、遍布维多利亚境内的旅游咨询台也成为澳大利亚城市旅游的标志。这些旅游服务多由志愿者完成，他们分工细致、职责分明，加上标志性的服务台和服务人员热情的服务，墨尔本市政厅形成了良好的旅游环境与信息咨询环境，并节省了大量的经济成本。

因为志愿者服务的成功，从联邦、州到地方各级政府都积极地向志愿者组织提供政策和经济援助，使整个志愿者服务得到了社会力量的支持，形成了一种颇具特色的志愿者文化。获得社会基础的志愿者服务拥有了生存和发展的基石和平台，在志愿者招募、志愿者资金征集等方面都容易很多。墨尔本乃至整个澳大利亚的志愿者是由青年义工与退休人员组成的，具有完善的旅游志愿者服务制度，由旅游局管理，由各旅游咨询中心实施。每个志愿者都要经过面试、签订协议、岗前培训，通过培训的志愿者才能正式到岗服务。

旅游志愿者在澳大利亚旅游业中成功帮助游客提供各项旅游服务，创造了社会经济收益，提升了国家和旅游地区的形象。

为了顺应全域旅游的发展与国际旅游业的发展趋势，我们必须完善国内的旅游志愿者服务体系，以满足规模日益壮大的散客群体，为旅游者提供高质量的旅游服务。

（2）全民文明旅游

① 建立工作机制

为促进文明旅游，需要有健全的工作机制作为保障。首先，应该健全投诉机制。全域旅游语境下，旅游涉及的单位、部门比传统旅游都要多，任何一个细节不到位都将影响游客的旅游感受。因此，首先要健全投诉机制，保证投诉案件有人受理、及时处理、妥善解决，保护游客的合法权益；其次要健全法律监督机制，对不合法、违规经营、侵害消费者权益、有损当地形象的企业，应加大惩处力度、及时惩处，使违法乱纪的经营行为和侵害消费者权益的行为从根本上杜绝。

对于不文明的游客行为也应当有相应的投诉机制和法律监管机制。建立完善的投诉机制，对被投诉的不文明游客进行处罚，这也起到对游客不文明行为的警示作用。对于涉及违法的行为，应该依法及时进行查处，还应该利用社交媒体进行曝光，营造良好的舆论氛围，创造全民文明旅游环境。

② 加强文明教育培训

加强文明教育培训应该分为两方面。一方面是企业和单位。应该教育当地的企业诚信经营、文明服务。旅游区的企业是为旅游者服务的前沿窗口，因此一定要增强前沿窗口的带动和示范作用。景区的企业从业人员是与游客接触的前端人员，从业人员的素质也将影响游客的体验。景区工作人员的引导和督促提醒，将会在很大程度上减少旅游不文明行为发生。要动用各种方式对广大旅游者进行潜移默化的文明旅游教育。另一方面是游客。加大文明旅游的正面宣传力度，发挥反面典型的教育警示作用，培育文明公民、文明游客。

③ 做好文明宣传引导

与旅游相关的各地政府管理部门、旅游集散中心、旅行社应通过旅游宣讲会、旅游宣传页、电视、广播、报纸、杂志、互联网等媒介加强对文明旅游的宣传力度，张贴文明旅游宣传海报，大力宣传文明旅游与生态环境保护之间的互惠互利关系，大力宣传旅游活动可能给环境造成的损害，尤其应让公众认识游客不文明旅游行为对一个国家形象、旅游环境、景区景观造成的污染和破坏，以及对其他旅游者带来资源享受的不公平性。与旅游相关的政府部门应经常性地向旅游者、旅游地居民公布环境质量信息及污染对健康、经济、环境的损害，使旅游文明真正深入到旅游地公民和进入此地的旅游者心中。

④ 加强监督考核

建立文明旅游宣传引导检查考核机制。对旅行社导游、领队文明旅游宣传引导工作的实施情况进行有效管理和评价，强化文明旅游工作考核监督。

第 10 章 全域语境下的全体系覆盖

中产阶级的崛起引发个人消费能力的提升，休闲度假环境也被寄予厚望，多年来，旅游产业的发展重心一直在旅游产品上，对很少产生经济效益的旅游基础设施和服务设施建设的关注少之又少，致使很多地方旅游设施建设跟不上旅游消费的增长速度，严重制约旅游产业的转型升级。而随着全域旅游的发展，旅游服务要求旅游交通网、智慧旅游网、公共服务体系网三网合一，构建全域覆盖、全面发展、具有目的地结构体系的全面服务架构。这对旅游设施建设提出了全新的要求，更加开放、完善、便捷将成为今后提升的重点。

如今人们主要抱着休闲、娱乐的心态选择旅游项目，而游览过程中体验的好坏也成为游客选择目的地的主要依据。全域旅游要求旅游向观光、休闲、度假复合型功能转变，市场需求升级，要求供给市场也越来越具有综合性，很少有人关注旅游基础设施与服务设施的建设。旅游的功能提升已经成为旅游发展的重中之重。旅游体系关乎着全域旅游吃住行游购娱等各个环节，外延性强，容易与其他产业融合产生新业态、新产品，是旅游产品的重要组成部分，是最能体现全域旅游的"面上"工程，也是全域旅游由旅游企业单打独享向社会共建共享的重要转变之一。在这一背景下，全域旅游目的地的旅游体系该如何摒弃传统旅游体系中的以功能论功能？如何在满足基本服务功能的前提下提高旅游功能，实现其旅游化，增强其旅游能力？

一个优秀的旅游城市，不仅旅游产品要过硬，旅游管理、旅游服务都要过硬。旅游更多地向追求舒适静谧的度假旅游转型，若想吸引游客，拉长游客停留时间，这就要求除了推出更多精品旅游项目外，还要建设和完善配套公共服务体系，形成全体系的产品与服务覆盖，以增强"旅游公共服务能力"和"游客满意度"。

10.1 交通——全域旅游背景下的可移动旅游目的地

10.1.1 交通是全域旅游开展和升级的先决条件

（1）交通是实现全域旅游跨越式发展的重要环节

一方面，交通是旅游活动完成的充要条件。在旅游功能结构系统（旅游客源地、旅游目的地和旅游交通）中，旅游交通主要提供交通设施和转移服务等功能，作为旅游通道的唯一物质载体，是实现游客从客源地向旅游目的地转移的直接途径，是完成旅游活动必不可少的重要环节（图10-1）。

另一方面，交通的发展能够带动旅游的繁荣。首先，交通便利与否决定了游客对旅游目的地的选择，游客外出旅游时，需要考虑不同交通方式所消耗的时间，在旅行时间相对有限的情况下，交通便利与否直接决定着旅游目的地吸引力的大小，影响着游客对旅游目的地的选择；其次，交通质量好坏直接影响着游客的旅游质量和游客对整个旅行的满意度。旅游活动一般是由交通串联各个景点（区）而形成的闭合系统，旅游资源的开发必须以强有力的交通条件做后盾。由于旅游的发展需要依赖吸引游客而产生效益，如果交通设施及服务滞后，旅游目的地的形象就会大打折扣，将直接制约区域旅游业可持续发展和规模化旅游经济形成。所以，交通在很大程度上决定着旅游资源开发的效益，便利的交通将为沿线城市带来巨大的旅游发展机会。如沪昆高铁的开通，大大改善了赴滇出行方式，为江浙沪游客赴滇"周末远程游"提供了便利，这将给云南旅游业的发展带来巨大的"红利"。再次，交通能够推动城市旅游从"景区旅游"向"全域旅游"转变。道路把沿线景区串珠成链，盘活城市各边缘角落的旅游资源。特别是旅游交通的建设，不仅能促进道路景观、生态、文化等价值的保护，而且能串联分散的景点（区），形成整体产品，对于整合城市旅游资源、整体营销都有积极的作用，从而推动城市旅游向"全域旅游"转变。

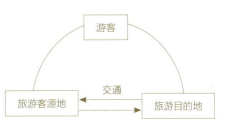

图10-1 旅游功能系统运行示意

（2）交通是全域旅游产品的重要组成部分

在全域旅游全要素融合发展的大环境下，有些旅游交通方式本身就是一种很好的旅游体验产品，如骑行、登山、游船、飞翔、漂流等交通方式本身就是一种实现移动的活动方式，同时也成为游客参与新奇体验的一种旅游形式。吊桥、邮轮、玻璃栈道、缆车、风景道等交通工具和独特道路，本身就是一种独特的景观，当游客选择不同的交通方式、交通工具、交通道路时，可以欣赏到不同的风光，获得不同的新鲜感受，很多时候旅游交通已经成为全域旅游产品中的一个重要组成部分。

例如宁夏沙坡头景区的3D玻璃桥，桥面带有3D效果，景色随时变换，具有强大的视觉冲击力和惊险刺激体验，它自身就成为沙坡头景区的一个重要的旅游吸引物，吸引了很多游客专程去体验（图10-2、图10-3）。

图 10-2　宁夏沙坡头 3D 玻璃桥
图片来源：http://www.sohu.com/a/198751035-171287

图 10-3　热气球低空旅游
图片来源：http://gou.trip.com/travels/cappadocia1133/1819265.html

10.1.2　全域旅游下交通的旅游功能发展

（1）全域旅游助推交通服务功能升级

旅游的发展依赖于良好的交通环境。目前，为全面提升游客体验，全国各个旅游城市在城市交通客运、旅游交通产品、旅游交通标识、旅游交通换乘以及旅游交通相关配套服务设施等方面均作出了前所未有的改良和优化，进一步推动了旅游交通功能升级，而且越来越多地区开始注重旅游交通精细化服务，真正做到了以人为本。

（2）全域旅游催生交通的休闲化发展

全域旅游发展背景下，城市旅游交通设施除承担运送旅客的功能外，逐渐具备满足游客体验、娱乐以及游览的旅游休闲功能。对应新兴的旅游市场需求，城际列车、旅游巴士、邮轮、通航飞机、旅游专列等新型旅游交通方式正在成为交通与旅游结合的创新产品，缆车索道、玻璃栈道、吊桥、游艇、竹排等旅游交通工具与生活、旅游度假融合发展创造出更多的市场和休闲业态，增加旅游的新鲜感与趣味性；风景道、绿道等新型交通载体，扩容了城市的旅游休闲空间，这些都将是未来交通发展的重头戏。如建设城市旅游绿道时，会加强道路两侧景观的塑造，在景观小品等设施上更加强化地方风貌特征，还会增加服务驿站、旅游厕所等旅游服务设施，这些措施不同程度拓展了城市的旅游空间及慢生活的环境品质，在方便城市居民日常休闲和交往、营造城市全域旅游休闲环境方面都起到了积极的作用。

10.1.3 全域旅游交通的构建

（1）全域旅游交通旅游服务功能升级路径

① 提升旅游交通、旅游服务元素的融入

积极将旅游厕所、观景台、驿站、旅游标识系统、集散中心等旅游设施与交通基础设施统一规划建设，增强旅游交通的娱乐、游憩、购物以及标示功能；同时，建立旅游交通移动客户端软件、旅游城市公共交通信息系统等智能旅游系统，给游客提供路况信息，提升旅游交通的休闲娱乐、旅游引导以及综合服务功能。

② 打通旅游交通发展"最后一公里"

优质旅游资源一般分布在城市的边远地带，大都位于交通的末梢，且每个城市的景区也不一定集中布局，使游客在"家门口"的一次次换乘中把高铁、飞机带来的时间优势消耗殆尽，旅游交通"最后一公里"成为制约旅游发展的短板，因此解决城市与景区、景区与景区之间的交通便捷性显得尤为重要。

针对这些问题，要优化旅游交通供给，加强城市内外旅游交通的合作关系，构建以游客为导向的城市旅游交通系统，通过在城市内部增加旅游专列、旅游专线、观光大巴、旅游公路、共享单车等措施，构建诸如"旅游大巴+步行""公共交通+自行车/步行"等多元化的城市旅游交通组织模式（表10-1），提高旅游景区的可进入性，切实解决城市内外部游客旅游交通前端"最先一公里"布局和末端"最后一公里"衔接的问题，着力打通景区与景区、城市与景区之间的连接道路，加快实现从机/站到景区交通的无缝对接，让游客获得"快旅慢游"的体验。

例如南京市，为了解决公共交通"最后一公里"的衔接问题，推出了环城旅游观光巴士，外地游客在火车站、长途汽车站就能乘坐巴士去往各大景点。打造了"机/站—景区—景区"的小交通闭环系统，实现了对游客一体化的交通服务，深受游客喜欢。

城市旅游交通组织模式　　　　　　表10-1

类别	旅游交通组织方式	配套设施建设
长途游客	飞机/火车/长途大巴—旅游大巴—步行	生态停车场、旅游公路
	私家车—步行	生态停车场、旅游公路
市内游客	公共交通—步行/自行车	生态停车场、自行车租赁点、骑行驿站
	私家车—自行车/步行	生态停车场、自行车租赁点、旅游公路、骑行驿站
	自行车—步行	自行车租赁点、骑行驿站

（2）构建全域旅游交通的休闲化体系

全域旅游讲究全资源整合，交通作为旅游的重要组成部分，交通形式、交通工具都由单一的运输功能体系向休闲化发展，这不仅有利于扩容城市旅游空间、延长游客旅游消费链，也是对于城市资源的最大化开发。城市的交通休闲化体系主要包括铁路旅游、公路旅游、水上旅游、低空飞行旅游以及特色交通旅游产品等几个方面（表10-2）。

介于铁路旅游、水上旅游以及低空飞行旅游需要相应的特色载体，而公路是每个城市普遍存在的交通形式,也是全域旅游最容易实现旅游休闲化的载体,因此本书对公路的休闲化利用加以展开叙述。

传统交通形式休闲化发展　　　　表10-2

传统交通方式				交通旅游类型	相关旅游产品		
					交通工具	呈现交通形式	衍生特色交通产品
铁路	铁路旅游	旅游专列、观光列车	铁路遗迹观光、铁路摄影		观光小火车、旅馆列车、火车餐厅		
公路	公路旅游	旅游巴士	风景道、绿道、旅游专线		骑行运动、登山运动、比赛、自驾营地		
航运	水上旅游	邮轮、游艇	码头、港口、水上旅游线路		漂流、水上运动、水上比赛、码头、港口、大桥观光游、房船		
航空	低空飞行	热气球、滑翔机、飞行器、降落伞	空中游览、低空旅游航线、航空体验、航空运动、低空飞行旅游节庆等		通用机场、低空旅游产业园、飞行营地、通航旅游小镇、航空装备研制、生产基地、低空飞行培训基地等		
特殊交通	特色交通	吊桥、邮轮、玻璃栈道、缆车、竹排、小船	骑行、登山、游船、飞翔、漂流、冲浪、撑船		—		

公路的休闲化利用主要体现在风景道、城市绿道建设以及旅游专列、观光巴士等休闲工具开发上(图10-4)。

① 风景道建设

　　风景道是由交通、游憩、景观等多种功能相结合而成的一种特殊景观道路。风景道的建设一般选择沿线资源丰富、道路景观富于变化且具有一定地域吸引力公路。要突出其游憩娱乐功能,主要通过提升道路沿线景观、加强环境保护、强化休闲游憩及服务设施建设以及融合带动沿路景区、特色村镇等旅游资源一体化发展(表10-3)等措施实现,可以增强风景道的休闲游憩功能、带动地方资源环

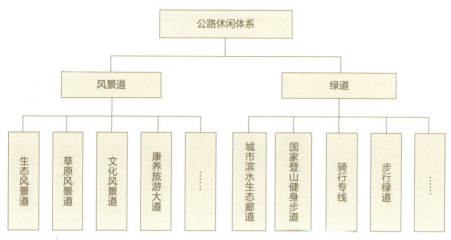

图 10-4 公路休闲体系构成图

境保护、产业扶贫以及地方文化民俗特色展示与体验。

例如我国鄂尔多斯风景道,沿路串联成吉思汗墓和西夏王陵等景点,规划通过对其景观及植物配置、标识系统、游憩服务设施、声音景观等方面进行深入设计,达到了道路景观设计、旅游游憩、环境与文化保护等有机结合的目的。游客在驾车穿越这条公路时,可以感受游牧与农耕文明的交融,体验草原、乡村、荒漠等多种风光,在全国都极具名气,每年吸引大量的游客,鄂尔多斯城市形象得到了提升。

风景道建设　　　　　　　表 10-3

建设要点	建设内容	具体要求
道路选线	—	一般选择沿线资源丰富、道路景观富于变化且具有一定地域吸引力的公路,如滨水公路、环山公路、乡村公路等
景观与植物配置设计	—	保留提升沿线标志性建筑及构筑物景观,注重与水体、地形地貌等的融合发展;强化和维护沿线原生态景观,选择本土植物,结合当地文化背景,对风景道景观和生态植被在空间组合、形态对比以及色彩对比上进行改进,强化和突显具有地域特色的自然和人文景观;风景道景观艺术小品要展示和延续当地的文化,且要在统一中富有变化

续表

建设要点	建设内容	具体要求
游憩服务设施设计	观景设施	有驻足赏景、信息解说、停留与休憩等功能；依景观选址，由流量决定规模；与当地历史、民俗及周边环境相协调，具有解说标识
	游客中心	一般与汽车营地、野炊区等搭配设计，主要为游客提供游憩、休息、信息、餐饮等服务，设置饮水器、厕所、商店、住宿和餐饮等服务设施
	野炊区	承担餐饮、审美、娱乐等功能；规模较大，选址与景观和地形有关，布局灵活，无太多建筑物，服务设施简单，流动性较强
	旅游商品店	承担基本购物和展示当地文化的功能，布局与规模依据客流量、游客需求，也要结合当地自然人文生态等，间距灵活，建筑风格结合本地生态环境和民俗文化
	汽车营地	承担住宿、餐饮、休闲娱乐、休憩、汽车维修、物质补给等功能；选址和规模依据客流、地形以及景观；间距约60公里，风格和当地风情统一，可以根据沿线建筑改造；可以包括小木屋、集装箱住宿、露营区以及野营区等
	博物馆	紧挨风景道，博物馆主要展示当地的风情、风物、风俗等
	公园	路侧公园主供游客休息，要结合当地的文化特征，以本土植物为主，注重乔灌草的比例以及硬质铺装与植物种植比例，增加具有地域文化特征的景观小品
娱乐体验活动	—	根据风景道沿线文化，举行诸如文艺展演、游戏和趣味体育以及比赛等娱乐活动
标识系统规划设计	—	要求标准化与个性化融合；包括警示标识、游客导向标识、中英文对照标识等；表现方式多样化，运用文字、图片、色彩和形状等多种方式进行信息的表达与传递；为对道路自然与人文景观的影响减到最小，尽可能地将各类标示集合到一个位置
声音景观设计	音响	音响外形和环境统一；培育特色声音景观，通过重要节点的声音景观设计来表现区段的声音环境，以达到突出愉悦声音、掩盖消除噪声、加强环境和谐感的作用
气味设计	—	搬迁沿路散发刺鼻气味的企业；通过间杂种植不同有香味的树种，满足游客一年四季的嗅觉需求
道路连接设施	停车场、交通换乘点	提供停车、换乘功能；一般位于风景道重要游憩节点入口，为了维护视觉景观资源，对停车场应进行植被遮挡

② 绿道建设

通常围绕生态资源较好的区域展开，是一种线性的绿色开敞空间，包括步行道、城市绿道、滨水生态廊道、自行车骑行专线、登山步道以及这些道路配套建设的休息驿站、观景平台、小商品售卖点等。

慢行系统建设要彰显地区文化特色，注重环境保护，提供咨询、租借、补给、休憩、购物、自行车维修等综合服务。一般需要建设骑行中心、休息驿站、骑行俱乐部等服务配套（表10-4），绿道拓展了城市的旅游空间及慢生活的生态环境品质，在提升城市旅游形象、强化地方风貌特征、方便城市居民日常休闲和交往、营造城市全域旅游大环境方面都起到了积极的作用。

绿道系统建设要点　　　　　　　　　表 10-4

建设要点	内容	具体要求
景观设计	小品、植物配景	尽量选择本土植物，结合当地文化背景，注意生态保护，强化和突显原生态的自然和人文景观
标识系统规划设计	出入口、沿线标识	符合标准化要求；形状、色彩、文字、图像等方面的艺术性、文化性与要当地文化结合
厕所	—	突显本地文化特色，与环境统一，设施先进；达到"数量充足、干净无味、实用免费、管理有效"的要求
骑行中心	—	与周边环境相统一，布局均匀；主要对骑行者提供维修、物品供给等服务
骑行俱乐部	餐饮区、住宿区、娱乐区	设计尽量与环境相统一，选址要考虑安全性，布局灵活，能满足骑行者休息、交流、娱乐等需求
游憩服务设施设计	休息驿站	均匀分布，外形设计符合本地文化特色，设计简单的座椅与购物设施
游憩服务设施设计	观景平台	依景观选址，以人流量决定规模；与当地历史、民俗及周边环境协调；注意安全防护设计，有驻足赏景、信息解说、停留与休憩等功能
游憩服务设施设计	小商品售卖点	布局与规模依据客流量、游客需求设计，要结合当地自然人文生态等，间距灵活；建筑风格结合本地生态环境和民俗文化；承担基本的购物和展示当地文化的功能

10.2 智慧旅游体系

10.2.1 智慧旅游是全域旅游便捷化的重要保障手段

智慧旅游被学界认为是解决目前旅游业发展瓶颈和存在问题的重要突破口。

（1）有效解决旅游供给与需求信息不对称问题，提升旅游品质

智慧旅游可以有效解决游客、旅游企业、旅游管理部门之间信息不对称问题，解决海量游客的个性化旅游需求，辅助游客进行消费决策并提供更丰富的旅游公共产品，使游客获得更好的旅游感受以及更加优质、便捷、个性化的旅游体验。

（2）提升旅游业整体形象，创新旅游企业可持续发展模式

智慧旅游影响着旅游企业的产品设计，将综合景区、交通、住宿、餐饮、天气、活动等多维信息，通过智慧平台进行数据挖掘，帮助产品策划部门高效地推出符合游客多样化需求的旅游产品，有针对性地将产品信息传递给潜在的消费者并实现实时沟通与反馈。同时，各类型旅游经营企业也将及时获得旅游信息，从而防止旅游资源浪费和时空分布不均问题出现，提高商业决策的准确性和服务管理水平，增加竞争优势。

（3）智慧旅游是探索旅游管理的创新平台

智慧旅游将促进旅游管理创新，旅游管理部门能够通过物联网实时收集景区游客信息，对餐饮、酒店、商铺经营实现动态监管，动态监管景区生态环境、遗产文物等状况，并依靠智慧旅游专家辅助决策系统及时发布旅游指导信息或管理意见，有助于旅游科学化管理，保护游客权益和旅游资源。针对旅游投诉等问题，公安、工商、卫生、质检等旅游部门可以通过智慧旅游系统实现信息共享与协作，联合维护旅游市场秩序。智慧旅游还可以及时监测和预防各种突发事件，预防旅游安全事故，运用人工智能等技术提高旅游应急管理能力。

总之，智慧旅游能够让游客、景区、管理者彼此实现系统整合，让各方者参与，借此有效地改善旅游城市、景区的旅游服务质量，打造快捷、个性、智能、高品质的旅游市场环境。整合资源，集约发展，打造行业品牌，形成管理合力，实现规模效应。

10.2.2 智慧旅游已成为全域旅游的发展趋势

在大数据、物联网、互联网等信息技术的带动下，全国旅游城市和旅游景区都在进行"智慧化"转型升级。如2011年9月，苏州市开始打造以智能导游为核心功能的"智慧旅游"服务，大幅提升来苏游客的服务品质。2011年11月，洛阳市推出电子门票，开通微博，形成立体交叉的互联网、物联网旅游服务体系，开始"智慧旅游"的建设。2012年初，南京推出"游客助手"平台、智慧旅游互动式体验终端、乡村旅游营销平台、智慧景区试点、旅游执法e通和智慧旅游中央管理平台六大项目，集合了最新的旅游信息、景区介绍和活动信息、自驾游线路、商家促销活动、实时路况、乡村旅游、火车票、酒店、餐饮等信息，为游客在旅行过程中提供在线查询、预订等服务。近年来，北京市运用互联网、大数据、新一代通信技术，构建了北京智慧旅游顶层设计，发布了智慧旅游四个业态建设规范，A级景区全部实现了自助导游和虚拟旅游，建成了首都旅游产业运行监测调度中心，北京旅游网、"i游北京"APP等，进一步提高了旅游市场监管效率和服务水平，改善旅游供给，满足旅游者不断增长的需求。大同市推出"旅游+众筹""线上+线下"及借助微信、微博、APP宣传推广服务等营销方式也方兴未艾。

景区智慧旅游不仅仅局限于为景区提供旅游信息化系统服务，除了包括旅游管理、旅游营销和旅游服务外，更注重全方位为景区和游客提供智慧体验、文化体验、互动体验。华侨城智慧旅游系统，始终坚持以文化为核心，以增强互动体验为表现，以移动互联技术为支撑，不仅为景区和游客提供更便捷的游览、更贴心的服务、更优质的管理、更精准的营销，同时还深度挖掘景区文化内涵，提供更丰富的文化体验和更多元的游玩乐趣，带来完全不一样的体验感受。华侨城依托智慧旅游系统开发，成功打造出带有丰富文化内涵和互动体验感受的360度全景天地剧场、影视跳楼机、平立式飞行影院、主题Dark Ride、环境4D剧场等几十项国内顶尖的智慧旅游拳头产品，从而形成完整的线上线下智慧旅游产品链。华侨城智慧旅游系统不仅将为游客带来更加丰富多元的体验感受，还将为景区带来更集约化的经营管理，引导智慧旅游创新发展。

总之，以大数据技术，用整合旅游行业信息、资源数据的方式，我国各景区、旅游城市都在积极建设智慧旅游，大数据库建设、智慧营销、智慧管理、智慧服务都产生了实实在在的效果。从这个意义上看，智慧旅游是旅游业现代化转向的导航器，是通往可持续增长的必经之路。

随着大数据时代的到来，用整合旅游行业信息、资源数据的方式，从宏观层面对旅游资源进行统筹规划，加强行业的健康可持续发展，促进传统旅游向"智慧旅游"转型就显得尤为重要。

10.2.3 智慧旅游建设方案

面对越来越大的体量和越来越多的旅游产品，越来越高的需求水准和越来越激烈的市场竞争，要想把旅游业做强，使旅游业快速健康发展，就必须要依靠现代科技的力量，采用一种低成本、高效率的联合服务模式，用网络把涉及旅游的各个要素联系起来，从而为游客提供智慧化的旅游服务，为管理部门提供智能化的管理手段，为旅游企业提供更高效的营销平台和广阔的客源市场。智慧旅游的建设将为游客提供更便捷、智能化的旅游体验，为政府管理提供更高效、智能化的信息平台，促进旅游资源活化为旅游产品，放大资源效益。

智慧旅游功能主要分为智慧服务、智慧管理和智慧运营三大模块。

（1）"一中心两平台"的构建

智慧旅游关系到旅游的服务、管理、营销三个方面，涉及"游客—政府管理者"或者"游客—景区管理者"之间的关系。"一中心"即旅游大数据中心，"两平台"是旅游综合服务平台、旅游综合管理平台。

① 旅游大数据中心

整合与优化信息基础设施建设，建立旅游资源保护数据库、景区数据库、游客特征数据库等。加强对名胜古迹、自然环境和自然景观、非物质文化等资源的监控与保护管理。

智慧旅游要依托大数据的发展而发展，对各种渠道的大数据进行整合，计算机进行云计算、逻辑分析、判断、理解，将数据拟人化，提供给使用者，以用于感知、决策，最终为游客提供高效旅游信息化服务，实现旅游管理、旅游服务、市场营销的定人、定向、定量。

②旅游综合服务平台

以物联网、现代通信技术为基础，建立旅游公共信息服务云平台，建立旅游公共信息数据库，建立基于地理信息的旅游服务平台，实现旅游行业信息收集、分类、处理、发布的自动化。

a. 推动智能手机APP的研发及推广，游客可通过智能手机实现旅游相关信息查询、产品和服务预订及支付、地图导航、语音导游等多种功能。加速智能手机APP外文版的开发，使国际游客也能享受到"智能旅游"带来的便利。

b. 推进旅游星级饭店、景区等旅游企业提供在线查询、预定、支付等功能。

c. 推广手机钱包的应用，游客在旅游景区、餐厅、商店等商家消费的时候，可利用手机进行小额支付。

d. 推动无线宽带网覆盖。采取多种方式，促进饭店、旅游乡村、景区等旅游企业建设开通无线宽带网。在部分景区、文化场所以及餐厅饭店等，推广免费4G网络覆盖。

e. 推广普及"智慧景区"建设。建设景区安全保障智能监控工程，景区电子门票、门禁工程，景区流量实时统计、上报、发布工程，景区应急管理及紧急救援工程，景区内部办公工程，景区门户网站工程，景区电子商务工程，景区旅游故事及游戏软件工程，景区旅游资讯数字化信息发布工程，景区多媒体展示及网络虚拟旅游工程，景区自助导游工程，景区呼叫中心平台和建设景区投诉及游客互动工程等。

f. 推广普及智慧饭店的建设。建设饭店网络及通信基础工程，饭店客房自助信息及电子商务终端工程，投诉、满意度调查及游客互动系统工程，监控安防系统工程，饭店智能客房控制系统工程，饭店多媒体自助服务终端工程，饭店中央预定系统工程，饭店管理系统工程，饭店综合视频会议系统工程和饭店智能闭路电视工程，饭店呼叫中心平台；推广饭店VIP客人应用智能卡。

g. 推广普及智慧旅行社的建设。建设旅行社团队（游客）管理和旅游电子合同工程、旅行社及导游领队服务管理系统、旅行社ERP业务管理工程、B2B企业分销工程、B2C企业网站工程、旅行社服务质量跟踪及游客互动工程、旅行社呼叫中心平台、旅行社供应商管理工程、旅行社客户关系管理（CRM）及会员卡管理系统、旅行社在线OA管理工程、旅行社电子行程单管理及GPS定位与身份识别工程、旅行社旅游保险管理平台、智慧旅行社物联网平台与移动商务管理平台等。

　　h. 智慧乡村旅游示范点的建设。建设旅游乡村基础网络工程，包括无线宽带网（WLAN）建设工程和室内宽带无线覆盖工程、旅游乡村门户网站建设工程；建设旅游乡村网络营销订购和旅游服务工程、消费刷卡无障碍服务工程、安全管理信息服务工程、旅游乡村中的民俗户智能终端覆盖工程、旅游乡村游自助导游导航工程。

　　如云南省为方便游客使用，推出了官方APP、微信公众号和小程序。应用程序首页分为"行在云南、住在云南、游在云南、购在云南、云南攻略、在线咨询、我要投诉"八大板块，全面覆盖游客在云南的"吃住行游娱购"及游前、游中、游后的各项需求。

　　③ 旅游综合管理平台

　　提升旅游政务网站综合服务能力，政务信息发布应做到及时、适时、准确。结合电子政务办公系统，建立、完善电子政务服务系统，完善网上办事流程，建立旅游企业、从业人员诚信监管发布平台及信誉公示机制；建立旅游应急指挥系统，充分运用智能视频监控、移动网络、物联网等技术和手段；建立动态感知游客活动信息和旅游企业状态的信息网络等，形成旅游综合管理服务平台。

10.3 旅游集散体系——全域旅游背景下的旅游超市

10.3.1 旅游集散中心促进全域旅游的发展

（1）集散中心是城市全域旅游特色服务的重要载体

　　旅游集散中心是针对散客个性化特色旅游服务的重要载体，对外，旅游集散体系一般集列车、汽车、航空、轮船等交通网络于一体；对内，接驳市内公交、自驾等交通方式，力求实现游客出行的无缝对接，连接景区、旅行社、酒店、购物、娱乐、餐饮等单位，全力合作，共同开发，为游客提供全方位、立体式的服务。搭建旅游集散中心有利于整个城市与周边城市旅游资源整合，加强旅游产品与市场需求的有效对接，提升城市旅游档次和服务水平，提升城市旅游形象和旅游资源的利用水平，为本地市民以及外地游客提供更便利的旅游服务，对城市全域旅游发展起到积极的推动作用。

（2）旅游集散中心为城市全域发展增添活力

首先，旅游集散中心一般作为城市的建筑地标来建设，增添了城市建筑的可观赏性；其次，旅游集散中心集交通集散、城市文化展示、旅游产品服务等功能于一体，在一定程度上增加了整个旅游城市的服务能力；再次，通过旅游集散中心的电子商务业务，旅游城市加强与周边城市的合作与交流，如资源共享、互换客源等，这些都为促进城市全域旅游发展增添了活力。

10.3.2 全域旅游有利于完善旅游集散中心功能

旅游集散中心一开始主要是为了迎合散客自助旅游需求，起到类似于旅行社的功能，负责游客集散、旅游信息咨询、订票、订房等业务。在全域旅游推动下，各地旅游集散中心不仅仅满足作为旅游出行中心枢纽的作用，同时还要作为旅游产品推介与展示、旅游电子商务服务、旅游线路设计、精品游线打造、旅游商品展示与售卖以及城市文化展示等功能。特别是旅游电子商务服务，可以让游客在任何有网络的地方对旅游时间和旅游目的地任意选择，让游客享受到个性化和高效的旅游服务。如江浙沪旅游集散中心对接后，三地依托旅游网络，长三角市民能同时享受三地的优惠活动，实现"一票到底"直通游，感受网络运作带来的便捷（图10-5）。

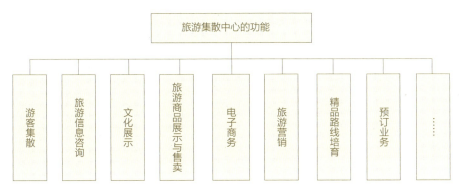

图 10-5 旅游集散中心功能构成图

10.3.3 全域旅游背景下旅游集散中心的发展类型

（1）按级别划分

旅游集散中心根据接待客流量的多少、规模大小，划分为三个等级，从高到低依次为一级、二级和三级。

（2）按服务范围划分

有目的地依托型和景区依托型。目的地依托型集散中心一般依托旅游城市的旅游集散中心，为本地市民和外地游客提供各种旅游咨询服务和网上预订服务，旅游线路多为市内和城市周边游，如上海、杭州、南京、北京、深圳等城市的旅游集散中心。景区依托型旅游集散中心是以单个景区为依托的旅游集散中心，服务范围为整个景区，为游客提供导游、交通、票务代理等服务，如安徽黄山风景区旅游集散中心、河南嵩山少林寺旅游集散中心都属于此类。

（3）按营运机制划分

一般由城市政府投资建设的旅游集散中心，由政府投资，承担经营风险，属于公共服务产品，追求的是社会效益，但是容易造成营运体制僵化，如上海、南京、杭州等城市的旅游集散中心都是政府投资型的。目前，除了上海、杭州等城市的运营效益较好外，其他城市经营得都比较惨淡，需要政府给予财政补贴。企业投资型旅游集散中心，一般由旅行社、交通集团等合作投资建设，企业自负盈亏，采用市场化运作形式，政府只是起到引导的作用。目前，市场上大多旅游集散中心都属于这种类型，这种类型易造成旅游集散中心功能近似于旅行社或客运专线，存在功能单一的问题。政府引导、企业投资型的旅游集散中心，在政府引导下，由旅行社、交通集团、景区等相关旅游企业投资建设，政府进行监管，企业主导，按市场化运作，企业要承担一定的社会公共服务功能，如广州、珠海、深圳的旅游集散中心就采用此种形式，这种形式有利于政企互利共赢，是未来旅游集散中心建设的主要方向。

鉴于无论按地理分布、空间布局还是按其他标准对旅游集散中心进行分类，所有旅游集散中心大体上都可被纳入这三种类型，所以本书重点围绕这三种类型进行阐述。

10.3.4 全域旅游背景下旅游集散中心的规划设计

（1）旅游集散中心布局选址

根据集散中心的特性以及以往城市的建设经验（表10-5），城市旅游集散中心选址布局往往在交通便利、客流量较大的区域。首先，集散中心一般布局在城市人流量较大、交通方便的客运站、火车站、港口、机场、公交车站等交通口岸以及城市居民集聚区，如成都旅游集散中心位于新南门车站，北京在积水潭和前门设置郊区旅游发车点，南京旅游集散中心位于长途汽车东站。其次，还有一些城市旅游集散中心的布局选址与城市的体育场馆、城市广场等公共空间相结合。一般体育场地、广场面积较大，周边交通疏散功能便利，有利于客流集聚与扩散，如上海体育场及周边有多条公交线路及地铁、轻轨相关站点。再次，为方便游客、降低游客旅游费用，城市旅游集散中心除在城市交通口岸以及居民聚集的区域内设置外，在区域的景区、乡村旅游点等也会设置若干分中心或发车点。依据规模和人流量的大小，这些旅游集散枢纽构成城市一、二、三级游客集散中心。以上海为例，上海旅游集散中心主中心在上海体育场，在上海虹口足球场、杨浦体育场、铁路上海南站、新客站北广场、上海港吴淞客运中心、马戏城设置了充当二、三级旅游集散功能的分站、发车点。

部分城市旅游集散中心布局与选址　　　表 10-5

城市	成立时间	服务对象	布局选址
上海	1998	主要是上海市民,其次是外地游客	主中心:上海体育馆 次中心:虹口足球场、杨浦体育馆、铁路上海南站、新客站北广场、上海港吴淞客运站
北京	2005 年 9 月	主要是国内外来京散客以及本地市民	主中心:天安门广场西南侧 分中心:王府井分中心、北京南站发车点、积水潭发车点、前门发车点
南京	2003 年 8 月	广大南京市民及中外游客	中北客运站、长途汽车东站
杭州	2003 年 11 月	方便市民和外地游客出游	主中心:黄龙体育馆 分中心:吴山广场、之江旁边
苏州	2004 年 9 月	外地游客、本地市民、旅游企业和交通企业等	主中心:汽车北站 次中心:火车站、汽车南站、轮船码头
武汉		外地游客、本地市民	武汉客运港
成都	2006	本地市民,中外游客	新南门客运站
厦门		本地市民,中外游客	长途汽车站
广州		中外游客	以太广场
洛阳	2014 年 5 月	广大洛阳市民以及来洛游客	主中心:位于洛阳火车站 次中心:位于王城大道、关林景区
西安		本地市民,中外游客	大雁塔北广场

(2)旅游集散中心功能分区

旅游集散中心要求布局合理、功能分区科学,应有游客集散中心等主要功能区,但是随着旅游的发展,旅游集散中心的功能也由原来的交通集散逐步向旅游六要素转变。近年来,很多新建的旅游集散中心除了基本的游客集散区外,还会有迎合市场需求的商业展卖区、文化展示区、综合服务区以及景点(区)体验区等。

① 游客集散区

旅游集散区是一级、二级、三级旅游集散中心不可缺少的区域，主要包括中心大厅、售票区、停车场、公共厕所等，集散中心级别不同，不同片区的面积也相应变化。

a. 中心大厅

设置电子信息显示系统；大厅内旅游等广告统一规划，与环境协调，位置合理，不影响引导标志；设置无障碍通道、轮椅坡道等无障碍设施，其中无障碍设施应符合《城市道路和建筑物无障碍设计规范》JGJ 50 和《老年人建筑设计规范》JGJ 122的规定；候车厅面积应大于300平方米，布局合理，整洁干净，配置室内绿化；配备饮水设备，饮用水符合《生活饮用水卫生标准》GB 5749的规定；配备舒适的座椅，座椅数量要与大厅面积、人流量成一定比例，并保持座椅干净、整洁；候车厅的空气质量、室温、采光照明、噪声及饮水卫生等应符合《公共交通等候室卫生标准》GB 9672的规定；设置安检区，配备X射线安全检查仪等安检设备和专职危险物品检查人员。

b. 售票区

配备票务系统、公共信息系统和电话服务系统；根据游客流量设置售票窗口，售票窗口数量应充分满足购票者的需求；设置补票、退票专用窗口；设置无障碍窗口；设置排队购票隔栏，有专人负责维持购票秩序。

c. 停车场

总面积不小于5000平方米，地面应硬化处理，道路平整干净；配备车辆调度室、停车站台和发车线路牌；停车场内司机视线死角区的对面相应位置应设置反光镜；车辆进出口区应配备通行管理指示灯和限速标志；进出口应设置门禁；宜按车辆车型分区，保证车辆行驶顺畅；车辆停靠站台应有利于游客快速到达目的地；停车场绿化良好。

d. 公共厕所

布局合理、数量充足、通风良好、地面干净、整洁、无异味、光线明亮、标志醒目规范；设立无障碍厕位、婴儿看护设施、防滑设施等。

② 商业展卖区

针对游客购物需求，对突显当地特色的土特产品、文化工艺品、旅游纪念品、特色餐饮等进行整合，挖掘本地的文化特色，研发旅游创意商品，集中展售当地的特色旅游商品，展示当地的特色文化。

③ 文化展示区

旅游集散中心是旅游目的地的一个展示窗口，应该把它作为反映本地特色和文化的集中展示区，把本地的风土人情、建筑风格、餐饮特色等文化元素通过不同的形式展示出来，使游客零距离接触文化，领略当地的风情。

④ 景点（区）体验区

建设游客VR和AR景点体验中心，游客可纵览当地旅游资源，了解当地文化和旅游伴手礼，便捷地选择旅游路线和购物，同时这也是一种旅游宣传手段。

（3）旅游集散中心的风貌与景观

旅游集散中心是一个地方文明、风情民俗的展示窗口，作为地方文旅形象展示和精神宣传的场所，景观建筑可以作为城市的地标进行建设。在注重其功能的同时，也要注重它的美观以及与当地环境的融合，应该把旅游集散中心当作景区进行建设，建筑设计应当体现当地建筑特色及文化特征，景观设计要以对建筑的符号性和与环境的融合性表达为主要目的，始终把当地文化特色贯穿其中，通过建筑与环境的共生共融、相得益彰，体现旅游集散中心的鲜明个性和与环境的融合，展示标志性建筑特有的视觉力量。

10.4 自驾车房车营地体系——全域旅游旅居生活新方式的载体

10.4.1 自驾车房车营地成为全域旅游发展新热点

2016年国内旅游44.4亿人次，其中，自驾游游客人数为26.4亿，占比59.5%，大众休闲自助游时代已经到来，汽车营地则是休闲度假时代必备的旅游产品。与此同时，2016年末全国私人汽车保有量16559万辆，房车3万多辆，全国有49个城市的汽车保有量超过百万辆，18个城市超过200万辆，6个城市超过300万辆，足够的汽车保有量奠定了自驾游发展的基础（图10-6、图10-7）。

图10-6　2016年中国汽车保有量

图10-7　2016年中国房车保有量

不断完善的交通网络为自驾车提供便捷的基础设施。2016年底，全国公路总里程469.63万公里，公路密度48.92公里/百平方公里，高速公路里程13.10万公里。

汽车租赁及房车营地逐渐普及，在一定程度上催生了自驾旅游。2016年汽车租赁规模已达112亿元，房车销售量达3万台，汽车租赁市场及房车销售市场扩大且需求持续增加。

总之，随着旅游产业休闲化、交通网络完善、汽车租赁及自驾营地普及，自驾旅游成为中国旅游发展新热点。

10.4.2　全域旅游为自驾车房车营地发展趋势

（1）全域旅游促进自驾车房车营地公共服务升级

标识、建设交通主干道、重点景区与营地的连接道路，推进高速公路服务区改造升级，完善旅游交通和营地标识。鼓励国内汽车生产商和自驾游服务商利用卫星导航系统开发相关产品设备。建设完善自驾游服务中心、加油站、维修站、停车场、旅游厕所、观景平台等。拓展车辆租赁网络预订、网上支付等业务。建设车辆救援基地、野外临时露营地、汽车露营地。

（2）全域旅游促进自驾车房车营地业态升级

全域旅游下，自驾车营地在作为自助游服务配套的基础上，正朝着一种新型的户外旅游目的地方向发展，业态也由传统的露营面向自驾游客开展汽车旅馆、主题酒店、主题餐厅、主题酒吧等特色经营业态。同时也不断在营地周边配套徒步、登山、骑行、垂钓、水上、冰雪、航空、赛车、马术等户外运动设施及业态，有的地方将地方特色农副产品和旅游商品销售纳入营地服务范围。自驾车营地逐渐由单一的服务业态逐渐向娱乐、体验、展示地方风土风物等业态方向升级。

10.4.3 全域旅游下自驾车房车营地发展类型

根据不同的标准，自驾车房车营地有多种类型，一般从营地功能定位上划分，自驾车房车营地可分为驿站型、景区依托型以及目的地型三种类型。

（1）驿站式营地

驿站营地面积较小，以汽车补给维修等服务为主要功能。一般位于自驾游沿线的城镇、乡村或交通节点，可以依托停车场、服务区以及现有的旅游项目进行功能提升，主要提供汽车水电油补给、维修保养等4S店式服务以及临时停靠、房车租赁、购物、餐饮、简单休闲娱乐等功能。

（2）景区依托型营地

景区依托型营地建设规模依据景区发展需求而定，该类营地依托大型旅游景区或乡村旅游景点而存在，是景区景点旅游服务的延伸。一般与景区、景点在功能上互补发展，承载娱乐、户外运动、购物、特色餐饮等特色体验与住宿接待服务等功能。

（3）目的地营地

目的地型营地，一般规模较大，可自由选址，但对建设用地要求较高。综合了露营体验、研学教育、会展会议、户外运动、娱乐以及住宿、餐饮等多重功能，本身就是一个旅游目的地。

目的地型营地除了具备有别于传统酒店的住宿、餐饮等功能外，更加注重生态休闲、亲子游乐、康体养生等功能。如北京龙湾国际露营公园，总占地面积约180万平方米，可同时满足2000人的露营需求。其内部由接待中心区、露营主会场区、房车营位区、帐篷露营区、休闲娱乐区、欧式风格木屋区、房车及露营户外用品展示区、汽车主题餐饮街区等13个功能区组成。不仅为游客提供房车、木屋、帐篷、集装箱等多种住宿选择；同时针对游客多样化的休闲需求，配置儿童游乐场、球类运动区及健康步道等丰富的休闲娱乐项目。

10.4.4 全域旅游背景下营地的规划与设计

（1）布局

营地布局应尽可能考虑游人可达性、私密性、周边开发的特征，以便营员对营地内部、周边的接待设施加以充分利用。

① 市场驱动型发散布局

市场驱动的旅游营地依托城市客群市场，围绕环城游憩带作发散布局。

② 资源驱动型点环状布局

资源驱动的旅游营地依托景区景点、风景区、旅游度假区等旅游资源在其中点状布局，规模较大需要多个营地时可结合内部环线作环状布局。

③ 交通驱动型线状布局

交通驱动的旅游营地依托主要交通干线、旅游热点线路等，结合其重要节点、集散枢纽以及生理疲劳期等因素做现状布局。

（2）选址要求

基于营地的需求特点，其选址多为交通便捷、环境优美之地。

① 区位选择——距离客源近

距中心城市2~3小时车程的郊区、有风景适合汽车出游的旅游区集群、大型景区景点、交通干线及旅游重点线路沿线均具备成为自驾车营地的潜力。

② 交通要素——方便游客进出

紧邻高速公路出入口、国道、县道等交通道路沿线，或与交通主干道有便捷交通道路连接，以方便自驾车进出。

③ 环境要素——适宜居住停留

周边生态环境优美，远离危险因素，营地内地势开阔平坦，通风及排水良好，紧临自然或人工水域，以满足游客的停留居住需求。

　　此外，从营地运营角度考虑，自驾车营地选址时，应考虑充分利用医疗、给排水、供电、通信等城市公共设施，以降低营地建设运营成本，宜选择在具备植被、河流或海岸、日照充沛的地方。

（3）营位规模要求

　　营地规模可用营地面积大小、营盘数、可容纳营员数量及人均营地面积来表示。营盘面积=营员人均所需面积×每个营盘设计容量。目前营地面积并没有统一的标准。参照台北、香港以及欧美发达国家标准，露营地规模具体测算方法如下：（是在平地和道路平置的情况下发挥最大布局效率的标准数据）

　　非旅居车（自驾车）、自行式旅居车营位占地面积>80m^2；

　　80m^2<半拖挂式和全拖挂式旅居车营位最小占地面积<100m^2；

　　汽车营地面积计算公式为：

　　　　所需面积=停车数量×（80–120m^2）×2a×2b

　　　　80–120m^2——一辆车所需的场地面积；

　　　　2a——保持自然环境和开放空间的系数；

　　　　2b——场内道路、管理中心、卫生设施等系数。

（4）营地设施要求

　　营地设施应与营地功能、主题和周边环境相协调。单一功能型营地设施包括供水、排水设施、卫生设施、解说系统等。综合功能型营地设施包括供水、排水设施、卫生设施、娱乐设施、管理建筑、解说系统、游步道等。其中，饮水器应尽可能利用临近的建筑物，将其视为临近建筑的附件部分，在注重特色的同时，设计符合儿童使用的附加设施（如台阶）。卫生设施包括洗濯池、垃圾桶、个人洗浴设施、厕所设施等。管理建筑包括营地管理中心、管理员室或住房、旅行车修理站等。服务设施包括贵重物品保管处、商店与供应站。娱乐设施包括室内或室外的游乐场或运动设施，如森林剧场、艺术中心或简易活动设施。

　　汽车营地根据其类型、自身特色及目标客源市场的消费特征设置有不同的功能区，一般而言，都设有综合服务区、宿营区、休闲娱乐区等。除以上三大功能分区外，营地还会根据自身资源市场需要等对功能区进行延伸或完善，增设度假、旅游地产等功能分区，提供分时度假等服务（图10-8）。

图 10-8　房车营地功能体系

（5）营地植被设计

公园营地选址的条件之一是具有优美的自然或人文景观。营地内树种组成结构单一，不利于形成林分的季相变化；林分郁闭度过疏或过密，投射到营地的阳光过强或不足，都不利于营员露营。森林野营区帐篷、木屋营区应选择郁闭度0.2～0.3、0.3～0.4的稀疏林分，吊床营区应选择郁闭度0.7～0.8的阔叶纯林和落叶针叶混交林。草地或游憩性草坪是日间营地比较理想的选址场所，草地分布于森林环境中，不需要人工修剪。游憩性草坪允许游人在此开展游戏、休息、散步及其他户外活动，草坪植物一般要求叶片细、韧性强、绿色期长、较耐践踏。营地超负荷接待营员会给营地、植被带来负面影响。

（6）营地活动设计

露营地旅游产品具有很强的参与性与体验性，产品拓展性强，营地活动可划分为竞技、艺术、游憩、庆典四大类，其中，竞技类包括游艇、划船、漂流、网球、赛车、溜冰、游泳、排球等；游憩类包括观光、采集、登山、狩猎、垂钓、野餐、野炊等。按活动内容将有组织野营地活动分为日常工作、水上活动、露营术、自然知识、手工艺品、游戏、特殊活动。营地活动可分为集体游戏、夜间游戏、冒险刺激游戏、野外观察或采集、野外摄影五大类。野外植物、动物、鸟类、矿物观察或采集、野外摄影实际上更适合家庭或个人。寻幽访古或放风筝、踢毽子、抛飞碟等和一些更具中国特色的传统游戏活动也值得推荐。

（7）营地设施设计

根据《中国体育休闲(汽车)露营营地标准(试行)》《自驾车汽车露营营地开放条件和要求》，自驾车营地建设配套服务设施内容，且根据一、二、三级营地要求不同，其配套服务内容也存在差异，一级营地功能服务设施要求齐备完善，二级旅游营地需满足常规服务要求，三级营地只需具备基本服务功能（表10-6）。

自驾营地配套设施内容　　　　　表 10-6

服务设施类型	服务设施内容	一级营地（综合型）功能设施完善	二级营地（主题型）满足常规服务要求	三级营地（驿站型）具有基本服务功能
管理服务设施	信息咨询处	★	☆	—
	接待室	★	☆	—
	展览室	★	☆	—
	寄存处	★	☆	—
	医务室	★	★	—
营位区域设施	自驾车（非旅居车）营位区	★	★	★
	旅居车营位区	★	★	★
	帐篷区	★	★	—
	特色主题营位区	☆	★	—
生活配套设施	餐饮设施	★	★	—
	住宿设施	☆	☆	—
	公共厕所（含残疾人使用）	★	★	★
	淋浴间	★	☆	—
	便利店	★	★	☆

续表

服务设施类型	服务设施内容	一级营地（综合型）功能设施完善	二级营地（主题型）满足常规服务要求	三级营地（驿站型）具有基本服务功能
生活配套设施	旅游设备租赁处	★	★	—
	汽车加油/维修站	★	★	★
	自助银行服务点	★	☆	—
	指示标识	★	★	★
	免费 Wi-Fi	★	☆	—
	围墙	★	★	—
	照明设施	★	★	★
	给排水设施	★	★	★
	垃圾处理站	★	★	★
	消防设施	★	★	—
	休闲设施	☆	☆	—

注：★代表"必要"，☆代表"建议"，（—代表"不作要求"）。

（8）服务要求

① 智慧旅游服务

对接智慧旅游发展需求，营地不仅要提供网上预订等基础旅游服务，同时五星级营地内各区域都应提供免费无线上网服务。

② 人性化服务

在国家大力推进旅游厕所建设、强化人文关怀的当下，自驾车营地的建设，在关注硬件标准的同时，更应考虑老年人、幼儿及残障人士等特殊群体的需求。

10.5 旅游厕所体系——城市的文明窗口

10.5.1 旅游厕所是全域旅游的重要内容之一

（1）旅游厕所是衡量全域旅游文明的尺度

世界厕所组织发起人杰克·西姆说过："看一个城市的文明程度，最好去看它的公厕。公厕怎样，城市文明就怎样。"从一定程度上说，旅游厕所关乎一个城市的文明形象，旅游厕所服务系统完善与否，已经成为度量一个城市文明程度的重要标志。

（2）旅游厕所是全域旅游的重要创建内容

旅游厕所在很长一段时间里都是我国旅游发展中公共服务供给的短板，已经严重影响到国内外游客的体验感受和旅游供给侧的整体质量。中国旅游"515"战略中，将"旅游厕所革命"放在"十大行动"第四位，并提出"吃、厕、住、行、游、购、娱"旅游七要素，专门增加"厕"这个要素，旅游厕所成为全域旅游创建的重要内容。

10.5.2 全域语境下旅游厕所改进措施

旅游厕所关乎一个地区的文明形象，推动"厕所革命"深入开展，不能贪大求洋，厕所建设要因地制宜，多使用物美价廉的当地建材，注意布局合理，强化管理运营，更加注重设计和服务细节，充分满足不同人群的需求，从"厕所革命"入手，全面推进旅游公共服务体系建设，促进旅游业健康、高品质发展。

（1）布局全域化

在全域旅游推动下，结合游客需求和景区人流节点合理布局旅游厕所，一般布置在旅游区或景区游客集中的地方，如出入口、主体建筑、广场、游乐场、景观节点、博物馆、露天剧场等；同时要突出可达性，须均匀分布于旅游区内，服务半径控制在500米，厕所之间距离控制在200~500米，且标识要醒目，以示游人；

对于公厕布点较少且不能新建厕所的地方,要发动周边的企事业单位、商家内部厕所对外开放或者提供流动厕所,切实提高旅游厕所的有效供给。例如杭州市在打造"步行15分钟如厕圈"的过程中,除了新建改建厕所外,在用地紧张地区还鼓励部分企事业单位和商家对外开放公厕,同时还备有上百座流动公厕在举行大活动时使用。所有厕所基本设施齐备,每天16小时以上保洁时间,基本上实现了游客可以在15分钟内找到公厕的初衷。

(2) 科技创新与艺术投入

"厕所革命"以后,许多城市对厕所进行批量性建设,缺少对景区地域文化特色的考虑,往往忽视对山地丘陵等特殊地形地貌的应用,设计手法单一;建筑材料使用方面,往往不就地取材,盲目追求厕所的时尚高端;建筑风貌上,忽视对当地文化的呼应;周边景观方面,缺乏对建筑周围绿色植物的保护,缺乏对外部环境空间的营造,破坏了景观的延续性,外观造型与周边环境没有形成独特景观,造成与周边环境的格格不入、没有地方景观特色,结果出现了"千厕一面"的现象。

旅游厕所形式要生动实用、功能与空间利用合理。积极应用能源、材料、生物、信息等新技术新材料来推动人性化和环保设计建设,切实解决旱厕、孤厕及其污物处理,注重设施完备、注重功能实用、注重通风良好、注重清洁卫生。同时兼顾外观,要美观便捷、现代时尚,增强厕所与周边环境的协调性。

(3) 服务设施人性化建设

大多数景区较重视厕所建筑本身的建设,但对游客真正的需求和设施细节考虑不周全。比如对厕所标识性、无障碍设施、无障碍卫生间、母婴室、男女卫生间比例、低位洗手台以及第三卫生间人性化服务设施等很少考虑,这些都大大影响了厕所的可使用性。

按照国家旅游局《旅游厕所建设管理指南》标准化进行建设。妥善考虑厕所布局与功能完善,重点解决特殊人群使用设施、厕位比例、第三卫生间、母婴室、厕所日夜标识等细节问题,使服务设施更为完善,除提供便利舒适的必要设施之外,还可以增加音乐、书籍、书画、工艺品等特色文化。同时,鼓励临街商业建筑、餐馆、卖场等公共场所的厕所对游客免费开放，即"社会单位开放厕所"。在我国一些地区，新改建的厕所开始注重"人性化""功能性"，如北京房山的"第五空间"卫生间，设置了Wi-Fi、充电桩、ATM机等多种设施，将卫生间变成了"综合服务体"。

（4）创新管理，落实监督

我国旅游厕所重建设、轻管理，厕所建设管理和技术落后，主要表现：一是旅游厕所的相关法律标准不够完善，没有完善的标准可以参照；二是厕所保洁管理人员等相关人员职责分区不明确，造成许多厕所不能及时清扫，厕所内环境极差。这些问题不仅造成资源的过度浪费，而且严重影响厕所的可持续性发展，同时游客体验也因此大打折扣。

全力推动"厕所革命"，创新旅游厕所的运营管理机制，积极探索完善"以商管厕，以商养厕"机制，采取公私合营模式，推进旅游厕所建设与管理的市场化。成立旅游厕所开放联盟，倡议企事业单位、经营单位等向游客免费开放厕所。制定相关标准，加强监管，严格执行旅游厕所管理及保洁服务标准的相关要求。对新建、改建的旅游厕所，经旅游部门或授权机构评定要达到A级旅游厕所标准。

10.6 住宿业结构改革体系

10.6.1 住宿体系是全域旅游必不可少的重要一环

（1）住宿是旅游业重要的组成部分

住宿是旅游业的六大要素之一，是组成旅游业的基础行业，与旅行社业、旅游交通业并称为旅游业的三大支柱。主要为游客提供住宿、餐饮、娱乐等服务，是延长游客停留、深度体验当地文化的重要环节。现代化的酒店还能为游客提供康养、社交、购物与会议等综合性服务，是文化交流、社交活动的重要场所。同时，住宿业为社会创造大量的就业机会，是旅游业重要的组成部分。

（2）非标准住宿是我国全域旅游发展的重要抓手

全域旅游，是以旅游业带动和促进经济社会协调发展的一种发展理念和模式。以民宿、客栈、集装箱等为载体的非标准住宿以住宿为导向，更多的与当地的人文、环境融为一体，保持当地文化和体验原貌，和当地人、当地文化碰撞。也有不少非标准住宿成为文化创意的展示空间和时尚生活的体验空间，实现了从客栈、民宿等住宿延伸至当地文化休闲体验目的地。同时，非标准住宿使闲置资产得以分享，被需要的人使用，同时房主也获得相应的收益。这些做法一方面契合了国家宏观政策发展层面上"全域旅游""精准扶贫""古村落保护""共享经济"的改革要求；另一方面非标准住宿发生不一定在景区，也可以在城市、农村，主体可以是政府、企业，也可以是创客、村民，紧随游客足迹拓展到各个角落，是全民参与全域旅游的重要切入口。非标准住宿符合全域旅游需求，可以促进全域旅游的发展。

10.6.2 全域旅游背景下的住宿产品发展

随着80后、90后成为旅游消费主力，传统的标准化酒店产品越来越不能满足游客的住宿需求。不断演进的旅游需求正推动旅游住宿产品、住宿商业模式及运营方式向更加个性化、多元化的方向发展。如民宿、帐篷营地、木屋、客栈等非标准住宿产品独具地方风格和品位，更加强调人文关怀，不仅为游客个性化出游提供多元化选择，也能提升游客的出游体验，成为引领时尚的一种潮流。主要体现在消费形式、住宿产品、经营方式、住宿方式的个性化发展上。民众更期待品质化与个性化的住宿产品，更期待自助式服务，分时住宿、共享住宿等灵活的住宿商业模式既提高了住宿资源的使用效率，又提高了商家口碑，满足了游客的个性化需求。

旅游住宿由规模消费向个性消费转移。旅游产品的个性化发展，使旅游服务业整体发展的精细化程度加强，规模化传统住宿产品逐步被淘汰，公寓、民宿、木屋、露营地等新兴个性化的住宿产品更受消费者的青睐。

住宿产品由标准化向非标准化发展。标准化酒店无法满足游客更多的体验需求。更加强调人文关怀的公寓，能全面展示地方文化的主题民宿，能促进彼此交流、感受大自然美丽的露营地等，越来越受到不同类型消费者的喜爱，它们的市场体量在不断的摸索中壮大。

住宿经营方式由线下到线上。线上线下预订平台短租、共享住宿、公寓、短租不断出现，互联网正在重塑酒店住宿产业链，大数据广泛应用于酒店消费者行为分析、产品设计、市场营销、管理等多个领域，帮助住宿业提升效率，提高其竞争力。

住宿延伸特色产品不断增多。传统模式的住宿品牌远远不能满足人们的需要，酒店已不再仅仅是供人们休息的场所，更多向商务会展、接待、培训、文化体验等满足人们精神需求的方向发展（表10-7）。

全域旅游住宿体系与传统单体住宿的体验升级对比　　　　表10-7

转变类型	传统住宿	全域旅游下住宿
产品	标准化高端酒店、经济型酒店	帐篷、酒店式公寓、客栈、民宿、精品酒店、度假别墅、小木屋、房车、集装箱
经营方式	线上线下预订	与互联网融合更加密切，线上线下预订平台短租、长租、共享住宿
文化继承	不注重与地方文化的融合，主要为酒店主题特色	更加强调人文关怀，注重地方文化的延续
体验方式	住宿、餐饮体验	注重休闲度假活动的打造，体验当地文化原貌，提供户外运动、康养等个性化休闲体验
衍生服务	很少酒店有会议会展空间	营造和构建了大型会议会展、合作交流、商务会议的空间和氛围
环境	酒店的庭院等外延空间	具有地方特色的庭院、景区等

10.6.3 全域旅游背景下的住宿体系建设

（1）发展多元化的住宿体系结构

创新推进旅游住宿的个性化、目的地化，采用创新、专业的设计手法和理念，注重独特性、体验性和文化性，实现旅游住宿接待设施多元化发展。除传统星级宾馆外，重点建设一批自然风光、主题文化、精品时尚、生活方式、艺术特色酒店，以独特的住宿体验来吸引游客；以发展旅游配套为目的，推动城市商务酒店、度假酒店/度假村、主题酒店、经济型酒店、青年旅社等经济型酒店的建设；以市场需求为导向，大力发展汽车旅馆、露营地、公寓、民宿、客栈、木屋等非标准住宿建设，形成多样化、多层次的旅游住宿设施体系（如表10-8）。

多元化的住宿结构 表 10-8

类型	种类	业态	客群
高端产品	高星级酒店、豪华度假酒店（会议功能）、主题文化酒店	会议会展、培训、住宿	商务政务群体、自由行群体
经济型	1~3星酒店、快捷酒店、青年旅社、汽车营地	住宿	旅行社群体、自由行群体、学生、旅游
个性化产品	主题民宿、家庭旅馆、短租式公寓、青年旅舍、农家客栈、汽车旅馆、汽车营地	娱乐体验、住宿	学生、驴友、自驾车群体、探亲访友群体

（2）出台相关的住宿标准

我国非标准住宿发展迅猛，尽管非标准化住宿可以满足人们个性化、多重体验需求，但由于在卫生、服务、消防、安全等基础服务难以形成标准化而不能保障消费者的体验，目前住宿业正处在一个标准化与非标准化整合的状态，针对不同的住宿类型，在尊重其个性化发展的前提下，在卫生标准、管理模式、服务质量等各方面要加强标准化建设，制定相应的住宿标准推动住宿业朝着健康、可持续的方向发展。

10.7 美食旅游体系

10.7.1 美食旅游促进全域旅游软环境提升

(1) 提高城市知名度

美食具有地域性，是一个地方民俗文化活化的表现。旅游地的传统佳肴、风味小吃经过开发，与当地的民俗文化结合，能够成为一张独特的城市名片，推广城市形象，提高城市知名度。

(2) 促进城市环境提升

旅游对环境的影响是巨大的，美食旅游也不例外，但如果规划得当，对环境的影响是非常有利的，大型的美食旅游活动能够升级城市服务设施的功能，对于城市旅游形象的提升也具有积极作用。如2005年成都打造的一品天下美食街，整体建筑以适用性、休闲性、可居性和地域性为主，将巴蜀文化、生态城市融入其中，成为成都标志性的建筑群体，也带动了周边房地产的发展。

(3) 带动旅游发展

人们出门旅游总希望能多游览些景观、多领略些风情，美食作为最能体现地方风土人情的代表，成为旅行的重要组成部分。在一个地方享用美味的同时，引入食物制作、饮食文化、餐饮礼仪、民族风情等文化，设置食品采摘、收获、加工、烹调、服务以及品尝等参与项目，既让游客了解了文化，又获得了体验，从而使旅游者的旅途生活进一步丰富。对于许多"吃货"来说，美食本身就是刺激其出行的一个很重要的因素，可见美食能作为一种吸引物带动旅游发展。如很多游客就是奔着北京烤鸭、重庆火锅、成都串串香，去这些地方旅游的。

10.7.2 美食体系在全域旅游下的发展趋势

全域旅游下，游客更希望自由体验美食和探索旅游城市的风土人情，美食最能体现地方风俗文化，所以，游客对目的地的特色美食总会有体验的欲望。美食文化在各目的地的旅游中扮演越来越重要的角色，因此美食也作为一种核心吸引物存在。全国很多地方都在尝试以美食打造全域旅游新亮点，创造餐饮消费新热点，如云南省推出"舌尖上的云南美食之旅"项目，把与美食相关的饮食文化、餐厅氛围、伴手礼以及美食企业文化等相结合，将名企名店、名师名厨、名菜名点、名区名景整合糅和，形成"可欣赏、可品鉴、可回味、可互动、可购买"的"好客之旅"。海南省以举办美食文化节为载体，融合"活动+""互联网+""文化+""音乐+"四大元素，通过美食博览、特色小吃展示展销、美食文化研讨会等多种形式，深度挖掘和展示海南美食，打造"全域旅游+美食"新模式，以美食为介，拉动海南旅游消费。

10.7.3 全域语境下美食旅游体系发展路径

（1）构建餐饮主题旅游产品

增强品牌意识，培育一批名牌餐馆和名牌菜系，从题材选择、市场定位、形象包装到菜肴设计，都有很强的个性和特色。从总体上构建美食节庆、美食博物馆、美食街区、特色菜等多层次的美食餐饮体系。

（2）构建深层次体验旅游产品

旅游需求多层次化，美食旅游也不应仅仅局限在品尝美食佳肴上，也应当包括由美食衍生出来的深层次旅游产品，如参与美食的制作，探究美食的典故、渊源以及体验当地的饮食习俗等，重在参与，将饮食文化与旅游活动相结合，在品尝美食的同时，探究当地的饮食文化，包括欣赏美食艺术、烹饪方法、饮食礼仪、器皿器具等（图10-9）。旅游者不仅仅追求饮食文化方面的体验，更渴望享受和参与这个过程，是一种较高层次的旅游活动。一个菜系的形成和它悠久的历史与独到的烹饪方法分不开，同时也受这个地区的自然地理、气候条件、资源特产以及饮食习惯等影响。美食旅游资源的区域性，刺激了美食旅游者的旅游动机，造成了美食旅游者的空间流动。美食旅游具有地域性、文化性、艺术性、参与性、与时俱进性的特点。

图 10-9　餐饮主题旅游产品体系

（3）培育美食节庆活动

节庆活动不受季节影响，没有淡旺季之分，培育一批具有一定规模和影响力的节庆活动，如国际美食节、田园采摘节、小吃节等，以美食为载体，综合展示地方文化，美食节庆活动得到了广泛的宣传，扩大了自身影响力。达到了以吃会友、以节庆火旅游的目的。

（4）加强管理，提升服务质量

① 加强食品安全管理

食品安全问题是特色餐饮发展要解决的最基本问题，特色餐饮不仅要好吃，更要健康。必须要对餐饮行业不定期地进行常规检查，确保餐饮行业的食品安全，为旅客营造一个安全、卫生的饮食环境。

② 定位、策划和包装新的餐饮产品

在开发新的餐饮美食之际，还应该对其进行特色包装。在产品的开发类型上、空间上给旅客一种新颖的感觉，以加深对这些特色产品的印象。只有形成多种主题、多种特色以及不同品位的饮食文化，才有打造出在全国乃至全世界赫赫有名的饮食集聚区。

10.8 旅游商品体系——全域旅游的后备箱

10.8.1 发展旅游商品提高全域旅游的附加值

（1）旅游商品是提升旅游收入的直接途径

发展全域旅游的核心目的是为了更好地发展旅游经济，而在旅游业食、住、行、游、购、娱六大要素中，食、住、行、游是旅游的基本要求，其消费是有限的，只有旅游购物具有较大的伸缩性，旅游商品的开发是最具市场前景的利润增长点，是增加旅游收入的重要方面。据世界旅游组织统计，世界每年旅游总收入占比中，旅游商品收入约占25%，发达国家约占50%~60%，我国香港甚至超过60%，大陆旅游购物逐渐达到20%以上。所以旅游购物直接影响着旅游业的收入水平和收入结构，而旅游商品是开展旅游购物的核心载体，发展旅游商品能够最大限度地吸引游客购物，提升地区旅游业的收入。

（2）旅游商品是扩大旅游城市知名度的重要传播方式

一方面，旅游商品在一定程度上是地域文化和人文精神的代表，一件好的旅游商品是一个旅游城市形象的物化，作为城市旅游文化的名片，被旅游者或赠与亲朋好友，或摆放家中，都起到了对旅游目的地形象传播的作用，有助于扩大旅游目的地的知名度。

另一方面，旅游商品可以成为旅游目的地的形象代表，直接促进"购物旅游"目的地的形成，增强旅游目的地的知名度和美誉度，如香港就是我国最具代表性的购物天堂，形成了"购物到香港"的品牌效应，在中外享有名誉，带来了极大的旅游效益。

（3）旅游商品开发是旅游相关产业转型升级的突破口

我国传统旅游商品同质化严重，难以引起游客购买的欲望，旅游商品始终是旅游发展的短板，但旅游商品是旅游经济增长从规模型向效益型转变的重要环节，旅游创意创新势在必行。然而，旅游商品的关联性高，需要生产、文创、销售等部门联合完成，相应促进了城市制造业、文化产业、农业等产业的升级发展以及创意商品设计竞赛、会议会展等新兴业态的萌发,如农产品在作为旅游商品时,就需要由工业部门对农产品原材料进行精细化加工,文创部门设计专门的名优特产创意包装等,既提高了农业的附加值,又促进了工业和文化产业的升级发展;同时,由旅游商品的生产延伸出来的如文创园、农业嘉年华、创意旅游商品大赛等,扩容了城市的旅游空间,旅游商品中房车、地球仓、游艇、水上飞机、直升机等旅游装备品的出现,以不同的视角,把平常的风光变得丰富多彩,丰富了旅游空间,将中国旅游市场大大提质,是推进旅游新业态发展的必要环节。根据欧美发达国家的经验,旅游装备制造业将是第二产业发展的超级引擎。可见,发展旅游商品对于做强文化产业、农业、工业,提升旅游产业素质以及拉长旅游产业链都有重要作用(表10-9)。

旅游商品对各产业的引擎带动　　　　表 10-9

旅游产品类型	关联产业	延伸旅游形式
特色土特产品	农业、文化创意产业	农业产品博览会、创意交流等会议会展以及培训产业等
旅游装备品	工业、文创产业	低空旅行嘉年华、人才培训以及合作交流等新业态
旅游纪念品	工业、手工业	非遗展示、手工艺传习、旅游商品博览会等
旅游日用品	工业、服务业	旅游购物街、旅游购物节庆以及购物旅游业态

10.8.2 全域旅游促进旅游商品供给侧改革

(1)全域旅游促进旅游商品销售与"游"深度结合

全域旅游需要完成各项指标,旅游要素中,吃、住、行、游都是有上限的,旅游商品产业必然受到极大的关注,所以在全域旅游的推动下,旅游商品更加强调创意,旅游商品在不断丰富的同时,旅游购物方式在不断创新,消费内容也在不断增加。长期以来,旅游商品销售主要是在专门的旅游购物店或普通商店的自然销售，大多数商店与旅游无关，也没有主动与旅游相结合。全域旅游下，现在很多商店已经开始与旅游结合来销售旅游商品，包括商店位置的选择，建设特色商业街、特色购物街，针对游客的宣传促销等，这些都有力地促进了旅游商品的销售，使人们在旅游的时候得到方便轻松的购物享受。尤其是商业街和商店内外旅游吸引物的出现，使旅游购物店、旅游商业街、旅游购物街呈现景点化趋势。旅游商品的种类也由单一的土特产品、旅游纪念品向创意化的旅游纪念品、风味土特产、旅游装备以及品牌时尚商品等种类延伸。同时旅游商品的经营方式也变得五花八门，不再仅仅满足于在线下商店里销售，大型的旅游购物节庆、旅游商品创意会展会议也走入了寻常旅游城市（图10-10）。

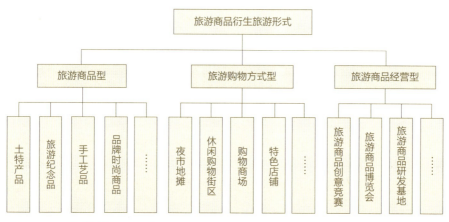

图10-10　旅游商品衍生的旅游方式

（2）全域旅游促进旅游商品品质提升

反思国内外旅游购物在旅游收入中的占比以及我国购买力外流等问题，我国旅游商品存在很大的问题，主要症结在于旅游商品的"供给侧"出现了问题，是旅游产业结构不合理的表现。优质旅游商品供给跟不上旅游消费升级的需求，旅游衍生品及其他娱乐产品开发不足，旅游商品品种单一、同质化现象严重、缺乏特色与文化内涵，使消费者购买欲望较低。这势必会促进旅游商品供给侧改革升级、创新旅游衍生品开发、促进旅游商品品质提升，如推出结合景区自身资源、地域特色开发的具有文化内涵、创意品质的特色旅游工艺品;对农产品进行深加工,培育保健、养生产品;创新建立旅游商品品牌,对产品进行包装,这些做法在一定程度上都对旅游商品向规模化、品质化方向发展起到了促进作用。

10.8.3 全域旅游背景下旅游商品的发展

实施地方旅游商品品牌提升工程,大力挖掘本地文化特色,加大对老字号、非遗的保护传播力度,促进旅游产品不断推陈出新,发挥高校作用,注重旅游商品开发人才和营销人才的培育,积极培育旅游商品企业,研制开发具有地域特色文化符号的创意商品,促进旅游商品体系的特色化、地域化,同时推动特色旅游商品的规模化和多元化生产。

(1)构建多元化的旅游商品

依据旅游目的地文化、土特产、工业旅游发展情况,构建涵盖旅游土特产品、旅游纪念品、旅游日用品、旅游宣传品、旅游装备品五大类旅游商品(表10-10)。

全域旅游背景下旅游商品体系　　表 10-10

商品类型	主要内容	思路
特色土特产品	包括地方老字号食品、农特产品、水果蔬菜等绿色自然、满含特色又不失精致包装的商品	首先要对土特产品的加工方式进行提升,采取深加工,以丰富物品的种类;其次要改善其的呈现形式
旅游纪念品	包括书画、手工织物、古董、民间工艺品以及创意产品等一系列具有地方特色且便于携带的物品	选好题材,题材要根植于本土;以当地现成的原料进行产品生产设计;以当地特有的传统工艺和非遗进行产品开发
旅游日用品	包括护肤品、洗漱用品、衣物、咖啡机、电子产品以及其他与生活有关的各种创意类产品	映射地方文化,以当地的原料为主
旅游宣传品	包括明信片、邮册、画册、影像、旅游地图等能够展示旅游城市地方风情风物的物件	深入挖掘旅游城市最具特色的产品,进行创意开发,要突出特色,突出地方的文化内涵

续表

商品类型	主要内容	思路
旅游装备品	包括户外服饰、帐篷、指南针、太阳能背包、雨伞等个人用品，还包括无人机、游艇、小木屋、热气球、房车、直升机、主题游乐产品等新型体验类商品	结合自身资源优势，引入国际国内大型旅游装备集团，支持本土旅游装备中小企业发展，注重产品的创新性和接地性

（2）构建旅游商品全产业链

结合新业态，围绕旅游商品积极发展旅游商品创意园、特色商业街区、旅游商品商务会展等载体，商品实行"原产地生态产品+旅游平台化发展"的策略，形成集研发—生产—包装—末端销售—网络推广于一体的一整套产业链（图10-11）。

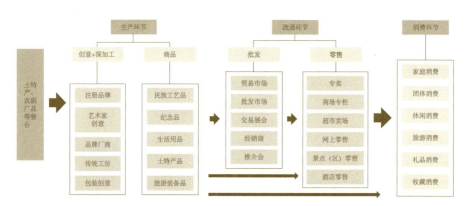

图 10-11　旅游商品全产业链构建

第 11 章 全域旅游示范区的创建之路

国家全域旅游示范区的创建，是一项复杂的系统工程，任重而道远。《国家全域旅游示范区创建验收评价标准》《全域旅游示范区创建工作导则》和《国家全域旅游示范区验收文件（修改稿）》的问世，为500多家创建单位的工作重点、行动路径提供了指路明灯。

根据各地发展的实际情况，制定循序渐进的创建路径和明确分工的创建工作任务，是稳步推进创建工作的重要环节，也是创建成败的重要决定因素。

11.1 标准解读——量化的验收指标

11.1.1 验收标准的公布

为了更科学、公正地对全域旅游创建单位进行准确评定，《国家全域旅游示范区验收文件（修改稿）》（以下简称《验收文件》）于2018年9月23日公布。《验收文件》框架包含了8条认定的基本条件、8大方面基本项目1000分和创新项目100分的创建验收标准，总分达到950分即可通过验收。

《国家全域旅游示范区创建验收细则》指标体系表　　表11-1

序号	内容	评分标准	大项	分项	小项	检查评定方法与说明
1	规划统筹		60			
1.1	旅游规划创新			20		
1.1.1	编制全域旅游规划	以全域旅游理念编制定位准确、特色鲜明的全域旅游发展规划，涵盖《全域旅游示范区创建导则》中的主要内容和要求，对全域旅游的发展具有引领性、指导性和操作性的得6分			6	文档检查。根据规划质量酌情打分

续表

序号	内容	评分标准	大项	分项	小项	检查评定方法与说明
1.1.2	全域旅游规划配套实施方案	制定全域旅游示范区创建工作实施方案。明确创建工作进度安排和部门任务分解，配套督办考核措施并由政府印发的得8分		8		文档检查。根据方案完整度酌情打分
1.1.3	完善专项规划体系	制定旅游产品开发、公共服务、营销推广、市场治理、乡村旅游等专项规划、实施计划或行动方案。每1个专项得2分，累计不超过6分		6		文档检查
1.2	多规融合		20			
1.2.1	与经济社会发展规划的关系	本地经济社会发展规划中把旅游业定位为主导产业得3分		3		文档检查
1.2.2	符合国土空间规划	城乡规划、土地利用规划、生态环境保护规划等相关规划中充分满足旅游业发展需求，每项得3分，累计不超过9分		9		文档检查
1.2.3	与专项规划融合	与文化、农业、水利、林业等行业规划深度融合。每个规划得2分，累计不超过8分。融合深度不够的不得分		8		文档检查
加分项	多规融合创新	鼓励地方创新，体现旅游引领多规融合。最高加5分	5			文档、现场综合检查
1.3	旅游规划实施管理		20			
1.3.1	编制发布主体	全域旅游发展规划由创建单位所在地人民政府组织编制，依法开展环境影响评价，规划成果以政府文件形式发布实施，最高得6分		6		文档检查
1.3.2	旅游规划实施机制	建立"分工明晰、责任明确、资金配套、政策到位、社会参与"的规划落地实施机制，实施效果良好。最高得5分		5		文档、现场综合检查

续表

序号	内容	评分标准	大项	分项	小项	检查评定方法与说明
1.3.3	旅游规划督导机制	建立规划督查、督办、考核、奖惩机制，运行效果良好。每项得1分，最高得5分		5		文档、现场综合检查
1.3.4	旅游规划评估机制	由第三方对旅游规划实施评估，评估整改方案得到有效实施，最高得4分		4		文档、现场综合检查
加分项	规划实施管理创新举措	规划实施与管理有创新举措，最高加5分	5			文档、现场综合检查
2	要素体系		260			
2.1	旅游餐饮		20			
2.1.1	特色餐饮街区	在中心城区、旅游城镇（街道）有集中提供地方美食的特色餐饮街区、休闲夜市等。每1处得2分，最高得6分		6		文档、现场综合检查
2.1.2	地方餐饮（店）品牌	每获得1个国家级特色餐饮（店）品牌称号得3分，1个省级特色餐饮（店）品牌称号得1分。最高得4分		4		文档检查
2.1.3	快餐和特色小吃	在游客主要集散区域能够为游客提供便捷、丰富的快餐和小吃。最高得4分		4		现场检查
2.1.4	餐饮管理	餐饮环境整洁卫生、菜品明码标价、服务热情周到。发现1处不合格扣1分，最多扣6分		6		现场检查
2.2	旅游住宿		20			
2.2.1	星级饭店	每有1家五星级饭店或2家四星级饭店得2分		2		文档检查
2.2.2	文化主题旅游饭店	每有1家文化主题旅游饭店或地方特色精品酒店得2分		2		文档、现场综合检查
2.2.3	连锁酒店	每引进1家品牌成熟度高的连锁酒店得2分。最高得4分		4		文档、现场综合检查

续表

序号	内容	评分标准	大项	分项	小项	检查评定方法与说明
2.2.4	非标住宿	每有1处非标住宿业态,如特色民宿、共享住宿、旅居车营地、帐篷酒店、森林木屋、沙漠旅馆、水上船坞等,每处得2分。最高得6分		6		文档、现场综合检查
2.2.5	管理服务	住宿设施整洁卫生、明码标价、服务精细、绿色环保。发现1处不合格扣1分,最多扣6分		6		现场检查
2.3	旅游交通		20			
2.3.1	旅游风景道	每建成1条30公里以上旅游风景道得8分,15~30公里得6分,15公里以下得4分		8		现场检查
2.3.2	城市绿道	每建成1条3公里以上城市绿道得3分,3公里以下得1分		6		现场检查
2.3.3	乡村绿道	每建成1条5公里以上休闲步道得3分,3~5公里得1分		6		现场检查
2.4	旅游吸引物		150			
2.4.1	景区和度假区			40		
2.4.1.1	品牌突出	有1个国家AAAAA级景区、国家级旅游度假区,得20分。每有1个国家AAAA级景区、省级旅游度假区,得5分。最高得20分			20	文档检查
2.4.1.2	数量充足	AAA级及以上景区、省级及以上旅游度假区或国家级生态旅游示范区、国家森林公园、国家水利风景区、国家级文物保护单位、国家爱国主义教育基地、国家湿地公园、国家地质公园、国家矿山公园等吸引物总数不少于6个,得10分;少于6个不得分;超过6个每增加1个得2分。最高得20分			20	文档检查。同一单位不能重复计分

续表

序号	内容	评分标准	大项	分项	小项	检查评定方法与说明
2.4.2	城市与特色村镇			60		
2.4.2.1	城市旅游功能区	具有功能完善、业态丰富的旅游主题功能区、休闲游憩区、特色文化街区等。每1处得5分，最高得10分			10	文档、现场综合检查
2.4.2.2	城市旅游业态	具有城市公园、主题乐园、博物馆、文化馆、科技馆、规划馆、展览馆、纪念馆、动植物园等主客共享的旅游设施配套。每1处得2分，最高得10分			10	文档、现场综合检查
2.4.2.3	乡村旅游布局	具有自然环境优美、接待设施配套、有机整合乡村资源的乡村旅游集聚带（区），具有吃、住、游、娱等要素集聚、设施完善的旅游接待村落或特色小镇。根据品质酌情打分，最高得10分			10	文档、现场综合检查
2.4.2.4	乡村旅游业态	业态丰富，具有田园综合体、田园艺术景观、观光农业、休闲农业、创意农业、定制农业、会展农业、众筹农业、现代农业庄园、家庭农场等多种业态。每项2分，最高得10分			10	文档、现场综合检查
2.4.2.5	乡村旅游质量	具有政府、协会多元化推动机制，产业链条完整，建设特色化、管理规范化、服务精细化。发现1处不合格扣2分，最多扣10分			10	文档、现场综合检查
2.4.2.6	品牌突出	城市每获得1个国家休闲示范城市、国家级旅游改革创新先行区、国家边境旅游试验区、全国旅游综合改革示范县等称号，得5分。旅游村镇每获得1个国家级特色小镇、特色小城镇、特色美丽乡村、历史文化名村、中国传统村落、特色景观旅游名镇名村等称号，得5分。城市或旅游村镇每获得1个相应省级旅游称号，得2分。最高得10分			10	文档检查

续表

序号	内容	评分标准	大项	分项	小项	检查评定方法与说明
加分项	示范意义	"旅游+城镇化"形成创新发展模式，根据示范意义和影响程度，最高加5分	5			文档、现场综合检查
2.4.3	融合产业			50		
2.4.3.1	融合面广	形成以文化、工业、交通、环保、国土、气象、科技、教育、卫生、体育等为基础功能的旅游产业融合业态。每项得5分，最高得20分			20	文档、现场综合检查
2.4.3.2	成长性好	旅游融合业态具有较好的市场成长性和可持续性，近三年平均游客增速达20%以上得10分，15%以上得6分，10%以上得3分，10%以下不得分			10	文档、现场综合检查
2.4.3.3	示范性强	旅游融合业态得到国家级称号，如国家体育旅游示范基地、国家中医药旅游示范区（基地）等，1个得10分；得到省级称号1个得5分。最高得20分			20	文档检查
加分项	融合业态创新	融合业态特色鲜明、科技感强、生态性好，根据影响和创新程度，最高加5分	5			文档、现场综合检查
2.5	旅游购物			20		
2.5.1	品牌影响	旅游商品获得1个国家级旅游商品大赛一等奖得4分，二等奖得2分，三等奖得1分；获得1个省级旅游商品大赛一等奖得2分，二等奖得1分。最高得4分			4	文档检查
2.5.2	特色与质量	形成农副土特产品系列、文创产品系列、实用产品系列等，精细化设计，时尚化包装，专业化销售。每一个系列得3分，最高得9分			9	文档、现场综合检查

续表

序号	内容	评分标准	大项	分项	小项	检查评定方法与说明
2.5.3	购物场所	在游客主要聚集场所，如游客服务中心、车站、景区、旅游街区等，有旅游商品精品店、特色店等，经营规范。每发现 1 处不符合扣 1 分，最多扣 7 分			7	现场检查
2.6	旅游娱乐		30			
2.6.1	演艺活动	常规性举行具有浓郁地方文化特色、规模满足市场需求的旅游演艺活动，包括室内剧场、巡回演出、实景演出等。每项得 6 分，最高得 12 分		18		文档、现场综合检查
2.6.2	休闲娱乐	具有夜间休闲集聚区，提供康体疗养、夜游休闲、文化体验等多种常态化的休闲娱乐活动。根据业态丰富度酌情打分，最高得 8 分		8		现场检查
2.6.3	品牌节事	至少连续三年举办具有地方特色、形成品牌影响的节事节庆活动。每项得 2 分，最高得 4 分		4		文档、现场综合检查
加分项	要素创新	根据示范意义和影响程度，最高加 5 分	5			文档、现场综合检查
3	公共服务		250			
3.1	旅游交通网络		44			
3.1.1	外部可进入性			14		
3.1.1.1	直达机场	直达机场距离中心城市（镇）在 150 公里以内得 6 分，150~200 公里以内得 3 分，高于 200 公里以上得 1 分，最高得 6 分			6	文档检查

续表

序号	内容	评分标准	大项	分项	小项	检查评定方法与说明
3.1.1.2	铁路、公路、港口等	有过境高速公路进、出口，或高铁停靠站，或国际邮轮港口，或旅游直升机场，或开通有旅游专列的得8分；有一般过境国道、客运火车站或客运码头得4分，其他省道得2分，最高得8分			8	文档、现场综合检查
3.1.2	内部交通网络			30		
3.1.2.1	通景公路	中心城市（镇）抵达5A级旅游区或国家旅游度假区的道路须达到1级或2级公路标准；抵达AAAA级旅游区和省级旅游度假区须达到2级或3级公路标准。每发现1条不达标，扣2分，最多扣8分			8	文档、现场综合检查
3.1.2.2	乡村旅游公路	中心城市（镇）抵达乡村旅游点公路须达到等级公路标准。每发现1条不达标，扣3分，最多扣12分			12	文档、现场综合检查 备注：等级公路是指技术指标和设施符合现行公路工程技术标准的公路
3.1.2.3	旅游连接线	连接核心旅游景区连线公路达到3级公路以上标准。每建成1条得5分，最高得10分			10	文档、现场综合检查
加分项	旅游交通创新	突破旅游业发展交通瓶颈加5分	5			文档、现场综合检查
3.2	旅游交通配套		40			
3.2.1	旅游集散中心			16		
3.2.1.1	位置合理	与铁路、机场或汽车总站等交通枢纽或交通驿站一并规划建设的得6分，在其他地方建设得3分，最高得6分			6	现场检查

续表

序号	内容	评分标准	大项	分项	小项	检查评定方法与说明
3.2.1.2	规模适中	规模适度，能够满足游客需求得4分；规模面积偏小得2分			4	现场检查
3.2.1.3	功能完善	与其他交通方式实现无缝衔接，具有旅游集散、旅游咨询、综合服务等功能，各项功能运营良好的，每项得2分，最高得6分			6	现场检查
3.2.2	公路服务区			12		
3.2.2.1	功能规模	高速公路或国道服务区改造成复合型服务区，每完成1个得1分；国（省）道沿线建成每1处服务区得4分，每建成1处服务点得2分，最高得8分			8	文档、现场综合检查 备注：无高速公路出入口中心城区不扣分
3.2.2.2	风貌设计	每发现1处风貌不协调的扣1分，最多扣4分			4	现场检查
3.2.3	生态停车场	游客集中场所停车场规划建设须与当地生态环境相协调，与游客量基本相符，配套设施完善。每发现1处不达标扣1分，最多扣6分		6		现场检查
3.2.4	自驾车旅居车营地	每建成1处自驾车或旅居车营地得3分，最高得6分		6		文档、现场综合检查
3.3	旅游交通组织		20			
3.3.1	城市观光交通	提供多种城市观光交通方式，有城市观光巴士得2分，其他方式每项得1分，最高得4分			4	文档、现场综合检查
3.3.2	旅游专线公交	中心城区（镇）、交通枢纽等游客集散地开通有直达核心旅游吸引物的旅游专线公交，有串联核心旅游景区旅游专线。每有1条得4分，最高得12分			12	文档、现场综合检查 备注：核心旅游吸引物重点指核心旅游景区、旅游度假区、旅游风景道及城市和乡村旅游吸引点

续表

序号	内容	评分标准	大项	分项	小项	检查评定方法与说明
3.3.3	旅游客运班车	中心城区（镇）到重要乡村旅游点须开通有城乡班车。每开通1条得1分，最高得4分		4		文档、现场综合检查
加分项	交通租赁服务	提供自行车、汽车或其他专项交通租赁服务的，适当加分，最高加5分	5			文档、现场综合检查
3.4	旅游标识系统		30			
3.4.1	全域引导标识			22		
3.4.1.1	全域全景图设置	旅游集散中心位置显著处、重要通景旅游公路入口、核心旅游吸引物入口处配套设置全域全景图。每发现1处应设未设或不规范设置的扣2分，最多扣6分			6	现场检查 备注：全域全景图内容要求：需要标识出主要旅游吸引物及旅游服务设施的位置，包括旅游集散中心、旅游主题线路、旅游风景道、旅游景点、乡村旅游点、重要城市游憩区（点）、旅游厕所、高速公路出入口、停车场等，并明示咨询、投诉、救援电话等。所有图形符号要遵循《公共信息标志用图形符号》GB/T 10001要求

续表

序号	内容	评分标准	大项	分项	小项	检查评定方法与说明
3.4.1.2	旅游吸引物全景导览图	旅游景区、旅游度假区或旅游风景道等核心旅游吸引物入口位置显著处须设置全景导览图。每发现1处应设未设或不规范设置的扣2分，最多扣6分			6	现场检查
3.4.1.3	交通标识和介绍牌	在通往重要旅游景区的公路沿线适当设置旅游交通标识，重要景点景物须设置介绍牌。每发现1处应设未设或不规范设置的扣1分，最多扣10分			10	现场检查
3.4.2	公共信息图形符号	游客集中场所须设置旅游公共信息图形符号，标识内容、位置与范围参照 GB 10001 标准。每发现1处应设未设或不符合规范扣1分，最多扣8分		8		现场检查
3.5	旅游信息咨询		16			
3.5.1	咨询服务中心	主要交通集散点，如机场、火车站、客运站、码头等位置显著处设置有旅游咨询服务中心，并保持有效运营。每发现1处缺失扣2分，最多扣10分			10	现场检查
3.5.2	咨询服务点	城市商业街区、主要旅游区（点）、乡村旅游点等游客集中场所位置显著处须设置咨询服务点，并保持持续有效运营。每发现1处缺失扣1分，最多扣6分			6	现场检查
加分项	信息服务创新	专门为远程旅游者提供旅游攻略服务加5分	5			文档检查
3.6	旅游厕所		60			

续表

序号	内容	评分标准	大项	分项	小项	检查评定方法与说明
3.6.1	分布合理	主要游客集中场所步行 10 分钟，或旅游公路沿线车程 30 分钟内须设置有旅游厕所或市政公厕。发现 1 处不达标扣 2 分，最多扣 18 分		18		现场检查 备注：游客集中场所主要指旅游集散中心、旅游景区、主要乡村旅游区（点）、城市游憩街区、城市重点公共文化活动场所等
3.6.2	管理规范	主要游客集中场所厕所设备须无损毁、无污垢、无堵塞；厕所无异味、无秽物（地面或池面）。每发现 1 处不达标扣 2 分，最多扣 22 分		22		现场检查
3.6.3	比例适当	主要游客集中场所已建的 A 级、AA 级旅游厕所男女厕位比例达到 1：2 或 2：3，每达标 1 个得 1 分，最高得 8 分		8		现场检查
3.6.4	文明宣传	主要游客集中场所厕所内须开展有爱护设施、文明如厕的宣传。发现 1 处未达标扣 1 分，最多扣 6 分		6		现场检查
3.6.5	免费开放	主要游客集中场所对外服务临街单位厕所免费向游客开放，每开放 1 处且标志标识清晰规范得 2 分，最高得 6 分		6		现场检查
加分项	厕所革命加分	对于"旅游厕所革命"推进力度大、效果好、管理优的加 5 分。	5			文档、现场综合检查
3.7	旅游安全保障		40			
3.7.1	制度建设			12		

续表

序号	内容	评分标准	大项	分项	小项	检查评定方法与说明
3.7.1.1	应急预案	建立有旅游安全风险提示制度得2分,有针对各种旅游突发公共事件应急预案,每得1分。两者最高得4分			4	文档检查
3.7.1.2	定期演练	创建期内每年至少进行过1次演练。有1处记录得2分,最高得4分			4	文档检查
3.7.1.3	监管机制	建立相关部门参加的旅游安全联合监管机制的得4分,没有的不得分			4	文档检查
3.7.2	风险管控			18		
3.7.2.1	安全风险提示	有广播、新媒体、手机短信等多种信息预警发布渠道。1种渠道得2分,最高得6分			6	文档、现场综合检查
3.7.2.2	企业安全规范	旅游企业有健全安全管理制度并有效执行。发现1处不达标扣2分,最多扣6分			6	文档、现场综合检查
3.7.2.3	重点领域行业监管	有针对特种旅游设施设备、高风险旅游项目、旅游节庆活动等安全监管措施,发现1处监管不到位的扣3分,最多扣6分			6	文档、现场综合检查
3.7.3	旅游救援			10		
3.7.3.1	救援体系	与本地110、120、119等有合作救援机制的得2分,旅游企业有专门救援队伍或与其他专业救援队伍(或商业救援机构)合作,每种合作方式得2分,最高得6分			6	文档、现场综合检查 备注:合作情况需检查合作协议和日常演练情况
3.7.3.2	旅游保险	旅游景区以及高风险旅游项目实现旅游保险全覆盖且有效理赔,发现1次不达标扣2分,最多扣4分			4	文档、现场综合检查
4	资源环境		100			
4.1	资源环境质量			24		

续表

序号	内容	评分标准	大项	分项	小项	检查评定方法与说明
4.1.1	自然生态保护	对山水林田湖草生态保护和生态修复有针对性的措施和方案得8分。发现1处生态资源明显破坏或盲目过度开发,或违反生态环境保护管理有关规定扣8分		8		文档、现场综合检查
4.1.2	文化资源保护	对地方历史文化、民族文化等有针对性的保护措施和方案得8分。发现1处文化资源明显破坏或掠夺式开发扣8分		8		文档、现场综合检查
4.1.3	全域环境质量	近1年空气质量达优良级标准全年不少于300天得5分,不少于250天得3分,不少于220天得2分,不少于200天得1分,少于200天不得分;主要旅游区地表水水域环境质量符合GB 3838 Ⅱ类标准得3分,符合GB 3838 Ⅲ类标准得1分		8		文档检查
4.2	城乡建设水平		16			
4.2.1	城市建设	城市建设风貌美观,辨识度高,富有地方文化特色,得6分;城市风貌特色一般,但没有明显不协调,得3分;城市风貌无特色、不协调的不得分		6		现场检查
4.2.2	村镇建设	旅游村镇建筑富有地方特点和乡土特色的得5分;村镇风貌特色一般,但没有明显不协调,得3分;村镇风貌无特色、不协调的不得分		5		现场检查
4.2.3	村镇保护	对历史文化名镇名村、中国传统村落等传统村镇有针对性的保护措施和方案得5分。每发现1处破坏扣2分,最多扣5分		5		文档、现场综合检查
4.3	全域环境整治		20			

续表

序号	内容	评分标准	大项	分项	小项	检查评定方法与说明
4.3.1	环境美化	主要旅游区、旅游廊道、旅游村镇周边实现洁化绿化美化。发现1处不合格扣2分，最多扣8分		8		现场检查
4.3.2	"三改一整"	旅游接待户全面实现"改厨、改厕、改客房、整理院落"。发现1处不合格扣2分，最多扣4分		4		现场检查
4.3.3	污水处理	旅游景区、旅游村镇实现污水处理全覆盖。发现1处不合格扣1分，最多扣4分		4		现场检查
4.3.4	垃圾处理	旅游景区、旅游村镇实现垃圾分类回收、转运和无害化处理全覆盖。发现1处不合格扣1分，最多扣4分		4		现场检查
加分项	环境整治和品牌称号	解决长期制约当地旅游环境的问题，如搬迁垃圾场、清理污水池塘、河流的彻底整治、节能减排技术广泛应用等，每1项可酌情加1分，最多加3分。获得国家卫生城市、国家园林城市、国家生态县、国家绿化先进县、国家文明城市等称号加3分，获得省级类似称号加1分		6		文档、现场综合检查
4.4	社会环境优化		40			
4.4.1	居民宣传教育	有向居民开展全域旅游的相关宣传教育，强化居民的旅游参与意识、旅游形象意识、旅游责任意识、旅游安全意识。开展1次相关宣传教育或其他形式活动得1分，最高得5分		5		文档检查
4.4.2	公益场所开放	公共博物馆、文化馆、图书馆、科技馆、纪念馆、城市休闲公园、红色旅游景区、爱国主义基地等公益性场所免费开放。1处不符扣1分，最多扣6分		6		现场检查

续表

序号	内容	评分标准	大项	分项	小项	检查评定方法与说明
4.4.3	对特定人群价格优惠	旅游接待场所对老人、军人、学生、残疾人等特定人群实施价格优惠。1处不符扣2分，最多扣4分		4		现场检查
4.4.4	旅游扶贫富民成效	贫困地区近2年建档立卡贫困人口通过旅游就业等脱贫占地方脱贫人口总数的比例不低于15%得20分，不低于10%得10分，不低于5%得5分。非贫困地区旅游富民成效显著，近2年主要旅游乡镇（街道）农民年人均可支配收入超过3万元或年增幅不低于15%得20分，不低于10%得10分，不低于5%得5分		20		文档、现场综合检查
4.4.5	旅游扶贫富民方式多样	形成以景区带村、能人带户、"企业＋农户"、"合作社＋农户"和直接就业、定点采购、帮扶销售农副土特产品、输送客源、培训指导、资产收益等各类灵活多样的方式，促进受益脱贫和就业增收致富。有1种旅游扶贫富民方式得1分，最高得5分		5		文档、现场综合检查
加分项	旅游扶贫示范价值	旅游扶贫富民经验得到全国层面认可和推广得4分，得到省级层面认可和推广得2分		4		文档检查
5	优质服务		110			
5.1	服务标准化			18		
5.1.1	标准完善	制订有符合本地实际的城市旅游和乡村旅游服务地方标准或规范，每制订1项得1分，最高得4分		4		现场、文档综合检查

续表

序号	内容	评分标准	大项	分项	小项	检查评定方法与说明
5.1.2	标准执行	游客集中场所须实现标准化服务，每发现1处不规范服务扣1分，最多扣3分		3		现场检查 备注：标准重点依据国家旅游区质量评定标准以及乡村旅游示范点管理服务标准
5.1.3	标准示范	是"全国旅游标准化示范城市（区、县）"或者有"全国旅游标准化示范单位"，每个称号得1分，最高得3分		3		文档检查
5.1.4	服务引领	成为国家或省级旅游服务质量标杆单位每项得3分或2分，获得其他行业荣誉称号得1分。最高得6分		6		文档、现场综合检查 备注：其他行业荣誉包括"全国优秀导游"、"全国旅游志愿服务先锋榜单"以及"5A级旅行社"等
5.1.5	优质服务商目录	有优质旅游服务商目录，且游客能够方便获取的，有的得2分，没有得0分		2		文档、现场综合检查
5.2	服务智能化		48			
5.2.1	智慧设施	游客集中场所实现免费Wi-Fi、通信信号、视频监控全覆盖，且信号畅通。每发现1处不达标扣1分，最多扣10分		10		现场检查
5.2.2	智慧服务			10		现场检查

续表

序号	内容	评分标准	大项	分项	小项	检查评定方法与说明
5.2.2.1	导游、导览、导购	国家AAAA级以上旅游景区须提供智能导游、电子讲解、实时信息推送、在线预订、网上支付等服务；主要乡村旅游点或民宿须提供在线预订、网上支付等服务。以上每发现1处不达标扣1分，最多扣4分			4	现场检查
5.2.2.2	个性化服务	有针对自助旅游者的咨询、导览、导游、导购、导航、分享评价、实时信息推送等智能化旅游服务系统。每1个系统得1分，最高得6分			6	现场检查
5.2.3	运营监测中心			28		
5.2.3.1	大数据中心	建立有旅游大数据中心，具有交通、气象、治安、客流信息等全数据信息得4分，有部分数据的酌情给分；有专人负责数据采集与运维工作的得2分。两者最高得6分			6	现场检查
5.2.3.2	展示平台	建立有全域旅游监测指挥平台得3分，且有专门展示中心的得3分，最高得6分，其他酌情打分			6	现场检查
5.2.3.3	功能完善	具有行业监管、产业数据统计分析、应急指挥执法平台、舆情监测、视频监控、旅游项目管理和营销系统等功能，每1项功能得2分，最高得8分			8	现场检查
5.2.3.4	上下联通	有与省、市连接的旅游服务线上"总入口"，并实现省、市、县互联互通，得2分，否则得0分			2	现场检查
5.2.3.5	数据应用	在景区集疏运监测预警或旅游交通精准信息服务等方面，每实现1项突破的得3分，最高得6分			6	现场检查

续表

序号	内容	评分标准	大项	分项	小项	检查评定方法与说明
加分项	智慧服务创新	其他采用智慧化手段为游客和旅游企业提供个性化服务的加5分	5			现场检查
5.3	投诉处理		10			
5.3.1	线上投诉	拥有12301智慧旅游服务平台、12345政府服务热线以及手机APP、微信公众号、热线电话等投诉举报手段，每发现1种不畅通扣1分，最多扣3分		3		现场检查
5.3.2	线下投诉	游客集中区均设有旅游投诉点，线下投诉渠道畅通，发现1处不达标扣1分，最多扣2分		2		现场检查
5.3.3	处理规范公正	投诉处理制度健全得1分，按章处理规范公正得1分，最高得2分		2		现场检查
5.3.4	反馈及时有效	一般性投诉当日反馈结果，得3分；3日内反馈结果得1分；超过3日不得分		3		现场检查
5.4	市场管理		16			
5.4.1	执法队伍	有旅游市场联合执法队伍得3分，否则0分		3		现场、文档综合检查
5.4.2	秩序良好	发现1处"黑导""黑车""黑社"等扣2分，发现1处"不合理低价游""虚假广告"等扣1分，两者最多扣7分；发现1处"零负团费""强迫消费"，此项不得分		7		现场、文档综合检查
5.4.3	信用管理	制定有旅游市场主体"红黑榜"制度得3分，建立旅游企业信用联合惩戒制度的得3分		6		现场、文档综合检查
5.5	文明旅游		8			
5.5.1	文明公约和指南	开展有旅游文明公约和出境旅游文明指南宣传教育活动。1次得1分，最高得4分		4		文档检查

续表

序号	内容	评分标准	大项	分项	小项	检查评定方法与说明
5.5.2	文明典型	有文明旅游典型,且有国家主流媒体宣传报道,引起广泛社会反响的,每1个得2分,省级主流媒体宣传的每1个得1分,最高得4分		4		文档检查
5.6	旅游志愿者服务		10			
5.6.1	服务工作站点	游客集中场所设立有志愿者服务工作站,并有人值守。每发现1处得2分,最高得6分		6		现场检查 备注:鼓励当地社区居民和从业者从事旅游志愿者服务
5.6.2	志愿公益行动	有常态化旅游志愿服务公益活动得2分,形成服务品牌的得2分,最高得4分		4		现场、文档综合检查
加分项	社区参与创新	有社区主导的旅游经营模式创新或其他非标准化特色旅游服务创新加5分	5			现场、文档综合检查
6	品牌营销		60			
6.1	营销保障		20			
6.1.1	资金保障	旅游营销专项资金总额在800万以上得16分,500万以上得10分,200万以上得5分,200万以下不得分		16		文档检查
6.1.2	奖励制度	制定有明确的旅游市场开发奖励办法,且办法切实可行,得到有效贯彻执行。最高得4分		4		文档检查
6.2	品牌战略		20			
6.2.1	品牌形象	目的地品牌形象清晰,知名度和美誉度高。根据情况酌情打分,最高得8分		8		文档、现场综合检查

续表

序号	内容	评分标准	大项	分项	小项	检查评定方法与说明
6.2.2	品牌推广	在媒体平台上进行品牌推广，国家级平台得4分；省级平台得2分。每开展1种常规性旅游品牌推广活动，具有国家级影响的，得4分。具有省内影响的，得2分。最高得12分		12		文档检查
6.3	营销机制		10			
6.3.1	主体联动机制	建立政府、行业、媒体、公众等多主体共同参与的营销联动机制。根据情况酌情打分，最高得5分		5		文档检查
6.3.2	部门联动机制	建立文化、旅游、宣传、体育等多部门共同参与的营销联动机制。根据情况酌情打分，最高得5分		5		文档检查
6.4	营销方式		10			
6.4.1	多渠道营销	有效运用网络营销、公众营销、节庆营销等多种方式进行品牌营销，且其中至少2种取得突出效果。每种得2分，最高得5分		5		文档、现场综合检查
6.4.2	创新营销	利用多种新媒体方式进行创新性的品牌营销，且其中至少2种取得突出效果。每种得2分，最高得5分		5		文档、现场综合检查
加分项	营销方式创新	创新营销方式，取得突出效果，并具有示范意义的，最高加5分	5			文档、现场综合检查
7	体制机制		80			
7.1	健全领导机制		20			
7.1.1	建立党政统筹的全域旅游组织领导机制	成立党政统筹的全域旅游发展领导小组或类似机构，并成立创建办公室。领导小组对全域旅游发展进行战略部署，发挥了领导作用，有效解决重大问题或事项，效果良好的得10分，效果一般得5分，没有不得分		10		文档、现场综合检查

续表

序号	内容	评分标准	大项	分项	小项	检查评定方法与说明
7.1.2	旅游考核机制	把旅游工作纳入政府年度考核体系，并成为主要考核指标的得10分，其他得4分		10		文档检查
加分项	领导机制创新	本项鼓励领导机制创新。最多可加6分	6			文档检查
7.2	旅游协调机制		25			
7.2.1	建立健全旅游综合协调机制	能够及时解决跨部门协调问题，统筹产业融合发展事宜，部门协调顺畅、形成工作合力的得10分，效果一般得6分，没有不得分		10		文档检查
7.2.2	旅游综合监管机制	强化涉旅部门联合执法，与相关监管部门协调配合，各司其职，形成既分工又合作的工作机制，依法治旅水平高，效果好的得15分		15		文档、现场综合检查
加分项	其他创新举措加分	其他有示范意义的体制机制创新，累计不超过6分	6			文档检查
7.3	旅游综合管理		20			
7.3.1	旅游管理体制改革	旅游行政管理部门综合管理能力强，承担起旅游资源整合与开发、旅游规划与产业促进、旅游监督管理与综合执法、旅游营销推广与形象提升、旅游公共服务与资金管理、旅游数据统计与综合考核等职能，最高得15分		15		文档、现场综合检查
7.3.2	旅游统计制度	建立现代旅游统计制度与统计体系的得5分			5	文档、现场综合检查
7.4	行业协会自律		15			
7.4.1	行业协会及其运行	主要地方旅游企业（个体经营单位）组建综合的或专业的行业协会，会员覆盖率高，运行效果良好的得10分		10		文档、现场综合检查

续表

序号	内容	评分标准	大项	分项	小项	检查评定方法与说明
7.4.2	协会自律机制	行业协会建立自律机制，自律规章制度健全，并执行良好的，得3分。行业协会建立行业诚信服务机制，并能够定期公布诚信信息的得2分		5		文档检查
加分项	自律机制创新	本项鼓励地方建立自组织的市场机制。本项最多可加3分	3			文档检查
8	政策供给与创新		80			
8.1	全域旅游支持政策			15		
8.1.1	地方支持政策文件	党政出台促进全域旅游发展的综合性高质量政策文件和实施方案，落实情况良好的得8分			8	文档、现场综合检查
8.1.2	部门支持政策文件	发改、财政、城建、交通部门等出台（或通过政府出台）全域旅游发展专项政策文件的，且配套实施方案，落实情况良好。每出台1个计2分，最高得7分			7	文档、现场综合检查
加分项	政策创新举措	本项鼓励创新全域旅游实施举措。最多加3分	3			
8.2	财政投入政策			25		
8.2.1	设立旅游发展专项资金	财政预算中单列旅游发展专项资金，达到一定规模或增速的得10分			10	文档检查
8.2.2	统筹各部门资金支持全域旅游建设	统筹各部门资金用于发展旅游的，达到一定的规模得5分			5	文档检查

续表

序号	内容	评分标准	大项	分项	小项	检查评定方法与说明
8.2.3	政府贷款贴息或金融机构提供金融服务	出台对旅游项目，特别是乡村旅游以及旅游公共类项目优先安排政府贷款贴息政策，并付诸实施；或金融部门主动对接全域旅游，为旅游项目提供金融服务，效果良好的得5分		5		文档检查
8.2.4	旅游发展奖励或补助政策	制定对列入国家、省市重点项目进行奖励和对重大项目年度完成率较高的进行奖励政策；或其他奖励政策并付诸实施的得5分		5		文档检查
加分项	财政金融政策创新举措	本项奖励财政金融支持旅游业创新。本项最多加3分	3			文档检查
8.3	投融资政策		10			
8.3.1	建立旅游项目库与优先政策	建立旅游项目库，把重点旅游项目优先纳入本地优选项目库，并配套支持旅游项目前期研究、申报、立项、扶持政策，项目落地情况良好的得5分		5		文档、现场综合检查
8.3.2	充分利用现代旅游金融手段	制定有利于能够综合运用现代金融手段及开发性金融融资方案或政策的得5分		5		文档检查
加分项	投融资创新举措	本项鼓励地方采取招商引资政策发展旅游业。本项最多加3分	3			文档检查
8.4	土地政策		15			
8.4.1	旅游用地举措	强化旅游用地保障，在年度用地计划和指标中优先支持旅游项目的得15分		15		文档、现场综合检查
加分项	土地政策创新	本项鼓励地方创新土地供给方式发展地方旅游	6			文档检查
8.5	旅游人才与培训		15			

续表

序号	内容	评分标准	大项	分项	小项	检查评定方法与说明
8.5.1	智库建设	建立旅游发展咨询委员会、顾问委员会或类似专家智库，效果良好的得4分		3		文档检查。效果良好由专家酌情打分
8.5.2	人才引进	引进专业人才或专家短期工作，或开展人才交流、交换、挂职等干部交流活动的得4分		5		文档检查。效果良好由专家酌情打分
8.5.3	旅游培训	开展校企人才联合培养或建立旅游人才培训基地的得2分；经常性开展旅游培训活动，轮训乡村旅游骨干的每50人次得1分；外出参观培训、经验交流和研讨会每30人次得1分。最高得7分		7		文档、现场综合检查

《验收文件》的公布，以定量化分值的方式明确了国家全域旅游示范区验收所关注的打分点，为处于探索之中的各大创建单位提供了切实的行动指南，指引着今后创建工作的方向和重点。

11.1.2 全域旅游示范区验收标准解析

全域旅游示范区验收标准包括两大方面，具体如下：

（1）8条基本条件是准入门槛

8条基本条件，成为申请和认定国家全域旅游示范区必须具备的基本条件，从不同角度对示范区创建所关注的要点进行引导，因此各创建单位应在因地制宜的基础上，保障8条基本条件率先达标。

① 政策保障

具体要求如下：旅游业作为地方经济社会发展战略性支柱产业定位明确，在经济社会发展规划和城乡建设、土地利用、基础设施建设、环境保护等相关规划，综合性支持政策，重大项目建设等方面得到具体体现并取得实效。政策保障强调了创建单位对旅游业的重视程度，主要体现在旅游业的战略性地位、顶层设计、优惠政策等方面。

② 体制机制

建立党政统筹、部门联动的全域旅游领导协调机制，旅游综合管理体制改革成效显著、运行有效，旅游治理体系和治理能力现代化水平高，具有良好的旅游业持续健康发展的法制环境。此认定条件着重强调创建单位对多部门合作的旅游综合管理以及治理能力。

③ 公共服务

旅游公共服务体系健全，旅游集散中心、咨询服务中心、信息服务、便民服务、旅游停车场、安全救援等功能健全有效，自驾游、自助游服务体系完善，厕所革命完成年度目标任务。第三条认定条件着重强调旅游公共服务体系的健全程度和旅游基础服务设施的完善程度。

④ 产业体系

旅游产业要素齐全、布局合理、结构良好。旅游产业带动性强，与相关产业深度融合发展，休闲度假业态丰富，形成观光、休闲、度假业态协调发展的产业结构。具有不少于1个国家AAAAA级旅游景区（或3个国家AAAA级旅游景区），或1个国家级旅游度假区（或2个省级旅游度假区），综合效益显著。第四条认定条件肯定了重点旅游景区或者旅游度假区对整个创建单位旅游业的带动作用，着重关注了旅游业与其他产业的融合情况。

⑤ 品牌影响

旅游目的地品牌体系完整、特色鲜明，识别度、知名度高，市场感召力强。品牌的影响力依旧是创建单位应该重点关注的方面。

⑥ 市场秩序

旅游综合监管制度体系完善，市场监管能力强，投诉处理机制健全，市场秩序良好，游客满意度高，近三年没有发生重大旅游投诉事件。此认定条件将游客满意度作为评价创建单位的重要标准。

⑦ 创新示范

大力推进改革创新，积极破除全域旅游发展的瓶颈和障碍，具有解决地方旅游业长期发展问题的突破性、实质性措施，或在全国产生重要影响的发展全域旅游的示范性创新举措。此认定条件强调政府层面的创新改革。

⑧ 安全保障

旅游安全和资源环境保护机制完善、制度健全，实施效果良好，自然环境各项指标达到相关标准要求。近三年内未发生下列事件：较大以上级别旅游安全生产责任事故；重大生态环境、文化旅游资源等破坏事件；被上级旅游行政主管部门通报处理，或严重损坏旅游者权益，产生重大负面影响的其他事件。最后一条认定条件对安全保障提出了新的要求。

这8条认定的基本条件，从政策、体制机制、公共服务、产业体系、品牌影响力、市场秩序、创新示范和安全保障8大方面全方位地对创建单位创建验收成功提供了最基本的进入门槛，也为创建单位提供了切实可行的工作目标和大致方向。和《国家全域旅游示范区创建验收评价标准》相比，其操作性和落地性大大加强。

（2）创建验收细则解析

验收细则指标包含8类基本项目和1类创新项目，8类基本项目打分合计1000分，创新项目加分合计100分。8类基本项目及分值安排为：规划统筹（60分）、要素体系（260分）、公共服务（250分）、资源环境（100分）、优质服务（110分）、品牌营销（60分）、体制机制（80分）、政策供给与创新（80分）。创新加分项目分散在8类基本项目指标之中，具体分值安排如下：规划统筹（加10分）、要素体系（加15分）、公共服务（加20分）、资源环境（加10分）、优质服务（加10分）、品牌营销（加5分）、体制机制（加15分）、政策供给与创新（加15分）。

8大基本项目指标相互关联、各有侧重，反映出国家对全域旅游示范区的验收所关注的考核评定要点。其中指标一、七、八是对创建单位政府的综合要求；指标二注重创建单位旅游吸引物、旅游要素体系；指标三、五更关注基础公共服务和旅游服务的标准化和智慧化；指标四是全域环境，包括生态环境和社会环境；指标六则着重强调全域营销的重要性。

根据验收指标的关注点和数值细则，可概括出以下5大板块的核心验收内容，见表11-2。

《国家全域旅游示范区创建验收细则》5大板块列表　　表 11-2

指标	分项	板块
规划统筹 （60分）	旅游规划创新（20分）	政府层面（基本项 22%，创新项40%）
	多规融合（20分）	
	旅游规划实施管理（20分）	
	创新加分（10分）	
体制机制 （80分）	健全领导机制（20分）	
	旅游协调机制（25分）	
	旅游综合管理（20分）	
	行业协会自律（15分）	
	创新加分（15分）	
政策供给与创新 （80分）	全域旅游支持政策（15分）	
	财政投入政策（25分）	
	投融资政策（10分）	
	土地政策（15分）	
	旅游人才与培训（15分）	
	创新加分（15分）	
要素体系（260分）	旅游餐饮（20分）	要素体系（基本项 26%，创新项15%）
	旅游住宿（20分）	
	旅游交通（20分）	
	旅游吸引物（150分）	
	旅游购物（20分）	
	旅游娱乐（30分）	
	创新加分（15分）	
公共服务（250分）	旅游交通网络（44分）	服务体系（基本项 36%，创新项30%）
	旅游交通配套（40分）	
	旅游交通组织（20分）	

续表

指标	分项	板块
公共服务（250分）	旅游标识系统（30分）	服务体系（基本项36%，创新项30%）
	旅游信息咨询（16分）	
	旅游厕所（60分）	
	旅游安全保障（40分）	
	创新加分（20分）	
优质服务（110分）	服务标准化（18分）	
	服务智能化（48分）	
	投诉处理（10分）	
	市场管理（16分）	
	文明旅游（8分）	
	旅游志愿者服务（10分）	
	创新加分（10分）	
资源环境（100分）	资源环境质量（24分）	资源环境（基本项10%，创新项10%）
	城乡建设水平（16分）	
	全域环境整治（20分）	
	社会环境优化（40分）	
	创新加分（10分）	
品牌营销（60分）	营销保障（20分）	营销体系（基本项6%，创新项5%）
	品牌战略（20分）	
	营销机制（10分）	
	营销方式（10分）	
	创新加分（5分）	

①政府层面——规划统筹、体制机制和政策创新（基本项22%，创新项40%）

包含指标一（规划统筹）、指标七（体制机制）和指标八（政策供给与创新），共包含12个二级评分细项，共计220分，占总评分1000分之中的22%，是基本项验收考核中的分值较高区。由此可见，国家旅游主管部门积极引导各创建单位开展深刻的认识与行动革命，务必统一旅游业作为支柱性产业的认知，主抓顶层设计、体制机制和政策保障三大方面内容，推动旅游局单一的部门行动向党政统筹推进转变。创新项加分40分，占创新项验收考核中的分值最高区。这说明，国家旅游主管部门最鼓励创建单位在政府层面的创新举措，做出地方特色。

从评分细项来看，高评分集中分布在20分和25分，10分相对较少。可以看出政府改革创新的重点工程为：旅游规划创新、多规融合、旅游规划实施管理、健全领导机制、旅游协调机制、旅游综合管理、财政投入政策，这些是创建示范区最重要和容易失分之处，需要政府多方位关注。此外，行业协会自律、全域旅游支持政策、投融资政策、旅游人才与培训等一系列具体内容，也是较为必要的考核项，应加以注意。创新项加分有19分集中分布在重点工程中，11分分布在其他考核项中。

因此，创建单位必须要高度重视7大工程，并以多元的考核项为支撑，在尽量保障不失分的情况下，探索符合本地的特色改革，并形成可借鉴、可推广的模式，成为全域旅游顶层设计、体制机制改革创新与政策创新的典范和样板。

② 要素体系——旅游吸引物与旅游要素（基本项占26%，创新项占15%）

包含指标二（要素体系），有6个二级评分细项，基本项共计260分，占总评分的26%，创新项加分15分，占总评分的15%。板块是针对创建地的特色而提出的要求，具体包含旅游餐饮、旅游住宿、旅游交通、旅游吸引物（景区和度假区、城市与特色村镇、融合产业）、旅游购物、旅游娱乐6个主要方面。创新加分项主要体现在城市与特色村镇、融合产业与旅游娱乐三大部分。由此可以看出国家旅游主管部门对全域旅游创建地旅游要素体系的要求和导向。

该板块的评分细项梯队分布明显，旅游吸引物占据板块内部最高分值150分（其中景区和度假区、城市与特色村镇、融合产业分别占比27%、40%和33%），同时也是整个验收细则中的最高分，是评分中的核心重点，各创建地必须加以高度重视。旅游娱乐部分30分，位居第二梯队，一个地区的地方特色文化展现、夜旅游体系的完善程度、品牌节庆的影响力均是影响旅游娱乐的关键部分，是需要重点关注的点，尤其是演艺活动，更是重中之重。第三梯队分值为20分，包括旅餐饮、旅游住宿、旅游交通和旅游购物4个细则，是对旅游吸引物的丰富和完善，是除旅游吸引物和旅游娱乐部分之外的能体现浓郁地方特色的篇章，也是创新力空间的部分，需要创建单位予以重点关注。

③ 服务体系——基础配套建设和旅游服务的标准化、智能化（基本项占36%，创新项占30%）

该板块涉及指标三（公共服务）和指标五（优质服务），包含12个二级评分细则，总计360分，占总评分的36%，创新项30分，占总评分的30%，是创建验收的分值最高区。该板块着重以旅游者需求为导向而提出公共服务和软性服务的双重要求，交通要求便捷，硬件设施要求布局合理、完善、有特色，高效地满足不同游客的需求，而软件服务强化标准化、品质化、智慧化，要求推进全域旅游服务水准。

评分细项中，将旅游交通网络、旅游厕所和服务智能化3大细项列为重点，分别占板块内的分值为44分、60分和48分，各创建单位应加强这3大方面的建设力度和强度。同时，旅游交通配套和旅游安全保障这两个方面，占据40分的中等分值，也成为提升硬件设施的打分要点。在旅游基础服务配套方面，将直接影响旅游者游览感受和满意程度的旅游交通组织、旅游标识系统、旅游信息咨询、服务标准化、投诉管理、市场管理、文明旅游与旅游志愿者服务8大项分值均设为8~30分不等，在基础服务构建中处于平分秋色的地位，都应关注。除此之外，该板块的创新项分值高达30分，主要体现在旅游交通创新、交通租赁服务、信息服务创新、厕所革命、智慧服务创新与社区参与创新6大方面。对此，创建单位可从以上方面着重采取创新化的举措。

全域旅游软硬件的提升，对成功创建示范区意义重大，各地应遵循自助自游、快行慢旅的理念，重点主抓覆盖城乡的厕所革命、畅达便捷的交通网络和旅游服务的智能化3大工程，同时积极完善其他硬件设施和助推服务体系升级。

④ 资源环境——环境质量、城乡建设水平、环境整治与环境优化（基本项10%，创新项10%）

涵盖了指标四（资源环境部分），包含4个二级评分细则，共计100分。创新项加10分，占比10%。该板块紧密对接国家的绿色发展理念，要求各地区必须以可持续发展原则为指导，高瞻远瞩地谋划未来旅游，守住生态底线和保护资源，合理有序开发,实现环境良好、城乡建设水平较高、居民致富等多元目标,才能创建一个合格的、引领未来旅游新境界的全域旅游示范区。

从评分细则来看,社会环境优化占40分。因此,各创建单位应从居民宣传教育、公益场所开放、特定人群价格优惠、旅游扶贫四大方面下功夫。资源环境质量、城乡建设水平、全域环境整治三项分值分别为24分、16分和20分。各创建单位也应予以关注。创新项加分主要集中在环境整治和旅游扶贫两大方面,创建单位可在这两方面争取创新化示范。

全域资源环境整治优化建设,是一项复杂的工程,耗时长且见效慢,各地区应积极以资源保护、环境保护与整治、城乡建设、环境优化4大方面为导向,开展系统化的资源与环境保护、整治工程,实现旅游环境提升、居民脱贫致富等4大目标,生态、社会、经济效益共同升级,争取在该板块得高分。

⑤ 品牌营销——营销战略、机制、方式与保障(基本项6%,创新项5%)

主要指向指标六(旅游业对国民经济社会发展的综合贡献),有4个二级评分细项,共计60分,占总评分的6%,创新项5分,占比5%。这一板块强调品牌营销的战略、机制、方式与保障4大方面。营销保障与营销战略分值均为20分,为各创建单位重点关注的部分。营销机制与营销方式均占10分,但营销方式的创新分为5分。因此,各创建单位应在营销方式的创新上下功夫。

全域旅游的品牌营销对于打响区域旅游品牌知名度影响非常大,和其他板块相比,品牌营销工作见效较快。因此,应作为各创建单位近期工作的重点,争取在此板块上取得高分。

11.2 创建路径——"七步走"流程

全域旅游示范区的申报单位按照自愿申报的原则,成功入选创建单位之后,按照"七步走"的程序,开展全域旅游示范区的创建工作(图11-1)。

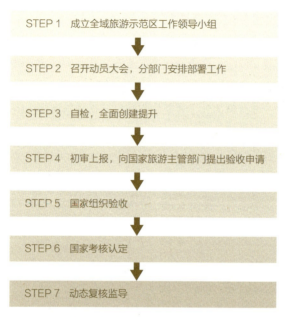

图11-1　全域旅游示范区创建流程

（1）成立全域旅游示范区工作领导小组

建立以党政主要领导挂帅的全域旅游示范区工作领导小组，是创建工作的首要环节、第一推力。推动全域旅游发展，需要主要领导统筹推动，需要有魄力和决心破除发展阻力，"一把手才能抓一把、才能实现一把抓"。同时构建全域旅游工作联席会议制度，强化要素支持，并出台关于促进全域旅游发展的相关意见，保障创建工作有序推进。

（2）召开动员大会，分部门安排部署工作

全域旅游创建的难点在于思想认识，只有思想认识统一了，真正从市场逻辑角度认同全域旅游的发展理念，才能推动这场牵动各方利益的旅游战略转型顺利实施。全域旅游的创建不仅仅是"戴帽子"，更重要的是"换思维"，思想通了，路子也就通了。

因此，要召开动员大会，深刻统一各部门的思想认识，是极为关键的环节。同时要将任务分解到不同部门，协调好部门利益，落实好责任关系，形成发展合力。

（3）自检，全面创建提升

对照验收标准，全方位自检，找准优势环节和薄弱环节。创建工作应由本地区党委政府统筹负责，根据自身实际情况研究制定全域旅游示范区创建工作方案，开展创新体制机制、加强旅游监管、丰富旅游产品、推进产业融合、加强旅游设施建设、提升旅游服务、实施整体营销、推进全域共建共享等方面的工作。

同时建立全域旅游示范区创建工作目标责任考核体系，各级旅游行政管理部门具体负责创建工作考核，有条不紊、切实高效地推进创建工作的落地开展。党委政府工作领导小组要定期对各部门、各主体创建工作开展情况进行抽查，创建单位应开展不少于一年的创建工作。

（4）初审上报，向国家旅游主管部门提出验收申请

地市和县级行政区域国家全域旅游示范区验收申请应报省级旅游行政主管部门初审，由省级旅游行政主管部门初审达标后，向国家旅游行政主管部门提出验收申请。

省级行政区域国家全域旅游示范区创建单位可直接向国家旅游行政主管部门提交验收申请。省级行政区域国家全域旅游示范区创建单位应提交创建报告书、不少于一年的创建工作汇报和国家全域旅游示范区管理工作领导小组要求补充的其他材料。地市、区县级行政区域国家全域旅游示范区创建单位应同时提交省级旅游行政主管部门的推荐文件、创建报告书、不少于一年的创建工作汇报和国家全域旅游示范区管理工作领导小组要求补充的其他材料。

（5）国家组织验收

国家全域旅游示范区创建管理工作领导小组委托专家委员会组建验收小组，对国家全域旅游示范区创建单位进行验收。验收方式有会议审核、暗访、明查三

种形式。县级行政区域创建单位验收按照会议审核、暗访、明查的程序进行。地市级和省级行政区域创建单位，在满足下属单位70%以上通过验收的前提下，只进行会议审核验收。

会议审核的重点是国家全域旅游示范区创建单位的《基本条件》，采取专家对几家创建单位进行打分比对的形式，主要审核以下材料：10分钟创建单位基本情况和创建过程视频；《基本条件》的专题汇报文字材料；8分钟阐释《基本条件》的汇报PPT。

县级行政区域创建单位会议审核通过后，国家全域旅游示范区创建管理工作领导小组委托专家委员会组建验收小组，对创建单位进行暗访和明查。验收工作结束后，验收小组应当在5个工作日内形成验收报告并上报国家全域旅游示范区创建管理工作领导小组。

（6）国家考核认定

通过验收的县级行政区域创建单位，或会议审核通过的地市级和省级行政区域国家全域旅游示范区创建单位，进行不少于7个工作日的公示。公示阶段无重大异议或重大投诉地通过公示；若出现重大异议或重大投诉等情况，国家全域旅游示范区创建管理工作领导小组组织专家进行调查和核实后，出具相应处理意见。

国家旅游行政主管部门对通过公示的创建单位，正式命名为"国家全域旅游示范区"，颁发证书和标牌。国家全域旅游示范区的证书、标牌由国家旅游行政主管部门统一制作。

获得"国家全域旅游示范区"称号的单位要保证创建工作质量，根据验收组提出的整改意见，制定整改方案，落实整改措施。

（7）动态复核监导

国家全域旅游示范区创建管理工作领导小组负责国家全域旅游示范区的复核工作，原则上每三年复核一次，对国家全域旅游示范区创建管理工作领导小组认为需重新复核的，可随时开展复核。省级旅游行政主管部门对所辖区内已命名的国家全域旅游示范区要进行日常检查，并参与复核工作。

对于复核不达标或发生重大旅游违法案件、重大旅游安全责任事故、严重损害消费者权益事件、严重不文明旅游现象、严重破坏生态环境行为和严重负面舆论事件的国家全域旅游示范区，视问题的严重程度，国家旅游行政主管部门予以警告、严重警告或取消命名处理。

11.3 创建内容分解——行动计划指南

创建内容分解——行动计划指南　　　　表 11-3

五全板块	名称	创建目标	创建内容
全资源整合	泛景区化旅游目的地	多规合一中充分体现景区建设需求	从战略高度出发，高起点谋划景区未来发展蓝图。做好泛景区的顶层规划设计，在多规合一中充分体现景区建设的需求
		多元产品组合，塑造品牌	以市场需求为导向，有序推进产品的提升和建设，注重四季、全时等多元产品业态的组合和配比，重塑景区吸引物
		多元产品组合，塑造品牌	积极招商引资，搭建旅游招商平台，作为政府对各市县及各相关部门重要的考核内容之一
			突破景区内外围墙限制，注重景区内外产品空间布局，实现门票经济向综合产业经济转变
			加大景区的营销推广力度，塑造独树一帜的旅游品牌，打造成知名旅游目的地
		产业共兴共荣	以大景区为核心，确立主导产业，打造产旅融合核心吸引力，开展产旅融合支撑功能建设，运营上保障产旅融合的落实，建构产旅融合的生态链
		基础服务设施建设	构建连通景区内外的通廊通道，如内外交通游览环线、智慧导览体系的构建等，实现内外交通、信息的畅通

续表

五全板块	名称	创建目标	创建内容
全资源整合	泛景区化旅游目的地	基础服务设施建设	对服务设施进行系统化升级、完善景区服务中心、停车场、厕所、标识系统等设施的供给覆盖和质量，强化特色，丰富游客游览体验
		构建利益共同体	构建涉及政府、乡村、景区、企业、村民等多元主体的联盟共同体，最终以利益共同体全面推进管理、服务、交通以及旅游要素的对接
	乡村旅游	注重乡村性	美丽乡村建设不仅要实现景观的乡村性，还要注重人文的乡村性
		农业与旅游融合	实现农业从单纯提供农产品向提供休闲、文化、生态产品转变，满足大众旅游时代游客多元化的旅游需求
		突出产业特色	注重突出产业特色，用特色打造亮点，以"特"取胜
		基础设施完善	加强乡村化的道路、给排水、供热供暖、通信、环卫等基础配套的建设
		5大工程	实施环境整治工程、设施完善工程、产业培育工程、服务提高工程以及文化提升工程
		村民广泛参与	从单纯的农业生产中分解出来，从事农副产品深加工、旅游产品开发和民宿旅游接待等工作，使乡村文化得到有效创新、提升和发展
			为游客提供餐饮、住宿、销售旅游商品等服务
		实施旅游扶贫工程	根据自身特质，通过开发特色业态、开展农家乐、打造特色民宿、企业入驻合作、开发旅游商品、电商入驻工程等举措进行旅游扶贫
全产业融合	"旅游+"产业融合路径	加快农旅融合	加快培育农业公园、休闲农场、乡村营地、休闲庄园、艺术村落、市民农园、教育农园、乡村民宿、乡土文化园等诸多新业态
			挖掘农业产业资源的旅游价值，使传统农业涉及的农业生产过程、生产工具、劳作场景、耕种习俗、田园、乡土农产品等都成为价值资源

续表

五全板块	名称	创建目标	创建内容
全产业融合	"旅游+"产业融合路径	推动文旅融合	系统挖掘和整理文化资源,建立文化资源数据库
			明确各类文化资源所具备的旅游价值,并对文化资源进行分级分类,重点和优质文化资源优先融合、优先开发
			文化资源包装打造,并通过文化和旅游的融合,形成新的文化演艺、文化节庆、主题文化公园、文化创意空间等多种旅游新业态
			实施文化旅游品牌化战略,塑造系列文化旅游品牌,包含旅游景区景点品牌、旅游节庆品牌、文化演艺品牌、文化旅游商品品牌等内容
		实施工旅融合	对现状闲置、废弃且拥有较高历史文化价值和纪念意义的工业遗址,采用原体活用的融合发展路径,打造工业遗址,开发遗址观光、博览、科普、文化交流等多样化旅游业态产品
			对历史文化价值一般且具备一定规模体量的工业遗存,采用旧体新用的融合发展路径,创新打造为景观公园、商业空间、创意产业园、旅游度假区等
			对于现代工业园区和工业企业,融合重点在于发挥企业生产过程、生产技术等的旅游价值,开发工业生产观光、体验、科普、购物类旅游产品
	新业态开发	文化创意	开发体验类、演艺类、节庆类、购物类旅游产品,丰富旅游地的产品内容
			打造文化创意类集聚区
		研学教育	与大学城、博物馆、科技馆等文旅设施联合开发
		房车露营	与当地旅游资源、景区、休闲体育项目联动开发
		健康养生	依托当地文化自然资源特色,开发康养旅游产品

续表

五全板块	名称	创建目标	创建内容
全产业融合	新业态开发	旅游购物	结合新业态，积极发展旅游商品创意园、特色商业街区、旅游商品商务会展
		旅游演艺	文化演艺＋旅游主题公园
		商务会奖	通过与旅游产业的融合，延伸会展产业链，开发会奖（比赛、沙龙、讲座等）、会训（拓展、培训）、会研（研讨会、论坛、会议）等多类旅游产品
		低空旅游	空中旅游观光＋低空体育娱乐体验
		体育旅游	根据各地气候条件、地形地貌等自然环境特征，开发漂流、登山、跳伞、滑雪、徒步穿越等生态型体育旅游业态
			根据人类体育活动开展后遗留的体育资源，如体育遗产地，开展观光型、体验型、赛事型体育旅游业态
			利用体育节事或热点赛事进行体育旅游新业态开发，开发体育观光、场馆观光和运动体验类业态
			利用民族文化地区所拥有的特色运动竞技传统，开发传统体育竞技赛事、体育竞技赛事观光和传统体育项目体验三大类民间传统体育旅游业态
		体育旅游	发挥各地为大众健身康体和日常休闲建设的现代体育设施的旅游功能，开发定制户外拓展、团队拓展体育旅游新业态
		科技旅游	推进信息通信设备制造、云计算与旅游融合，发展智慧旅游
			对口衔接旅游教育资源，形成旅游人才教学培训基地
		科技旅游	以大学城、博物馆为依托，打造青少年研学旅游营地，发展研学旅游
	新业态构建主体		旅游服务创业公司
			旅游文创个人

续表

五全板块	名称	创建目标	创建内容
全流程保障	全域旅游发展体制创新	进行旅游领导体制创新改革	建立由全域旅游发展属地党委、政府成立的,由全域旅游属地政府领导兼组长的旅游工作合作领导小组,从战略定位、整体规划、法律法规、综合执法等各方面对属地全域旅游进行领导统筹
			明确不同部门之间各自的分工职责、协作制度,将旅游综合协调管理贯穿至全域旅游发展中的审批立项、协同推进与行政执法等各个环节
		完善旅游综合执法体系	完善旅游执法的法律法规,提升全域旅游治理的法治含量
			在构建"1+3+N"的旅游综合管理机制之下,设立相应的旅游执法机构
			完善旅游综合执法体制,增设旅游执法机构
		完善旅游市场监管机制	落实属地政府的监管责任
			落实相关部门的追责制度
			督促旅游企业履行社会责任
			强化舆论媒体监督机制
			加强部门间的信息沟通、监管合作
		构建旅游安全应急救援体系	前期旅游安全救援预警防范体系
			中期旅游安全应急救援处置体系
			后期旅游安全应急救援善后体系
		标准化机制	优化标准体系
			推动标准实施
			强化标准监督
		合作机制	创新合作机制
			创新合作制度
			创新合作路径

续表

五全板块	名称	创建目标	创建内容
全流程保障	全域旅游发展机制创新	合作机制	创新合作环境
		人才机制	改革旅游人才培养机制
			引进国际化旅游人才
			培养国内高端旅游人才
			推行旅游人才全民化机制
		土地政策	积极保障旅游业发展用地
			加强旅游业用地服务监管
		资金政策	加大政府投入
			创新融资方式
		税收政策	实行差异化优惠税收政策
			根据企业产品不同给予不同的优惠政策
			扩大现有税收政策的范围
全社会参与	政府全部门参与	政府部门广泛参与	明确旅游局、发改委、财政部等政府部门在全域旅游中的工作任务
			行政执行政府需要在全域旅游建设中切实执行相关的政策和方针，充分理解上级政府的指导意见
		政府搭台打造智能化旅游服务平台	智慧化旅游产业一体化服务平台 TISP
			建设"多规合一"信息管理平台
	企事业单位参与	事业单位参与	高校、教育局等教育事业单位广泛参与
			天文馆、科学技术馆、海洋科技馆等科技事业广泛参与
			体育博物馆、体育场馆等体育事业广泛参与
			博物馆、图书馆、剧院、美术馆等文化事业单位广泛参与

续表

五全板块	名称	创建目标	创建内容
全社会参与	企事业单位参与	企业广泛参与	直接涉及旅游基础六要素（衣、食、住、行、娱、购）的企业广泛参与
			文化创意企业、旅游休闲企业、金融服务企业等十大与旅游联系紧密的旅游相关企业也可以参与到全域旅游中
		非政府组织（NGO）与非营利组织（NPO）	国际旅游基金会
			共同爱好组织、慈善组织、旅游协会、俱乐部等
	个人参与	居民身份参与配合全域旅游	旅游区域代言人
		居民身份参与配合全域旅游	生活化城市氛围营造者
			城市精神传承者
			城市服务志愿者
		以旅游者身份参与配合全域旅游	全域旅游消费者
			全域旅游隐形建设者
			全域旅游隐形宣传者
			全域旅游隐形投资者
全体系覆盖	交通可移动旅游目的地	加快主题风景道的建设	配置景观与植物
		加快主题风景道的建设	观景平台、野炊区、旅游商品店、露营区、住宿服务、公共服务等游憩服务设施建设
			沿线配套完善的标识
			在重要节点设置声音景观
		加快慢行绿道系统的建设	注重小品、植物配景等
			在出入口、沿线设置标识
			沿线设置骑行中心和骑行俱乐部
			配套完善的休息驿站、观景平台、小商品售卖点等游憩服务设施

参考文献

[1] 国家旅游局规划财务司. 国家旅游局关于印发《全域旅游示范区创建工作导则》的通知[R/OL]. 2017-6-12. http://zwgk.mct.gov.cn/auto255/201706/t20170612_832452.html?keywords=.

[2] 大地风景项目组. 三亚市全域旅游发展规划（2016—2020）[R], 2016.

[3] 中国文化和旅游部资源开发司, 中国社会科学院战略研究院. 国家全域旅游示范区验收细则（修改稿）[R/OL]. 2018-9-23.

[4] 国务院办公厅. 关于促进全域旅游发展的指导意见[R/OL]. 2018-3. http://zt.mct.gov.cn/qylyn/zdyj/201803/t20180322_861207.shtml.

[5] 大地风景项目组. 杭州城市旅游专项规划（2012—2020年）[R], 2012.

[6] 国家旅游局. 2017全域旅游发展报告[R/OL]. 2017-8. http://www.xinhuanet.com/travel/2017-08/04/c_1121431774.htm.

[7] 国家旅游局. 2018年全国旅游工作报告[R/OL]. 2018-2. https://www.sohu.com/a/215451714_785796.

[8] 大地风景项目组. 南京市全域旅游发展规划（2016—2020年）[R], 2016.

[9] 大地风景项目组. 陕西省汉中市宁强县全域旅游规划（2017—2030年）[R], 2016.

[10] 大地风景项目组. 山西省芮城县全域旅游发展总体规划（2017—2031年）[R], 2016.

[11] 大地风景项目组. 中国（宁夏）贺兰山东麓葡萄产业及文化长廊发展总体规划（2011—2020年）[R], 2011.

[12] 大地风景项目组. 洋河酒文化旅游总体规划（2013—2025年）[R], 2012.

[13] 琼海旅游协会网站：http://www.0898qha.com/.

[14] 中华人民共和国文化和旅游部网站：https://www.mct.gov.cn/.

[15] 新加坡官方旅游局网站：https://www.stb.gov.sg/.

[16] 杭州旅游网网站：http://www.gotohz.com/.

[17] 苏州旅游局网站：http://www.sztravel.gov.cn/.

[18] 浙江省文化和旅游厅网站：http://www.tourzj.gov.cn/webwhly.html.

[19] 特色小镇网网站：http://www.51towns.com/.

[20] 三亚旅游官网网站：http://www.sanyatour.com/.

[21] 中国黄山风景名胜区网站：hsgwh.huangshan.gov.cn/.

[22] 黄山市旅游委员会网站：http://lyw.huangshan.gov.cn/.

[23] Xie Zhihua, Wu Bihu. Tourism spatial structure of resources-based attractions in China[J]. Science Geographic Sinica, 2008, 28(6): 748–753.

[24] Li Wuwei, Wang Huimin, Sun Jie. Creative travel: aninnovative developmental pattern in tourism[J]. Tourism Science, 2007, 21(6): 1–5.

[25] Yuan Bo, Bai Kai. The theory and practice of creative tourism[J]. Urban Problems, 2008(11): 97–101.

[26] Ioannides D. A flawed implementation of sustainable tourism: the experience of Akamas, Cyprus[J]. Tourism Management, 1995, 16(8): 583–592.

[27] Mullins P. Tourism urbanization[J]. International journal of urban and regional research, 1991, 15(3): 326–342.

[28] Stefania. M. C, B. M. Florin, A. R. Daniela. Urban tourism-form of tourism with realeconomic development perspective for cities[J]. Annals of the University ofOrad-Economic Science, 2009, 18 (2): 163-169.

[29] 吴必虎,黄潇婷,等. 旅游学概论（2版）[M]. 北京：中国人民大学出版社，2013.

[30] 吴必虎. 大城市环城游憩带（ReBAM）研究——以上海市为例［J］. 地理科学，2001（8）：358.

[31] 吴必虎,俞曦. 旅游规划原理［M］. 北京：中国旅游出版社，2010.

[32] 刘昶荣. 旅游如何让世界更美好"一带一路"倡议提供解题思路［J］. 资源与人居环境，2017（9）：51-52.

[33] 李金早. 全域旅游的价值和途径［J］. 领导决策信息，2017（5）：16-17.

[34] 李金早. 从景点旅游模式走向全域旅游模式［J］. 紫光阁，2016（3）：28.

[35] 林峰. 全域旅游架构下的景区体制改革［J］. 中国房地产，2017（17）：45-48.

[36] 吴必虎. 全域旅游发展靠智慧［N］. 中国旅游报，2015-12-28（011）.

[37] 吴必虎,黄潇婷. 休闲度假城市旅游规划［M］. 北京：中国旅游出版社，2010.

[38] 保继刚,楚义芳. 旅游地理学［M］. 北京：高等教育出版社，1999：

[39] 廖淑凤,张蕾,张言庆. 全域旅游示范区评价指标体系构建研究［J］. 旅游世界：旅游发展研究，2016（6）：8-15.

[40] 况学东. 我国旅游景区"门票经济"转型研究［J］. 广东广播电视大学学报，2014，23（2）：104-107.

[41] 杨振之. 全域旅游的内涵及其发展阶段［J］. 旅游学刊，2016（12）：1-3.

[42] 马海鹰,吴宁. 全域旅游发展首在强化旅游综合协调体制机制［J］. 旅游学刊，2016，31（12）：15-17.

[43] 李金早. 务实科学发展全域旅游——在全国全域旅游创建工作现场会

上的讲话［N］.中国旅游报，2016-06-03.

［44］魏小安.从供给侧改革看产业结构调整.中国旅游报，2015-12-28.

［45］吴必虎，文彤，张茜.国际化视野中的旅游发展与旅游研究——北京大学吴必虎教授访谈［J］.社会科学家，2016（02）：3-6，161.

［46］石培华.全域旅游解读5：全域旅游示范区的评价指标体系初步思考［EB/OL］.［2016-02-22］.http://zgly.xinhuanet.com/2016/02/22/c_128739472.htm.

［47］魏莉，张鲲.全域旅游视角下乡村旅游与精准扶贫融合［J］.边疆经济与文化，2018（08）：33-34.

［48］吴必虎.以五大发展理念引领全域旅游发展［N］.中国旅游报，2016-02-03（004）.

［49］吴必虎.如何发展全域旅游［N］.中国旅游报，2015-12-28（011）.